E-Book inside.

Mit folgendem persönlichen Code erhalten Sie die E-Book-Ausgabe dieses Buches zum kostenlosen Download.

```
1018r-65p6w-
zo600-nd0w1
```

Registrieren Sie sich unter **www.hanser-fachbuch.de/ebookinside** und nutzen Sie das E-Book auf Ihrem Rechner*, Tablet-PC und E-Book-Reader.

* Systemvoraussetzungen:
  Internet-Verbindung und Adobe® Reader®

Gloger

Wie schätzt man in agilen Projekten

Bleiben Sie auf dem Laufenden!

Unser **Computerbuch-Newsletter** informiert Sie monatlich über neue Bücher und Termine. Profitieren Sie auch von Gewinnspielen und exklusiven Leseproben. Gleich anmelden unter

www.hanser-fachbuch.de/newsletter

Hanser Update ist der IT-Blog des Hanser Verlags mit Beiträgen und Praxistipps von unseren Autoren rund um die Themen Online Marketing, Webentwicklung, Programmierung, Softwareentwicklung sowie IT- und Projektmanagement. Lesen Sie mit und abonnieren Sie unsere News unter

www.hanser-fachbuch.de/update

Der Titel des Buchs – ein Widerspruch in sich. Also hineinschauen und seine eigenen Vorurteile gegenüber agilen Vorgehensweisen und dem Thema Aufwandsschätzung bestätigt sehen. Das wäre ein Leichtes. Aber auch in diesem Buch bricht Boris Gloger mit den Konventionen. Der Projektabbruch – in der klassischen Projektwelt ein schwieriges Thema – wird in der agilen Projektwelt zur positiven Möglichkeit im Umgang mit sich ändernden Budgets oder Produktanforderungen. Das Buch bietet einen Schnelleinstieg in SCRUM und die Rolle des Product Owner, um sich dem Thema der Aufwandsschätzung und der Planung von agilen Projekten zu widmen. Sicherlich kein einfaches Thema, aber dank der übersichtlichen Darstellung und des Gloger-typischen Schreibstils sehr gut zu lesen, zu verstehen und damit eine sehr empfehlenswerte Lektüre.

Oliver Kuklok, CEO corporate quality consulting

Boris gibt mit diesem Buch einen ausgezeichneten Überblick über die Herausforderungen und Rahmenbedingungen bei der Vorbereitung eines Scrum-Projekts. Er greift dabei Ansätze auf, die neue Perspektiven bieten, und erklärt sehr anschaulich, wie man Kunden überzeugen kann, neue Wege zu gehen. Auch wer bereits eine Menge Scrum-Erfahrung mitbringt, wird aus diesem Buch eine Menge lernen.

Sven Röpstorff, Agile Coach und Autor von „Scrum in der Praxis"

Das Schätzen ist einer der unbeliebtesten Prozesse in der Software-Entwicklung, dominiert von aufwendiger Rückschau und Rechtfertigung. Ich kenne kaum ein Team, das sich leichtfüßig beim Schätzen bewegt – zunächst. Wobei das Schätzen nicht per se gut oder schlecht ist. Es kommt darauf an, wozu ich es einsetze. Hier ist die Spanne allerdings weit und läuft von krasser Verschwendung bis hin zu hohem Nutzen. Leicht zu übersehen ist auch, dass bei agilem Schätzen das Ziel auf dem Kopf steht: Die Schätzung ist nicht mehr das wesentliche Ergebnis, eher ein Nebenprodukt, das von Statistik ersetzt wird. Der Wert entsteht durch den Informationsaustausch und -gewinn im Team, eben wegen einer Kooperation mit vielen Perspektiven.

Boris beschreibt in diesem Buch das State-of-the-Art-Handwerkszeug eines jeden guten Product Owner. Sei es Story- oder Impact Mapping, Design Thinking oder der Aufbau eines Backlogs. Es findet sich jedoch viel mehr im Buch: Es ist ein Appell, sich den wertsteigernden Tätigkeiten der Organisation zuzuwenden. Hier gewinnt das Buch vor allem durch die Abgrenzung der klassischen Projektarbeit von der agilen Produktarbeit. Vieles, was jahrelang in der agilen Szene gereift ist und schwer zu formulieren war, drückt Boris leicht und verständlich aus. Das Buch lohnt sich besonders, wenn man einen Einblick in die Gedankenwelt eines agilen Pioniers gewinnen möchte, Inspiration für eine andere Art zu arbeiten sucht, sein Handwerkszeug als Product Owner aufbessern möchte oder schlichtweg verstehen möchte, warum agile Entwicklung funktioniert und was man ändern muss dafür.

Sven Winkler, Agiler Coach und Organisator der Nürnberger Scrum Community

Das neue Buch von Boris Gloger nimmt sich mit dem Schätzen eines der in der Praxis am heftigsten diskutierten Themen der Softwareentwicklung vor. Seit Software entwickelt wird, streiten sich Auftraggeber/Product Owner und Entwicklung darüber, was ein Feature kostet und vor allem wieso so viel und warum es so lange dauert, wie es dauert. Die agile Entwicklung mit ihren Storypoint-Schätzungen hat in meiner Wahrnehmung diese Diskussion noch verschärft. Das Buch macht komplexe Features nicht günstiger, aber es gibt Team und Product Owner neue Werkzeuge in die Hand, mit denen sie nachvollziehbarere, genauere und vor allem andere Schätzergebnisse erzielen und die Unsicherheiten dabei transparent machen. Die neuen Ansätze sind überzeugend hergeleitet und heuristisch belegt. Ich bin gespannt, wie sie sich bei meinen Teams in ihrer Praxis bewähren.

Christian Popp, Bertelsmann, Head of Software Development

Dieses wichtige Buch erlaubt es dem Leser, tiefere und vor allem breitere Einblicke und Erkenntnisse in die Kunst der agilen und schlanken Produktentwicklung, mit dem Thema agilen Schätzens als Teildisziplin, zu gewinnen.

Insbesondere die Verknüpfung mit Konzepten und Methoden der schlanken Produktentwicklung wie Design Thinking, Lean UX und Lean Startup erleben wir in unserem Unternehmen als enorm hilfreich und wertstiftend.

André Stark, Managing Director, AutoScout 24 GmbH

„Genau! Die Diskussion über die Richtigkeit der Schätzung ist sinnlos. Dank Boris' Buch habe ich verstanden, warum!"

Jodok Batlogg, CEO, CRATE TECHNOLOGY

Boris Gloger

Wie schätzt man in agilen Projekten

– oder wieso Scrum-Projekte erfolgreicher sind

HANSER

Der Autor:
Boris Gloger, Geschäftsführer Boris Gloger Consulting GmbH, Baden-Baden
Kontakt: boris.gloger@borisgloger.com

Alle in diesem Buch enthaltenen Informationen, Verfahren und Darstellungen wurden nach bestem Wissen zusammengestellt und mit Sorgfalt getestet. Dennoch sind Fehler nicht ganz auszuschließen. Aus diesem Grund sind die im vorliegenden Buch enthaltenen Informationen mit keiner Verpflichtung oder Garantie irgendeiner Art verbunden. Autor und Verlag übernehmen infolgedessen keine juristische Verantwortung und werden keine daraus folgende oder sonstige Haftung übernehmen, die auf irgendeine Art aus der Benutzung dieser Informationen – oder Teilen davon – entsteht.

Ebenso übernehmen Autor und Verlag keine Gewähr dafür, dass beschriebene Verfahren usw. frei von Schutzrechten Dritter sind. Die Wiedergabe von Gebrauchsnamen, Handelsnamen, Warenbezeichnungen usw. in diesem Buch berechtigt deshalb auch ohne besondere Kennzeichnung nicht zu der Annahme, dass solche Namen im Sinne der Warenzeichen- und Markenschutz-Gesetzgebung als frei zu betrachten wären und daher von jedermann benutzt werden dürften.

Bibliografische Information der Deutschen Nationalbibliothek:

Die Deutsche Nationalbibliothek verzeichnet diese Publikation in der Deutschen Nationalbibliografie; detaillierte bibliografische Daten sind im Internet über http://dnb.d-nb.de abrufbar.

Dieses Werk ist urheberrechtlich geschützt.
Alle Rechte, auch die der Übersetzung, des Nachdruckes und der Vervielfältigung des Buches, oder Teilen daraus, vorbehalten. Kein Teil des Werkes darf ohne schriftliche Genehmigung des Verlages in irgendeiner Form (Fotokopie, Mikrofilm oder ein anderes Verfahren) – auch nicht für Zwecke der Unterrichtsgestaltung – reproduziert oder unter Verwendung elektronischer Systeme verarbeitet, vervielfältigt oder verbreitet werden.

© 2014 Carl Hanser Verlag München, www.hanser-fachbuch.de
Lektorat: Brigitte Bauer-Schiewek
Copy editing: Dolores Omann, Wien
Herstellung: Irene Weilhart
Umschlagdesign: Marc Müller-Bremer, www.rebranding.de, München
Umschlagrealisation: Stephan Rönigk
Gesamtherstellung: Kösel, Krugzell
Ausstattung patentrechtlich geschützt. Kösel FD 351, Patent-Nr. 0748702
Printed in Germany

Print-ISBN: 978-3-446-43910-8
E-Book-ISBN: 978-3-446-43972-6

Inhalt

Vorwort	VII
Der Autor	VIII
Schätzen – eine Hassliebe	IX
1 **Ein Weg für Realisten**	1
2 **Was ist agil?**	5
2.1 Den Kunden begeistern – Emotionen	5
2.2 Was macht agile Produktentwicklung aus?	7
2.3 Das Problem der klassischen Projektorganisation	8
2.4 Scrum in aller Kürze	11
2.4.1 Ein Paradigmenwechsel	12
2.4.2 Der Scrum Flow	15
2.4.3 Design Thinking in aller Kürze	18
3 **Der Product Owner in seiner Rolle**	21
3.1 Der Product Owner – eine Wesensbeschreibung	22
3.1.1 Perfektionismus – zwischen gut und böse	23
3.1.2 Produktmanager oder Product Owner – eine Typologie	25
3.2 Mit Scrum zur Produktqualität	29
4 **Das Budget bestimmen: Schneller und besser ist billiger?**	31
4.1 Wie hilft der Business Value dabei, Geld zu verdienen?	34
4.2 Preisbestimmung	37
4.3 Weniger ist mehr: das Minimum Viable Product	39
4.4 Der positive Projektabbruch	42
4.4.1 Change for free	43
4.4.2 Scope-Erweiterung	44
4.4.3 Scope-Verkleinerung	44

5	Das Produkt – die ersten Ideen	47
5.1	Projektphasen in der agilen Produktentwicklung	49
5.2	Exploration	52
	5.2.1 Discovery-Phase	59
	5.2.2 Interpretation-Phase	72
	5.2.3 Ideation-Phase	74
	5.2.4 Experimentation-Phase	77
	5.2.5 Evolution-Phase	79
5.3	Implementierung – Scrum als Prozessmodell	80

6	Tools und Techniken während der Implementierung	87
6.1	Impact-Mapping	89
6.2	Prototypen	91
6.3	Das Wie und das Was – User Storys	94
6.4	Das Product Backlog	98
	6.4.1 Eisberg – die Backlog-Struktur	99
	6.4.2 Story-Mapping	100
	6.4.3 Impact-Mapping vs. Story-Mapping	103

7	Entscheidungsgrundlagen schaffen – schätzen	105
7.1	Schätzmethoden	108
	7.1.1 Magic Estimation	108
	7.1.2 Das Estimation Meeting	111
	7.1.3 Planning Poker	113
	7.1.4 Team Estimation Game	115
	7.1.5 Mini-Schätzspiele	116
7.2	Aufwand, Komplexität oder Funktionalität?	117
	7.2.1 Warum schätzen wir in Funktionalität?	117
	7.2.2 Die Velocity ermitteln – das Schätzen überflüssig machen	121

8	Planung und Durchführung größerer Projekte	125
8.1	Scrum-Teams sind klein	126
8.2	Große Teams in der Produktentwicklung	126
	8.2.1 Planung im skalierten Umfeld – die Product Roadmap	128
	8.2.2 Vom Product Owner zum Product-Owner-Team: Synchronisation während des Sprints	130
	8.2.3 Die Prognose ersetzt den Plan	133
	8.2.4 Monitoring – Darstellung des Fortschritts	134
	8.2.5 Abhängigkeiten – das Umfeld	135
	8.2.6 Cost of Delay	136

9	Das Ende der Taskschätzung	141

Ergänzende Literatur und andere Quellen ... 143

Index ... 147

Vorwort

Mehr als 15 Jahre eigene Projektpraxis, zehn Jahre Scrum, die Erfahrungen als Gründer eines Unternehmens, als Beobachter und Begleiter der komplexen Projekte meiner Kunden, haben mich eines gelehrt: Aufwandschätzungen, Zeitschätzungen und viele andere Planungsaktivitäten, auf die viele Manager, Scrum-Teams und Projektmanager Wert legen, sind die Zeit nicht wert, die sie kosten. Mir ist aber bewusst, dass es vielen schwer fällt, vom Schätzen in seiner traditionellen Form loszulassen und einen neuen Ansatz zu wagen. Doch mit diesem Buch will ich diesen Ansatz vorstellen. Ich will zeigen, wie man über ein neues Verständnis des Schätzens zu einer besseren Planung kommt. Dabei erkläre ich nicht nur die derzeit gängigen Schätzverfahren, sondern gehe auf Ansätze wie das Design Thinking und das Skalieren der Product-Owner-Rolle ein. Es war mir wichtig, nicht nur diesen einen, in Wahrheit sehr kleinen Ausschnitt des eigentlichen Schätzens zu zeigen. Der wesentliche Punkt in der agilen Produktentwicklung ist, von Anfang an mit einer gänzlich anderen Haltung an ein Projekt heranzugehen. Daran kranken nämlich meiner Meinung nach viele Unternehmen und deren Projekte: An der eigenen Einstellung zum Kunden, zum User und zur eigenen Kreativität.

Mein besonderer Dank geht dieses Mal an Dolores Omann. Dieses Buch war ihre Idee, sie hat mich davon überzeugt, dass es gebraucht wird. Sie hatte den Teilnehmern bei einem Scrum-Training zugehört und ihre Not erkannt: Das Schätzen war das Thema, bei dem sich die meisten im Kreis drehten und es im Geiste nicht so richtig in ihren beruflichen Kontext integrieren konnten. Dolores textet und schreibt seit vier Jahren für mich. Dieses Mal ist es zu einem Großteil auch ihr Buch, denn sie hat mich besonders unterstützt und immer wieder motiviert, es fertigzustellen. Zwischen zwei anderen Buchprojekten schrieb ich mir das Schätzen innerhalb kürzester Zeit „von der Seele" und habe ihr die Rohfassung in die Hand gedrückt. Ohne sie wäre dieses Buch unlesbar.

Ich möchte Ihnen mit diesem Buch ein Handwerkszeug mitgeben, mit dem Sie Ihren agilen Projektalltag meistern können. Die Techniken und Ideen sind keine theoretischen Entwürfe: Sie sind in der Praxis entstanden und sie entwickeln sich in der und durch die Praxis ständig weiter. Probieren Sie die Instrumente in Ihrem Umfeld aus. Ich verspreche Ihnen, Sie werden ein anderes Verständnis von sinnvollen Schätzungen bekommen und sichtbare Erfolge verzeichnen. Ob Sie nun als ScrumMaster, Product Owner, „klassischer" Projektmanager oder Mitglied eines Scrum-Teams arbeiten: Vielleicht müssen auch Sie sich – wie die Teilnehmer in meinen Trainings – zunächst von bisherigen Denkmustern und Annahmen verabschieden. In diesem Buch werden Sie daher nicht nur lernen, welche agilen Schätzverfahren es gibt und wie sie funktionieren. Es geht darüber hinaus um ein neues Selbstverständnis der Menschen, die für den Erfolg eines Produkts verantwortlich sind. Es geht um neue Herangehensweisen an die Produktentwicklung. Und es geht schließlich um die Erkenntnis, dass Produkte die wichtigste Verbindung zwischen einem Unternehmen und seinen Kunden sind – diese Verbindung braucht einen neuen Stellenwert.

Dieses Buch, dieses „Produkt", ist auch Ausdruck meiner langjährigen Verbindung zum Hanser Verlag, vor allem zum Team rund um Brigitte Bauer-Schiewek. Sie hat mich dazu ermuntert, aus diesem Thema tatsächlich ein Buch und nicht nur ein Heft zu machen, wie ich es ursprünglich geplant hatte.

Und schließlich danke ich meiner Frau Kathrin für ihre Geduld mit mir. Sie meistert viele Aspekte unseres gemeinsamen Alltags für mich mit, damit ich die Zeit habe, meine Gedanken zu Papier zu bringen.

Laxenburg, im Februar 2014 *Boris Gloger*

■ Der Autor

2002 führte Boris Gloger sein erstes Scrum-Team beim österreichischen Mobilfunker ONE zum Erfolg. Als weltweit erster, von Ken Schwaber ausgebildeter Certified Scrum Trainer hat er wesentlich dazu beigetragen, dass sich Scrum in Europa, Südafrika und Brasilien als Standard der agilen Softwareentwicklung durchgesetzt hat. Die Erfahrungen aus der Praxis lässt er als Verbesserungen einfließen: So führte er die Rollen Kunde, Manager und Anwender ein und hob damit die Verbindung zwischen Produktentwicklung, Organisation und Markt hervor. Mit „Magic Estimation" hat er das Schätzen in Scrum vereinfacht.

Bevor er 2008 die Boris Gloger Consulting GmbH gründete, war der Unternehmer als Business Analyst, Team-Leader, Projektmanager und Scrum Consultant für globale Unternehmen (z. B. EDS, Nokia, BenQ) tätig. Die Managementberatung Boris Gloger Consulting GmbH hat ihren Sitz in Baden-Baden und ist auf Training und Consulting für die agile Produkt- und Organisationsentwicklung mit Scrum spezialisiert.

Folgende Bücher von Boris Gloger sind im Hanser Verlag erschienen:

- Scrum. Produkte zuverlässig und schnell entwickeln. 4., überarbeitete Auflage, 2013.
- Der agile Festpreis. Leitfaden für wirklich erfolgreiche IT-Projekt-Verträge. 2012.
- Erfolgreich mit Scrum: Einflussfaktor Personalmanagement. Finden und Binden von Mitarbeitern in agilen Unternehmen. 2011.

Kontakt: boris.gloger@borisgloger.com, *www.borisgloger.com*

Schätzen – eine Hassliebe

Das Thema Schätzen begleitet mich seit meinem ersten Job bei Electronic Data Systems (EDS) in Rüsselsheim. Mit einem der Projekte wollten wir unter anderem zeigen, dass wir die Standards des Capability Maturity Models Level 2 erfüllen konnten – und ich wollte dafür den Projektplan erstellen. Wie man es eben so tut, hatten wir fein säuberlich alle Zahlen zusammengetragen und mein Projektplan war einfach toll. Als unser Entwicklungsteam die Designphase beendet hatte und das Projekt in die Implementierungsphase ging, war ich vor dem Status-Meeting mit meinen Entwicklern total nervös. War das Design wirklich fertig? Die zwei Entwickler, die sich bis jetzt um das Designdokument – damals hieß das „Technical Design" – gekümmert hatten, sagten: „Boris, wir sind fertig, aber bitte sag es noch niemandem. Wir müssen noch einen Test durchführen. Bis übermorgen ist das aber erledigt." Zuerst verstand ich das nicht, ich war einfach nur total happy, weil mein Projekt auf Schiene war. Dann sagte Peter, der damalige Senior System Engineer: „Boris, du hast nicht verstanden: Wir sind fertig!" Ich muss wohl ziemlich verdutzt aus der Wäsche geschaut haben. Peter sagte mir doch tatsächlich, das Projekt sei fertig implementiert und fertig getestet – und das drei Monate früher als es mein schicker Projektplan vorgesehen hatte. Ich war völlig perplex: Die geplanten 800 Entwicklungsstunden wurden nicht gebraucht. Die beiden Senior-Entwickler, die eigentlich „nur" das Design schreiben sollten, hatten beides gemacht – designt und fertig entwickelt. Sie hatten sich also eigentlich nicht an den Prozess gehalten. Ich fragte sie, wie so etwas möglich sei. Die Antwort der beiden war vollkommen logisch: Eigentlich hätten sie das Design so aufbereiten müssen, dass das Offshore-Team genau verstanden hätte, was zu entwickeln war. In derselben Zeit konnten sie statt Pseudocode genauso gut den Code selbst schreiben.

Ein anderes Mal fragte ich Peter, wie viel Aufwand es wäre, eine Hostmaske zu entwickeln. Sie war nicht sonderlich kompliziert. Peter antwortete wie aus der Pistole geschossen: „40 Stunden!" Als ich ihn fragte, wie er das denn wissen könne, meinte er, dass er eine solche Maske ja nicht zum ersten Mal entwickeln würde. Er kannte sein System, er hatte es selbst entworfen. Wenn Peter und sein Team eine Schätzung abgaben, konnte ich immer sicher sein, dass ihre Angaben auch korrekt waren. Sie hielten ihre Schätzung wirklich immer ein.

Vom Blindflug zum Sichtflug

Erst Jahre später habe ich begriffen, dass das in der Softwareentwicklung nicht „normal" war. In Projekten mit anderen Teams und anderen Auftraggebern war auch die Realität eine vollkommen andere. Bei meinem ersten großen Projekt in einem Telekommunikationsunternehmen wurde ich mit einem fertig geschätzten Projektbudget losgeschickt. Später stellte sich heraus, dass es vollkommen falsch war. Meine Vorgänger hatten die Schätzungen aus der Luft gegriffen und sie hatten sie unter der Annahme erstellt, dass die Entwicklung Ahnung von diesem zu implementierenden Internetportal haben würde. Als junger Projektmanager, der Erfolg haben musste, kam ich gar nicht auf die Idee, dass meine Entwickler nicht so professionell und erfahren sein könnten wie Peter und seine Kollegen von EDS. Es war zum Verzweifeln: Die Entwicklungsmannschaft wusste nicht, was sie tat. Woran ich das erkannte? Weil mein Entwicklungsteam von den im Design beschriebenen 149 Web-Templates nur ein einziges fertig geliefert hatte. In diesem vierköpfigen Team saßen lauter neue Mitarbeiter, die so etwas noch nie gemacht hatten. Also ging ich zu meinem Chef und warf die rote Flagge! Ich konnte ihn davon überzeugen, einen Teil des Projektprofits aufzugeben und um dieses Geld einen Entwickler zu „kaufen", der sich auskannte. Ich hatte Glück: Zwei Wochen später war der Entwickler im Projektteam. Er schrieb 109 Templates selbst. Die übrigen 40 wurden von den restlichen Teammitgliedern erledigt – nachdem sie verstanden hatten, wie man diese Art von Templates entwickelt.

Damals berechnete ich den Projektfortschritt nicht nach den geleisteten Stunden, sondern anhand der Anzahl der gelieferten Produktteile (eben diesen Web-Templates). Auf diese Weise konnte ich herausfinden, wie weit wir im Projekt wirklich vorangeschritten waren. Alle anderen, eher traditionellen Ansätze des Projektmonitorings hätten mich komplett im Blindflug gelassen. So aber konnten wir reagieren. Wir konnten genau sagen, wie weit wir tatsächlich waren und der Fachabteilung ständig etwas Fertiges zeigen. Wie endete dieses Projekt? Wir lieferten beinahe zum ursprünglich geplanten Termin. Aus heutiger Sicht hätte dieses Projekt viel erfolgreicher sein können – hätte es nicht gleich am Anfang die auf falschen Aufwänden basierende Schätzung gegeben. Das Traurige daran: Genau so sieht die Projektrealität in vielen Unternehmen heute aus.

Diese beiden Erfahrungen weckten in mir ein tiefes Misstrauen gegen jede Form von Aufwandschätzung und hinterließen in mir das Bewusstsein, dass der Fortschritt eines Projekts auf keinen Fall in Aufwänden gedacht oder beurteilt werden kann. Kurz vor meiner Zertifizierung zum Project Manager Professional (PMP) des Project Management Institutes kam ich zur bitteren Erkenntnis, dass die gängigen Projektmanagementmethoden für das Thema Planung nicht ausreichten.

Alles besser mit Scrum?

Das Thema Schätzen ließ mein Entwicklungsteam auch nicht los, als wir Projekte immer öfter mit der neuen Wunderwaffe Scrum durchführten. Obwohl wir die Software schneller und mit höherer Qualität lieferten, wollten die Fachabteilungen immer zunächst wissen, was es kosten würde und wann es fertig sein würde. Schon gar nicht konnte ich diesen Fragen später als Scrum-Trainer entkommen. Heute genauso wie vor zehn Jahren haben die meisten Teilnehmer in den Trainings genau diese zwei Fragen im Kopf:

„Wann ist es fertig und was wird es kosten?" Dieser zwingende Wunsch nach absoluter Vorhersagbarkeit dominiert ganze Trainingsnachmittage.

Die ersten Ideen, die Ken Schwaber und Jeff Sutherland dazu in ihren Büchern aufbrachten, waren wenig hilfreich. Auch für sie war es damals immer noch logisch, in Tagen und Stunden zu schätzen. Im Laufe der Zeit wurde aber zusehends deutlicher, dass das Schätzen in Aufwänden ständig in eine Sackgasse führt. Allmählich wurde klar: Wenn es bei Frameworks und Vorgehensweisen wie Scrum immer um die Lieferung von Produktteilen geht, ist ein anderer Zugang zum Schätzen und Planen nötig.

Auf der Suche nach neuen Verfahren kam in der XP Community 2004 die Idee der Storypoints auf – eine Revolution! Zwar wurden Storypoints zunächst auch noch als „Aufwände" verstanden, aber sie machten den Weg frei, über so etwas wie Komplexität bei Aufwänden zu sprechen. Mit den Büchern von Mike Cohn wurde das Schätzen mit Planning Poker populär. Die Fibonacci-Skala konnte implizit ausdrücken, dass es sich beim Schätzen nicht um einen exakten Wert handelt. Die Ungenauigkeit nimmt bei großen Werten zu.

Unzähligen Scrum-Teams hat dieser neue Zugang zum Schätzen sehr geholfen und neue Möglichkeiten eröffnet. Aber das Thema war noch nicht fertig gedacht. Die Schätzungen mit Planning Poker wurden immer zeitintensiver und es gab keine wirklich guten Argumente dafür, was denn der Tester in einem Team schätzen sollte. Der Begriff der Komplexität hatte das Denken in Aufwänden nur kaschiert – verschwunden war es noch nicht. In Trainings und Projekten suchten wir umständlich nach Argumenten, weshalb zum Beispiel eine Story mit dem Wert 13 das eine Mal lange dauerte und das andere Mal einfach nur schwer (kompliziert, da komplex) war.

Ich machte mich auf die Suche nach einer Methode, mit der ich diese Unklarheit lösen konnte. Bei wissenschaftlichen Erklärungen gilt das Prinzip der Einfachheit: Wenn eine Vorgehensweise zu komplex und undurchsichtig wird – und das war für mich die Idee, Aufwände durch Komplexität zu ersetzen –, dann ist sie falsch.

It's the increment, stupid!

Irgendwann, als ich gerade wieder das Schätzen in Storypoints erklären wollte, machte es „klick!". Damals, im beinahe katastrophalen Webprojekt, hatte ich doch den Projektfortschritt nicht in Stunden, sondern in gelieferten Web-Templates gemessen. Ich hatte einfach nur die Lieferungen gezählt. Da war er, der Erkenntnissprung! Wenn wir nicht mehr in Aufwänden denken, sondern in Lieferungen, dann – ja dann brauchen wir doch nur **die gelieferten Funktionen** (Storypoints, Websites etc.) zu zählen. Damit haben wir ein Maß für das gelieferte Produkt und können das wiederum in einen Trend umwandeln.

Es war trotzdem noch ein langer Weg von dieser Erkenntnis zur heutigen Variante, in Projekten vollkommen auf das Schätzen von Aufwänden zu verzichten. Der Theoretiker in mir musste erst vom Experimentator in mir bestätigt werden. Und das gelang auch: Als meine Mitarbeiter und ich in einem wirklich großen Projekt mit mehr als 180 Entwicklern, 18 ScrumMastern und 18 Product Ownern dabei helfen konnten, mit Magic Estimation und Epic-Schätzungen das tatsächliche Lieferdatum mit einer Abweichung von nur zwei Wochen zu schätzen, war ich endlich von meiner eigenen Methode überzeugt.

Heute nutzen wir diese Methode ständig. Zwar gibt es immer wieder Widerstand, aber wenn das Konzept nach einigen Estimation Meetings verstanden ist, sind auch unsere Kunden von den Vorteilen überzeugt. Der Verzicht auf Aufwandschätzungen beschränkt sich aber faszinierenderweise nicht auf die User Storys. In den Anfängen meiner Scrum-Karriere war ich von der Idee überzeugt, dass die Entwicklungsmannschaften ihre „Remaining Hours" pro Sprint in einem Sprint-Burndown aufzeichnen sollten. In den ersten Scrum-Jahren führte das zu interessanten Dynamiken: Aus eigentlich gut gemeinten Sprint Plannings 2 wurden teilweise quälend langweilige und frustrierende Sitzungen, in denen die Entwickler versuchten, sich abzusichern. Die Idee, die Tasks zu schätzen, sollte eigentlich dabei helfen, sich zu „committen". Tatsächlich wurde es aber noch schwerer, ein Commitment zu bekommen. Tobias Mayer hatte 2006 die Idee, dass die Aufgaben maximal einen Tag dauern sollten. Ein guter Ansatz, aber nun begannen die Entwickler wieder darüber nachzudenken, ob eine Aufgabe acht oder zehn Stunden dauern würde. Das war verschwendete Zeit. In den folgenden Jahren kam ich zu dem Schluss, dass wir völlig auf das Schätzen von einzelnen Aufgaben verzichten müssen. Heute schätzen wir nicht mehr, wie lange Aufgaben dauern und das hat einiges dazu beigetragen, dass Scrum und Kanban von Teams erfolgreich adaptiert werden konnten.

Ohne den Product Owner ist alles nichts

Schätzen ist in Scrum-Projekten also zusehends unwichtiger geworden. Ja, natürlich werde ich Ihnen zeigen, wie man ohne Aufwandschätzung schätzt. Allerdings gestehe ich, dass der Titel dieses Buchs etwas zu einseitig auf diesen Aspekt gerichtet ist. Den Titel habe ich gewählt, weil ich weiß, dass das Schätzen eines der größten Probleme in agilen Projekten ist. Es ist aber nur ein ganz kleiner Aspekt und nur eine der unzähligen Herausforderungen, die ein Product Owner zu meistern hat.

Daher werden Sie in diesem Buch noch vieles mehr finden, das meiner Meinung für den Erfolg eines Scrum-, Kanban- oder anderen agilen Projekts notwendig ist:

- Design Thinking
- Ein tieferes Verständnis für die Aufgaben des Product Owners
- Skalieren von Scrum in größeren Projekten

All das sorgt dafür, das Sie etwas schätzen können, das Sie kennen. Sie erfahren, wie Sie zu User Storys kommen. Sie erfahren, wie man die User Storys anordnet, um einen Releaseplan oder besser gesagt eine „Customer Journey" zu erstellen. Mit einer neuen großartigen Idee, dem Impact-Mapping, werden Sie in der Lage sein zu entscheiden, *welche* Storys Sie liefern lassen wollen.

All das setzt aber einen Entscheider im Projekt voraus: den Product Owner. Dieses Buch soll daher auch zeigen, welche Qualitäten ein Product Owner haben muss. Wie er sich gegenüber der Organisation aufstellen sollte und welches Selbstverständnis er braucht.

1 Ein Weg für Realisten

Drei Teams stehen in einer Werkshalle. Hier haben sie viel Platz für die integrierte Entwicklung eines neuen Produkts, hier können sie miteinander arbeiten, diskutieren und lachen. Karl, Consultant in meinem Unternehmen, erklärt gerade, wie Magic Estimation funktioniert. Ich selbst stehe mit dem Product Owner der Teams etwas abseits und beobachte mit ihm, was gerade passiert. Uns fällt auf, dass die Teammitglieder sehr unsicher sind – sie fragen Karl ein Loch nach dem anderen in den Bauch. Nach fünf Minuten hat er sie aber davon überzeugt, Magic Estimation eine Chance zu geben und das Spiel einfach einmal auszuprobieren. Es ist wie im Bilderbuch: In einem großen Gewusel beginnen die Teammitglieder damit, die User Storys zu verteilen. Nach kurzer Zeit legt sich aber die Hektik, es wird ruhiger und nur mehr vereinzelt werden User Storys umsortiert.

„Und was kann ich jetzt damit anfangen?", fragt mich der Product Owner. „Ich will doch sowieso alle Storys, die gerade geschätzt wurden, im nächsten Sprint umgesetzt sehen." Ich erkläre ihm den eigentlichen Sinn von Magic Estimation: Es hilft zu erkennen, welche User Storys das Entwicklungsteam verstanden hat und bei welchen es noch unsicher ist. Das Gesicht des Product Owners spricht Bände, er begreift nicht sofort, was ich meine. In Karls Debriefing nach dem Spiel wird es dann allen Beteiligten klar: Es geht nicht so sehr um das Schätzen von Funktionalitäten, sondern um die Frage, ob wirklich alle verstanden haben, was gewünscht wird.

Natürlich gab es auch in diesem Projekt eine Deadline. Den einen Termin, der unbedingt gehalten werden musste. Nach einigen Gesprächen wurde aber klar, dass es wie so oft gar nicht darum ging, alle Features zu liefern: Eigentlich wollte der Product Owner bei der geplanten Präsentation ein Produkt zeigen, das begeistern sollte. Welche Funktionalitäten zu diesem Termin vorhanden sein würden, war in Wahrheit nebensächlich. Eine Forderung nach Vollständigkeit gab es nicht.

Bei solchen Erlebnissen drängt sich mir die Frage auf: „Geht es in Projekten wirklich ums Schätzen und um die Antwort auf die Frage, wann etwas vollständig fertig wird?" Auf den ersten Blick sicher, schließlich wird die Frage nach der Fertigstellung ständig gestellt. Und dann lese ich, dass sich die Arbeiten am Berliner Flughafen einmal mehr verzögern und es in den Sternen steht, wann er nun wirklich eröffnet werden kann. Die Projektrealität ist also doch eine ganz andere. Projekte und Produkte werden fertig, wenn es soweit ist.[1] Ich erlebe Unternehmen, die neun Monate alleine auf die Neuplanung eines Projekts verwenden. Neun Monate für die Planung! In diesem Zeitraum könnte man mit konstruktivem, iterativem, inkrementellem und gemeinsamem Arbeiten bereits die ersten Ergebnisse liefern. Man wüsste, ob man auf dem richtigen Weg ist. Wahrscheinlich hätte man schon nach drei Monaten konkrete Zahlen. Dazu braucht es aber Menschen, die tatsächlich fokussiert an diesem Produkt arbeiten – gemeinsam in einem Raum und mit einer Führungskraft, die dem Team beim Überwinden der eigenen blinden Flecken hilft. Diese Führungskraft würde den Austausch im Team fördern und so dazu beitragen, dass jeden Tag ein neues Teil des Produkts entstünde. Rhythmisch getaktet würde dieses Team bis zur Deadline das Produkt stückweise liefern.

Der Product Owner muss als Erster zu dieser Erkenntnis kommen. Erst wenn er versteht, dass man ein Produkt nicht durch das Abarbeiten einer Liste gewinnt, sondern dass man es durch das ständige Reagieren auf die Veränderungen im Rahmen seiner Möglichkeiten gestaltet, erst dann kann er mit den Kunden, mit dem Management und mit dem Entwicklungsteam gute Erfolge erzielen. Diese Erkenntnis fordert vom Product Owner aber auch eine besondere Haltung: „Ich, der Product Owner, bin für den Erfolg wesentlich." Das heißt für ihn, nahe an „seinem" Produkt zu sein. Er muss auf jedes Detail achten, ja er muss sich regelrecht in sein Produkt verlieben. Er ist inhaltlich für sein Produkt verantwortlich.

In der Praxis treffe ich leider immer noch viel zu oft das völlige Gegenteil an: Product Owner, die Produkte im Überflug kreieren wollen. Sie glauben, man könne gute Produkte bauen, ohne sich wirklich mit ihnen zu beschäftigen. Meistens bleiben sie in ihrer traditionellen Projektmanagement-Haltung stecken: „Ich muss das Projekt doch nur steuern, aber nicht inhaltlich arbeiten!" Dazu sage ich nur: Das ist falsch! Im Laufe dieses Buches werden wir auch sehen, dass der Product Owner ein Produktspezialist ist.

Ein echter Product Owner, ein guter Product Owner, erträumt sich das Produkt. Diesen Traum setzt er gemeinsam mit seinem Entwicklungsteam in die Realität um und richtet sich dabei an der Realität aus. Ständig überlegt er, was er mit den zur Verfügung stehenden Mitteln erreichen kann – und versucht das Bestmögliche zu erreichen. Die Realität zu akzeptieren und mit ihr zu arbeiten, die Möglichkeiten zu nutzen, die sich bieten: Das ist die große Kunst begnadeter Product Owner.

Ich möchte aber gleich an dieser Stelle eine Warnung aussprechen:
Mit Methoden wie Magic Estimation lassen sich die User Storys auch großer Projekte rasch und vor allem sehr genau schätzen. Sie werden beim Lesen dieses Buches sehen: Die Tools und Techniken können Sie dabei unterstützen, Projekte besser durchzuführen. Was diese Tools und Techniken aber nicht können: Die Realität verändern.

---

[1] Beim Schreiben von Büchern spricht man zum Beispiel davon, dass sie „aufgegeben" werden. Das Schreiben wird also einfach eingestellt. Fertig ist ein Buch nie.

Den Schätzungen in Scrum wird immer wieder die Bürde auferlegt, sie müssten „richtiger" sein als traditionelle Schätzungen. Tatsächlich steckt dahinter der Wunsch, dass ein Projekt mit agiler Schätzung plötzlich schneller werden müsste. Wie soll das gehen? Sie werden auch mit agilen Methoden nur dann Erfolg haben, wenn Sie sich eines klar machen: Agile Methoden können das Wunschdenken nicht besser oder erfolgreicher bedienen.

Agile Planungsmethoden zeigen vielmehr schonungslos die offensichtlichen Tatsachen.

Sie werden erfolgreich sein, wenn Sie folgende zwei Punkte akzeptieren:

1. Die Anforderungen an ein Projekt werden auch bei einem agilen Projekt oft erst während der Laufzeit bekannt. Genau darin liegt die Stärke der agilen Methode: damit umgehen zu können.
2. Im Laufe des Projekts wird sich auch das Umfeld verändern – das können wir am Anfang nicht vorhersehen.

2 Was ist agil?

Um zu verstehen, wie man mit Scrum-Projekten erfolgreich wird und warum die hier erwähnten Konzepte, Methoden und Praktiken funktionieren, muss man zunächst verstehen, was Agilität bedeutet. Ein weit verbreiteter Irrtum ist, dass die Methode selbst ein Projekt agil macht. Tatsächlich wird ein Projekt aber erst dann agil, wenn man sich vollkommen anders als bisher mit den Herausforderungen der Produktentwicklung auseinandersetzt. Im Zentrum stehen der Kunde und das inkrementelle und iterative Entwickeln.

■ 2.1 Den Kunden begeistern – Emotionen

Es war ein sehr emotionaler Auftakt, den Apple am 10. Juni 2013 für seine World Wide Developer Conference (WWDC) gewählt hatte. Über die Leinwand und über die Bildschirme von Millionen Online-Zusehern flimmerte ein einfacher Animationsfilm, der aber alles transportierte, was Apple ausmacht. Zu lesen war:

> „If everyone is busy making everything, how can anyone perfect anything? We start to confuse convenience with joy, abundance with choice. Designing something requires focus. The first thing we ask is, what do we want people to *feel*. Delight, surprise, love, connection, and we begin to craft around our intention. It takes time. There are thousand no's for every yes, we simplify, we perfect, we start over until every thing we touch enhances each life. It touches. Only then do we sign our work. Designed by Apple in California."

Die Keynote von Tim Cook & Co endete mit einem Spot aus der aktuellen Werbelinie: Gezeigt wurden Menschen in Interaktion mit ihren Apple-Produkten. Doch nicht das Produkt stand dabei im Vordergrund. Es blieb unaufdringlich angedeutet. Im Vordergrund standen die emotionalen Momente der Nutzer.

Die Botschaft ist klar: „Wir, Apple, erschaffen Produkte für euch Menschen da draußen." Der Fokus der Arbeit liegt außerhalb der Mauern des Headquarters in Cupertino. Apples Mittelpunkt in der Produktentwicklung war immer und ist noch immer der Kunde.

Alle Designprozesse sind „human centered". Auch das Setting der World Wide Developer Conference ist Ausdruck dieser alles prägenden Denkweise: Tausende Mitarbeiter von Apple – von der Führungsspitze abwärts – treffen auf tausende Entwickler. Immer in Kontakt mit der Basis bleiben! „Human centered" bedeutet aber nicht, dem Kunden nach dem Mund zu reden oder ihn mit Service zu überschütten. Nein, den Kunden in den Mittelpunkt zu stellen, bedeutet erst einmal: Den Kunden verstehen. Wirklich zu begreifen, was der Kunde *braucht* – nicht zu erfahren, was er will. Das geht nur in einem intensiven Verfahren: Das Verhalten beobachten, die Natur des Kundenproblems begreifen und es lösen, noch bevor es dem Kunden bewusst wird. Henry Ford, der vielleicht erfolgreichste Unternehmer des 20. Jahrhunderts, sagte nicht umsonst:

> *„If I had asked people what they wanted, they would have said faster horses."*

IDEO, ein Beratungsunternehmen für Design und Innovation, hat sich darauf spezialisiert, Produkte zu erfinden. Für den Zugang zum Kunden hat IDEO ein eigenes Vorgehensmodell entwickelt: Design Thinking. Wir werden später noch sehen, dass sich Scrum und Design Thinking perfekt ergänzen. Apple und IDEO gelingt immer wieder die Quadratur des Kreises, weil sie sich einer Sache sehr bewusst sind:

> *„Designing something requires focus."*

Die Konzentration auf das Wesentliche ist der Schlüssel zum „insanely great product". Sich die Zeit nehmen, Dinge zu Ende zu entwickeln, einen Prototypen nach dem anderen bauen, damit experimentieren, die Ergebnisse zwischendurch präsentieren und mit dem Feedback in die nächste Entwicklungsrunde gehen – das ist der Schlüssel zum Erfolg. Iterativ und inkrementell entwickeln, jedes Mal etwas von Wert für den Anwender liefern, das ist wahrhaft agil.

Dabei ist „Agilität" gar nichts Besonderes oder etwas völlig Neues. Es ist nur eine vollkommen eingängige und tausend Mal erprobte Herangehensweise an wirklich dringende Herausforderungen. Das meiner Meinung nach berühmteste Beispiel liefert Lockheed Martin. Die Konstrukteurs-Legende Kelly Johnson hat es 1943 nicht anders gemacht: Innerhalb kürzester Zeit – genauer gesagt innerhalb von 180 Tagen – sollte er ein völlig neues Kampfflugzeug entwerfen, bauen und für den Einsatz freigeben. Für den Bau der XP-80 holte er sich nur die wirklich notwendigen Mitarbeiter wie Ingenieure, technische Zeichner und Piloten in ein abgeschottetes, störungsfreies Umfeld (in diesem Fall ein angemietetes Zirkuszelt) und fokussierte sie damit auf das zu lösende Problem. Er brach mit allen bürokratischen Vorgaben, reduzierte das Reporting auf das absolut notwendige, aber dafür umso aussagekräftigere Maß, um stattdessen für das Team einen Raum ständigen voneinander Lernens zu schaffen. Einen solchen Kontext, der für die Beteiligten eine gemeinsame Bedeutung hat und in dem neues Wissen (schlussendlich für die Organisation) entsteht, bezeichnet Ikujiro Nonaka – auf dessen Überlegungen zur flexiblen Produktentwicklung im Artikel „The New New Product Development Game" auch der Begriff und die Entstehung von „Scrum" zurückgeht – als „Ba". Das implizite Wissen der einzelnen Teammitglieder wird in diesem (nicht notwendigerweise physisch gemeinten) Raum zu explizitem Wissen des gesamten Teams und kann so in neue Produkte umgesetzt werden.

„(…), ba can be thought of as shared space for emerging relationships. This space can be physical (e. g., office, dispersed business space), virtual (e. g., e-mail, teleconference), mental (e. g., shared experiences, ideas, ideals), or any combination of them. What differentiates ba from ordinary human interaction is the concept of knowledge creation. Ba provides a platform for advancing individual and/or collective knowledge. (…) Thus, we consider ba to be a shared space that serves as a foundation for knowledge creation." (Nonaka/Konno 1998, S. 40)

2.2 Was macht agile Produktentwicklung aus?

Die perfekte Welt würde so aussehen: Eine agile Organisation befindet sich in einem Netzwerk aus anderen agilen Organisationen, die alle zum Beispiel nach Scrum arbeiten und gemeinsam ständig neue, inkrementelle Produktteile liefern. Leider ist das noch immer eine Illusion und mein persönliches Wunschdenken. Fakt ist: Wenn man agil arbeiten will, hilft es zu verstehen, wie die umgebenden Organisationen agieren sollten. Warum? So kann man besser erkennen, wofür man neue Praktiken finden muss. Praktiken, die im traditionellen Umfeld nicht gefordert waren.

Die agile Organisation

- agiert stets mit dem Blick nach außen, statt sich in überbordendem Maß mit internen Prozessen zu beschäftigen.
- steht ständig im Kontakt mit ihrem Netzwerk aus Kunden und Lieferanten.
- verbessert dabei ständig die eigene Lösungskompetenz für die Probleme des eigenen Netzwerks und
- erschafft auf diese Weise neue Produkte.
- betrachtet ihre Produkte als Lösungen für die Probleme ihrer Kunden.
- optimiert nicht lokale interne Prozesse, sondern optimiert aus der Sicht des Kunden und hat dabei die gesamte Wertschöpfung im Blick.
- gestaltet die Arbeit menschengerecht: also kreativ, anregend und sozial.

Stellt man bestehende Organisationen dieser Auflistung gegenüber, ergeben sich in vielen Fällen einige Diskrepanzen (Tabelle 2.1).

Tabelle 2.1 Agile vs. traditionelle Organisation

Agile Organisation	Traditionelle Organisation
agiert stets mit dem Blick nach außen, statt sich in überbordendem Maß mit internen Prozessen zu beschäftigen	Verfahren des Qualitätsmanagements, Richtlinien und Prozesse erschweren die Kommunikation mit dem Kunden „draußen".
steht ständig im Kontakt mit ihrem Netzwerk aus Kunden und Lieferanten	In der Projektrealität verhindern Abteilungen innerhalb der Organisation den direkten Kontakt mit Kunden und Lieferanten.
verbessert dabei ständig die eigene Lösungskompetenz für die Probleme des eigenen Netzwerks und erschafft auf diese Weise neue Produkte	Die traditionelle Organisation ist nicht auf Lernen und ständige Verbesserung ausgerichtet. Die regierende Null-Fehler-Mentalität führt ironischerweise zu vielen Fehlern. Es gibt keinen Druck, das Funktionierende zu verändern und daher hängt die traditionelle Organisation zu lange an ihren existierenden Produkten.
betrachtet ihre Produkte als Lösungen für die Probleme ihrer Kunden	Der Kunde soll ein Produkt kaufen, das nicht auf ihn ausgerichtet ist.
optimiert nicht lokale interne Prozesse, sondern optimiert aus der Sicht des Kunden und hat dabei die gesamte Wertschöpfung im Blick	Einzelne Prozesse werden optimiert und verschlankt.
gestaltet die Arbeit menschengerecht: also kreativ, anregend und sozial.	Das gelingt nur wenigen traditionellen Organisationen. Stattdessen steigt die Zahl der Burn-out- und Bore-out-Opfer.

■ 2.3 Das Problem der klassischen Projektorganisation

Wo liegt der grundlegende Unterschied zwischen Vorgehensweisen wie jenen von Lockheed Martin oder IDEO und den klassischen Projektmanagement-Methoden, wie sie von der IPMA oder vom PMI favorisiert werden?

Meine Antwort darauf: Es gibt einen eklatanten Unterschied zwischen den Sichtweisen auf das Wesen der Herausforderung. Klassische Projektmanagementverfahren basieren auf einem linearen Modell der Wissensverarbeitung. Sie gehen von der grundlegenden Annahme aus, dass man die Herausforderung in allen Details kennt und die Lösung daher einfach nur erzeugen muss. Das impliziert, dass sich keine der getroffenen Annahmen während der Laufzeit des Projekts grundlegend ändert. Demgegenüber basieren agile Verfahren auf der klaren Überzeugung:

„Wir kennen die Herausforderung beim Start des Projekts nur ungefähr. Daher werden wir sowohl das Problem als auch die Antwort auf dieses Problem erst zur Laufzeit des Projekts erarbeiten können."

Erfahrene Projektmanager stimmen diesen zwei Sätzen immer vorbehaltlos zu. Und trotzdem wickeln sie Projekte im klassischen Umfeld weiterhin nach den vier Phasen Start, Organisation und Vorbereitung, Durchführung und Abschluss ab.

Folgerichtig führt die traditionelle Denkweise zu dem Schluss, dass Fehlannahmen zu Beginn eines Projekts billiger auszugleichen seien als am Ende des Projekts, wie die Autoren des PMBOK schreiben: „Ability to influence the final characteristics of the project's product, without significantly impacting cost, is highest at the start of the project and decreases as the project progresses towards completion." (Project Management Institute 2008, S. 17)

Auf den ersten Blick erscheint diese Annahme logisch, allerdings beweist die Praxis immer wieder das Gegenteil. Das zeigen zum Beispiel die Zahlen des „Chaos Manifesto 2013" der Standish Group, einer fortlaufenden Studie zum Erfolg von IT-Projekten (siehe Tabelle 2.2 und Tabelle 2.3).

Tabelle 2.2 Veränderung der Erfolgsquote von IT-Projekten zwischen 2004 und 2012 (Quelle: Standish Group 2013, S. 1)

	2004	2006	2008	2010	2012
Successful	29 %	25 %	32 %	37 %	39 %
Failed	18 %	19 %	24 %	21 %	18 %
Challenged	53 %	46 %	44 %	42 %	43 %

Tabelle 2.3 Überschreitung von Zeit und Kosten sowie Anteil der gelieferten Features (Quelle: Standish Group 2013, S. 2)

	2004	2006	2008	2010	2012
Zeit	84 %	72 %	79 %	71 %	74 %
Kosten	56 %	47 %	54 %	46 %	59 %
Features	64 %	68 %	67 %	74 %	69 %

Die Krux ist, dass niemand zu Beginn eines Projekts alle Eventualitäten bedenken kann. Manchmal ist noch nicht einmal sicher, ob die angestrebte Umsetzung tatsächlich die richtige Lösung zum vorhandenen Problem sein wird. Je größer und länger Projekte sind, desto schwieriger wird es, diesen Überblick zu behalten, und daher häufen sich die meisten Probleme gegen Ende eines Projekts an – wenn man über die Veränderungen kaum mehr hinwegsehen kann.

Die Folge der traditionellen Annahme: **Der Analyseaufwand bei Projekten wird immer größer.** Problematisch ist dabei, dass diese Analyse selbst nichts zum endgültigen Produkt beiträgt. Sie liefert zu Anfang einzig die Klärung, was der Umfang des Projekts sein soll. Es wird also nicht zum Beispiel durch einen Test (Prototyp) herausgefunden, ob die Ergebnisse der Analyse zielführend sind. Selbstverständlich ist es auch bei klassisch geführten Projekten prinzipiell möglich, in der Anfangsphase Prototypen zu entwickeln und Tests durchzuführen. Es wäre kein Problem einzuplanen, dass man in einer frühen Phase Prototypen haben möchte. Aber das eigentliche Prinzip des Lernens durch die Prototypen, die den Projektverlauf rigoros ändern können, ist in diesem Denkschema nicht explizit vorgesehen. Dieses Lernen, das laut Nonaka erst durch gemeinsames Arbeiten, Experimentieren und Ausprobieren entsteht, diese Erkenntnisse werden beim traditionellen Gedankenmodell des Projektmanagements nicht implizit mitgedacht, sondern müssen erst erklärt werden (wenn es gewollt wird).

Die Folgen für die traditionelle Produktentwicklung

Die Folge dieses Denkens sind in der traditionellen Produktentwicklung immer die gleichen: Am Ende des Projekts sind die Kosten für das Produkt immer höher als zunächst angenommen. Die Projekt-Endtermine werden regelmäßig überschritten und die Zahl der gelieferten Funktionalitäten ist immer geringer als ursprünglich geplant. Obwohl mir Projektmanager und Abteilungsleiter immer wieder berichten, dass ihre Projekte natürlich genaue Ziellandungen hinlegen, muss man sich dennoch den Fakten des großen Bildes stellen: Bent Flyvbjerg und Alexander Budzier liefern in ihrem Artikel „Why Your IT-Projects May Be Riskier Than You Think" (Flyvbjerg/Budzier 2011) die Daten: Eines von sechs Projekten artet in einen sogenannten „Black Swan" aus, also in eine totale Projektkatastrophe, die unter Umständen das Ende eines Unternehmens besiegeln kann.

Aber nicht nur IT-Projekte sind betroffen. Meskendahl et al. von der Technischen Universität Berlin untersuchten das Multiprojektmanagement von über 200 multinationalen Unternehmen in Deutschland. Die Best-Performer brachten es auf einen Anteil von 80 Prozent wirtschaftlich erfolgreicher Projekte, bei den Bad-Performers liegt dieser Prozentsatz bei erschreckenden 50 Prozent. Allein die Teilnehmer der Studie verschwenden so jedes Jahr rund 10 Milliarden (!) Euro für gescheiterte Projekte. (Meskendahl et al. 2011) Flyvbjerg und Budzier raten deshalb:

> *„Any company that is contemplating a large technology project should take a stress test designed to assess its readiness. Leaders should ask themselves two key questions as part of IT black swan management: First, is the company strong enough to absorb the hit if its biggest technology project goes over budget by 400 % or more and if only 25 % to 50 % of the projected benefits are realized? Second, can the company take the hit if 15 % of its medium-sized tech projects (not the ones that get all the executive attention but the secondary ones that are often overlooked) exceed cost estimates by 200 %? These numbers may seem comfortably improbable, but, as our research shows, they apply with uncomfortable frequency."*

Welche Lösung könnte es für dieses Problem geben? Wie gehen wir damit um?

Sind kleinere Projekte die Lösung?

Wenn man diese Zahlen liest, kommt man zu dem Schluss, dass man nur kleine Projekte durchführen sollte. So empfiehlt es die Standish Group folgerichtig in ihrem Chaos Manifesto 2013. Auf diese Weise reduziert ein Unternehmen dramatisch das Risiko eines Fehlschlags und der daraus resultierenden Kosten. Das macht auf den ersten Blick Sinn. Wir zerstückeln einfach die Projekte und dann wird alles gut.

Kleinere Projekte statt der großen Megaprojekte – ist das wirklich der Ausweg? Die Antwort darauf lautet eindeutig „Nein". Dieser Weg kann nur ein Notausstieg sein. Sie mag für das eine oder andere Vorhaben, wenn die Teilziele sehr genau bekannt sind, erfolgreich sein, wie mir Projektmanager immer wieder versichern. Aber es ist eine schlechte Lösung, ein schaler Versuch, mit dem falschen Werkzeug doch noch etwas zu gewinnen.

Ob ein Projekt groß oder klein ist: Es startet immer ohne genaue Kenntnis der Herausforderung und der tatsächlich passenden Lösung. Eine Management-Methode, die das Lernen im Projekt schon aufgrund ihrer Grundannahmen nicht berücksichtigt, kann in komplexen Umfeldern dem Management einer Organisation nicht die notwendigen Informationen zur Steuerung der Projekte liefern – sie erzeugt diese Informationen zur Laufzeit des Projekts nämlich gar nicht.

Fehlsteuerung 1: Das *Managen* von Projekten ist als Funktion grundsätzlich nicht auf das Wesentliche ausgerichtet: den Kunden. Projekte sind Verwaltungseinheiten, die ein Projekt verwalten. Dabei ist das Projekt selbst ja nichts wert, sondern nur das Produkt, das dabei entstehen soll.

Der zielführendere Ansatz wäre aber: die Verbindung von Produkt und Kunde ernst nehmen und das Produkt so designen, dass der Kunde es nutzen will und sein Problem gelöst wird. Fokus des gesamten Managements und aller Aktivitäten ist somit das Produkt, nicht das Projekt.

Fehlsteuerung 2: In klassischen Projekten geht man noch immer davon aus, dass man einen vom Projektmanager (gemeinsam mit allen Beteiligten) entworfenen Plan abarbeitet. Der Projektmanager koordiniert die Projektbeteiligten untereinander.

Anders bei den agilen Methoden: Die Projektbeteiligten steuern sich selbst. Wie man das sinnvoll managen kann, hat Ikujiro Nonaka schon in „The New New Product Development Game" beschrieben. Seine ersten Ideen sind in Scrum als Management-Framework und das Design Thinking als Problemlösungsprozess eingeflossen.

Wie bringt man die beiden Ideen Scrum und Design Thinking zu einer validen Kombination für den Product Owner zusammen? Sehen wir uns zunächst zur Orientierung die absoluten Basics für den Product Owner an.

2.4 Scrum in aller Kürze

Scrum ist heute der De-facto-Standard der agilen Softwareentwicklung. Es hat sich in den letzten Jahren aus einer (agilen) Projektmanagementmethode zu einem neuen Verständnis darüber entwickelt, wie man dysfunktional arbeitende Teams, Abteilungen, ganze Organisationseinheiten und Firmen agil und lean managt. Meist wird Scrum von Firmen zunächst auf Team- oder Projektebene als Projektmanagementmethode eingesetzt. Dabei bleibt es für einige Firmen; andere gestalten im Laufe der Zeit ihre gesamte Organisation mit Scrum. Scrum ist also eigentlich ein Management-Framework und eine Produktentwicklungsmethode. Scrum zerlegt nicht den Entwicklungsprozess, sondern das Produkt in maximal vierwöchige Einzelschritte, „Sprints" genannt. Es wird nicht versucht, ein Produkt zu Beginn eines Projekts bis ins letzte Detail zu spezifizieren. Zu Beginn werden die wesentlichen Funktionalitäten festgelegt und dann in jedem Sprint inkrementell weiterentwickelt.

In diesen produktfokussierten, kurzen Entwicklungszyklen geht das Team regelmäßig in Phasen der Reflexion in Form von Reviews und Retrospektiven. Es trifft gemeinsam Entscheidungen, bittet den Kunden um Feedback zu Produktinkrementen und integriert diese Rückmeldungen in die weitere Arbeit.

Der Kunde ist also in jeden dieser Zyklen involviert. Gemeinsam mit ihm wird entschieden, welche Features dazukommen sollen oder weggelassen werden können. Am Ende jedes Zyklus soll ein Stück „Produkt" (z. B. Code) entstanden sein, das der Kunde bereits einsetzen kann.

2.4.1 Ein Paradigmenwechsel

Scrum entwickelte sich aus den Ideen des Knowledgemanagements und propagiert die gleichen Vorgehensprinzipien wie das Toyota Production System (TPS):

- Kleine selbstorganisierte und cross-funktionale Teams, in denen die Teammitglieder verschiedene Aufgaben durchführen können.
- Der Deming Cycle – Plan-Do-Check-Act – liegt als kontinuierlicher Verbesserungsprozess zugrunde.
- Der One-Piece-Flow: Es ist immer nur ein Teil in Arbeit.
- „Waste" wird, wenn immer möglich, beseitigt – in Scrum nennen wir das „Impediments".
- Die Arbeit wird von den Entwicklungsteams selbst eingeplant (pull), nicht von außen zugewiesen (push). Indem die Kontrolle über den Arbeitsprozess beim Team bleibt und das Team Fehler im System rückmeldet, optimiert sich der „Produktionsfluss" von innen heraus.

Mit dem kontinuierlichen Liefern fertiger, nutzbarer Produktteile am Ende einer Entwicklungsiteration, dem Sprint, bricht Scrum gänzlich mit traditionellen Ansätzen des Projektmanagements. Ein Großteil der Anwender von Scrum berichtet, dass die Produktivität mit diesen Prinzipien erheblich steigt. Sie berichten von zufriedeneren Mitarbeitern, höherer Codequalität und größerer Transparenz über den Stand im Entwicklungsprozess.

Was sind die Gründe für diese Produktivitätssteigerungen?

- Cross-funktionale Teams arbeiten gemeinsam am Produkt, die Mitglieder tauschen ihr Wissen sofort untereinander aus, Abstimmungen finden sofort statt.
- Die Teammitglieder können sich auf eine Aufgabe, ein Projekt fokussieren.

- Scrum-Teams brauchen keine aufwändige Verwaltung und Kontrolle – der sonst übliche, vielfache Overhead kann also weitestgehend entfallen.
- Es gibt klare Verantwortlichkeiten. Konflikte und Probleme werden so früh wie möglich erkannt, besprochen und entschieden.
- Wenn sich etwas im Hinblick auf das Ergebnis nicht bewährt, fällt das rasch auf. Fehler können schnell und kostengünstig beseitigt werden.

Das sind nur einige Gründe. Was zu Beginn der Arbeit mit Scrum wahrscheinlich am Unangenehmsten ist: Der einfache Prozess und die einfachen Regeln decken dysfunktionale Strukturen auf. Es sind Dysfunktionen in einem Team, noch viel häufiger sind es aber solche, die das ganze Unternehmen betreffen, es lähmen und davon abhalten, erfolgreich zu sein. Der ScrumMaster als Change Agent deckt diese Schwächen auf und arbeitet daran, sie zu beseitigen. Schwierigste Übung ist dabei meistens die Überwindung von Widerständen, denn die Konfrontation mit Fehlern und Irrtümern, mit denen man sich mittlerweile arrangiert hatte, ist in den seltensten Fällen angenehm.

Die Prinzipien angewendet

Kleine, selbstorganisierte Teams. Ein Scrum-Team besteht im Idealfall aus sieben Personen. Dem ScrumMaster, dem Product Owner und den fünf Personen des Entwicklungsteams. Die Mitglieder des Entwicklungsteams sind hocheffektiv, weil sie nach dem klassischen Modell der „self-directed work teams", den autonomen Arbeitsgruppen, gebildet sind. Das bedeutet, dass die Teammitglieder ihr Wissen untereinander austauschen, in unterschiedlichen Kombinationen einsetzen und auch keine Scheu vor Aufgaben haben, die nicht direkt ihren Kernkompetenzen entsprechen. Sie organisieren ihre Aufgaben vollständig selbst. Der ScrumMaster ist nicht Teil des Entwicklungsteams. Er organisiert die Rahmenbedingungen um das Entwicklungsteam herum. Er sorgt dafür, dass das Entwicklungsteam alles hat, was es braucht und dass es in Ruhe arbeiten kann. Der Product Owner steuert das Entwicklungsteam aus fachlicher Sicht. Er entscheidet, was wann umgesetzt werden soll, macht aber keine Vorgaben, *wie* das Produkt erstellt werden soll.

Rollen und Verantwortlichkeiten. Der offizielle „Scrum Guide" von Jeff Sutherland und Ken Schwaber nennt nur die drei Rollen ScrumMaster, Product Owner und Entwicklungsteam (Sutherland/Schwaber 2013). Gemeinsam bilden sie das Scrum-Team. Für mich griff die Beschränkung auf diese drei Rollen schon immer zu kurz. Das Scrum-Team kann mit seiner Arbeit nicht isoliert betrachtet werden. Es agiert im Kontext des Unternehmens und vor allem interagiert es – im Ideallfall – direkt mit dem Kunden und dem Anwender der Produkte, die es erzeugt. Daher habe ich für die Umwelt des Scrum-Teams die drei Rollen Manager, Customer und User definiert. (Gloger 2013) Welche Aufgaben haben die einzelnen Rollenträger?

- *Der ScrumMaster als Rolle* managt die Produktivität des Scrum-Teams. Er oder sie beschützt es vor äußeren Einflüssen und sorgt dafür, dass der Scrum-Prozess von allen eingehalten wird, implementiert Scrum und arbeitet mit dem Management an produktivitätssteigernden Verbesserungen.

  Als Person ist er oder sie eine Führungskraft ohne disziplinarische Verantwortung, die für die Selbstorganisation des Teams sorgt, indem es die formale Autorität, alle notwendigen Ressourcen und alle notwendigen Informationen bekommt. Der Scrum-Master sorgt dafür, dass sich das Team für das zu Liefernde verantwortlich fühlt.

- *Der Product Owner als Rolle* managt die Wertsteigerung. Der Product Owner lenkt die Produktentwicklung und ist verantwortlich dafür, dass das Team die gewünschten Funktionalitäten in der richtigen Reihenfolge erstellt. Er oder sie sorgt dafür, dass die Projektergebnisse den finanziellen Aufwand für das Projekt rechtfertigen (strenges Monitoring des ROI). Mit dem Team arbeitet der Product Owner auf täglicher Basis, trifft zeitnah die notwendigen Entscheidungen und arbeitet kontinuierlich am Product Backlog und dem Releaseplan.

    Als Person ist der Product Owner ein Visionär, der die Produktentwicklung strategisch führt und dem Entwicklungsteam fachliche Fragen beantwortet.

- *Das Entwicklungsteam als Rolle* ist verantwortlich für die Lieferung des Produkts, die technische Umsetzung, die Qualität des Gelieferten und die Einschätzung, was es tatsächlich liefern kann. Es regelt seine Angelegenheiten selbst und ist autorisiert, alles Zielführende zu tun, um das angestrebte Ergebnis zu erreichen. Gleichzeitig muss es die Standards und Prozesse der Organisation einhalten. Das Team steuert selbst die Arbeitsmenge, die es bewältigen kann. Dafür trägt es aber auch die Verantwortung für die Qualität der Lieferung.

    Als Personen, als Teammitglieder, organisieren sie sich so, dass sie alles Versprochene liefern können. Dazu führen sie alle Arbeiten gemeinsam aus und suchen ständig nach Wegen, um ihre Produktivität zu erhöhen.

- *Der Manager als Rolle* schafft die organisatorischen Rahmenbedingungen und Richtlinien. Er oder sie gibt das Unternehmensziel vor, erzeugt ein transparentes Anerkennungssystem und fokussiert die Organisation immer wieder auf das Außen. Das Management erzeugt den Rahmen, in dem sich das Entwicklungsteam, der Product Owner und der ScrumMaster bewegen. Oft löst das Management die vom Scrum-Master identifizierten Probleme.

    Als Person kann das zum Beispiel der Head of Development sein, der Regeln darüber aufstellt, wie zu entwickeln ist.

- *Der Customer als Rolle* ist Anforderer des Produkts, er kauft es oder hat es in Auftrag gegeben.

- *Der User als Rolle* gibt das Feedback zur erstellten Funktionalität.

    Als Person nutzt er das Produkt. Der Anwender des Produkts ist eine wesentliche Informationsquelle für das Scrum-Team. Er ist es, der später die „Usable Software" benutzen wird. Daher bezieht das Scrum-Team den Anwender in die Produktentwicklung mit ein. Beim Sprint Planning definiert er gemeinsam mit dem Product Owner die Anforderungen. Später wird er als Anwender mit dem Team daran arbeiten, die Anwendung nutzbar zu machen.

Der Deming Cycle und Scrum. Um professionell Produkte zu entwickeln, steht im Kern des Mindsets von Scrum die kontinuierliche Verbesserung. Daher ist der Scrum-Flow als eine Folge von Workshops zu sehen, um den von Dr. W. Edwards Deming eingeführten Plan-Do-Check-Act-Zyklus (PDCA) zu implementieren.

Der Sprint, also die Zeitspanne, die ein Entwicklungsteam zur Verfügung hat, um etwas zu liefern, wird vom strategischen Planungsprozess umrahmt. Auf dieser Ebene konkretisiert der Product Owner kontinuierlich die Produktvision, aktualisiert und re-priorisiert das Product Backlog (die Liste der Funktionalitäten, die zu erarbeiten sind) und arbeitet mit dem Entwicklungsteam an der Sprint-übergreifenden Planung.

Der One-Piece-Flow. Das Entwicklungsteam erarbeitet während des Sprints die zu liefernde Funktionalität konsequent in der priorisierten Reihenfolge. Im Idealfall arbeiten alle Teammitglieder dabei immer an genau einer Funktionalität (One-Piece-Flow). Ziel ist es, eine Funktionalität nach der anderen zu liefern. Maintenance-Aufgaben, z. B. Fehlerbehebungen während des Sprints, werden sofort erledigt. Ungeplante, neue Funktionalitäten werden ins Product Backlog gegeben und im nächsten Sprint erledigt.

Impediment-Bekämpfung. Probleme und Impediments, die beim Erstellen einer Funktionalität auftreten, werden vom ScrumMaster möglichst sofort behoben.

Das Pull-Prinzip. Mit dem konsequenten Pull-Prinzip hat das Toyota Production System die Automobil- und Logistikindustrie revolutioniert. Nicht mehr die Produktionskapazität steuert den Ausstoß der Produktion, sondern einzig der tatsächliche Bedarf an einem Produktteil. Dieses Prinzip wird von Scrum beim Managen von Projekten gelebt:

- Das Product Backlog wird vom Product Owner basierend auf den Markterfordernissen priorisiert. Technische Machbarkeit spielt bei der Priorisierung der Funktionalitäten eine untergeordnete Rolle.
- Das Entwicklungsteam entscheidet im Sprint Planning Meeting 1, wie viel Funktionalität es in diesem Zeitabschnitt liefern wird.

Done. Entscheidend ist: Am Ende eines Sprints hat das Entwicklungsteam potenziell nutzbare Funktionalität zu liefern. Das heißt: Keine weiteren Arbeiten sind notwendig, um diese Funktionalität an den End-User zu übergeben. Diese Vorgabe muss an die jeweiligen Entwicklungsbedingungen angepasst werden. Der ScrumMaster arbeitet mit dem Scrum-Team daran, dass der Idealfall eintritt – nach einem Sprint, oder sogar während des Sprints ist die Funktionalität draußen beim End-User und wird genutzt.

2.4.2 Der Scrum Flow

Die wesentliche Stärke von Scrum ist, dass es Kunden und Entwickler nicht mehr separiert. Strategische und taktische Planungen sind nicht länger voneinander getrennt – vielmehr wird das Team, das ein Produkt liefern soll, bereits in die strategischen Überlegungen einbezogen. Die Kenntnis des „Warum" ist für das Team eine wesentliche Hintergrundinformation, um innovative Problemlösungsansätze entwickeln zu können.

Der Scrum Flow ist eine Abfolge strategischer und taktischer Phasen in einem Sprint. In diesen Phasen dienen die Meetings und Artefakte dazu, dass Scrum-Team und Kunde gemeinsam aktiv werden, um das Produkt zu schaffen (Bild 2.1).

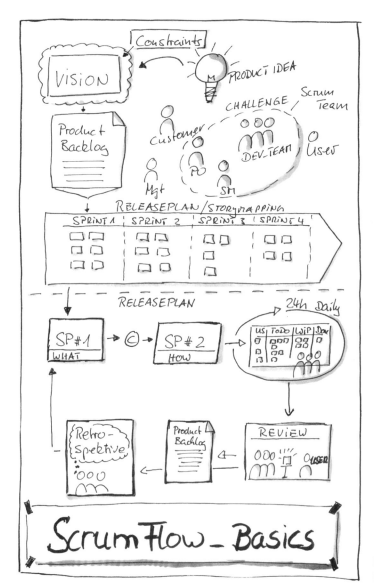

Bild 2.1
Der Scrum Flow

Scrum auf strategischem Level

Die Produktvision. Am Anfang steht die Person mit einer Produktidee, die häufig vom Kunden eingebracht wird: der Product Owner. Er oder sie bearbeitet diese Idee so lange, bis es eine Produktvision gibt. Die Produktvision enthält die grundlegende Idee für das Projekt.

Product Backlog. Der Product Owner erarbeitet – entweder alleine oder mit Hilfe der Teammitglieder – die Produktfunktionalitäten. Diese werden in einer sehr einfachen

Form notiert: den User Storys. Alle User Storys werden in eine Liste eingetragen, das Product Backlog.

Eine Reihenfolge herstellen. Der Product Owner bringt die Product Backlog Items in dieser Liste in eine Reihenfolge, die sich aus dem zu erwartenden finanziellen Gewinn der jeweiligen Funktionalitäten ergibt.

Estimation Meeting. Als Nächstes muss jedes Product Backlog Item auf seine Größe geschätzt werden. Die Schätzung wird von den Teammitgliedern durchgeführt. Ein Scrum-Team besteht aus allen Personen, die notwendig sind, um die Backlog Items in Software zu verwandeln, die ausgeliefert werden kann. Die Teammitglieder schätzen also den Umfang jedes zu liefernden Product Backlog Items und teilen das Ergebnis dem Product Owner mit. (Gloger 2013)

Geschätztes und priorisiertes Product Backlog. Das Product Backlog ist nun komplett geschätzt. Alle Teammitglieder haben eine Vorstellung davon, wie das gewünschte Produkt aussehen soll und der Product Owner hat eine erste Vorstellung davon, wie umfangreich das Produkt ist.

Velocity bestimmen. Um zu wissen, wann etwas geliefert werden kann, müssen einerseits die Reihenfolge und die Größe der Storys und andererseits die Kapazität des Teams bekannt sein (= Velocity).

Releaseplan erstellen. Mit der Kapazität des Teams kennen wir auch die Laufzeit des Projekts. Unter der Annahme, dass das Team so bestehen bleibt, wie es derzeit ist, lässt sich die Anzahl der Sprints festlegen und damit bestimmen, wann welche Story geliefert wird.

Scrum auf taktischem Level

In der Umsetzungsphase wird in Scrum in klar abgegrenzten Intervallen, den Sprints, gearbeitet. Am Ende eines Sprints muss das Team Software in einer Funktionalität und Qualität liefern, die ausgeliefert werden kann (**Potential Shippable Code** oder **Usable Software**).

Am Anfang eines Sprints wird basierend auf dem Plan der strategischen Phase die taktische Umsetzung besprochen. Auf der Basis von groben Überlegungen darüber, welche Funktionalitäten (User Storys) im jeweiligen Sprint geliefert werden sollen, wird entschieden, wie viel tatsächlich in diesem Sprint geliefert werden kann. Ein Sprint umfasst maximal einen Zeitraum von 30 Tagen und ist in eine Reihe von Workshops unterteilt: Sprint Planning 1, Sprint Planning 2, Daily Scrum, Estimation Meeting, Sprint Review und Sprint Retrospektive.

Sprint Planning 1 – Anforderungen für diesen Sprint klären. In diesem ersten Workshop eines Sprints sind der Product Owner, das Team, das Management, der Anwender und der ScrumMaster anwesend. Der Product Owner erläutert die Storys und definiert mit den Teammitgliedern und dem Management das Ziel für den anstehenden Sprint. Dann werden die Storys ausgewählt, die zu diesem Ziel passen und die das Team liefern will. So entsteht das Sprint Backlog.

Sprint Planning 2 – Design und Planung. Hier planen die Teammitglieder gemeinsam mit dem ScrumMaster, wie sie das im Sprint Planning 1 vereinbarte Ziel erreichen wollen. Dazu beraten sie untereinander, wie die Applikation aufgebaut sein soll, welche Architektur gewählt werden muss, welche Interfaces geschrieben werden sollen, ob bereits Test Cases erstellt und geschrieben werden sollen, kurz: sie besprechen detailliert, was getan werden muss.

Daily Scrum – Koordination und Feedback. Jeden Tag treffen sich die Teammitglieder (der Product Owner darf ebenfalls teilnehmen) zur gleichen Zeit am selben Ort für 15 Minuten zu einem vom ScrumMaster moderierten Tagesplanungsmeeting. Hier nimmt sich jedes Teammitglied die Aufgabe, die es an diesem Tag bearbeiten will. Die Teammitglieder informieren den ScrumMaster über Blockaden und Probleme, damit dieser sie so schnell wie möglich lösen kann.

Estimation Meeting – vorausplanen und schätzen. Product Owner und Teammitglieder aktualisieren mindestens einmal im Sprint das Product Backlog. Dabei werden Storys mit neuen Schätzungen versehen und neue Storys in das Product Backlog aufgenommen. Gleichzeitig wird die Reihenfolge der Backlog Items angepasst, indem die neuen Informationen berücksichtigt werden. Dieses Meeting dient dem Product Owner, den Releaseplan des Projekts zu aktualisieren und zu vervollständigen.

Sprint Review – Resultate präsentieren. Am Ende des Sprints präsentiert das Scrum-Team die erarbeiteten Storys. Das Team zeigt nur die Storys, die soweit erarbeitet worden sind, dass sie sofort produktiv eingesetzt werden könnten.

Sprint Retrospektive – sich ständig verbessern. Die Sprint Retrospektive ermöglicht dem Team, systematisch zu lernen. Hier wird analysiert, welche Arbeitsprozesse verbessert werden müssen, damit das Team effektiver arbeiten kann. Die Resultate aus der Retrospektive werden im Impediment Backlog festgehalten und lassen sich so als Verbesserungsvorschläge in das Sprint Planning einbringen.

2.4.3 Design Thinking in aller Kürze

Ich werde im Verlauf des Buches noch näher auf die Ansätze des Design Thinkings eingehen. An dieser Stelle will ich nur kurz schildern, worum es beim Design Thinking geht.

„Design Thinking auf einer Postkarte erklärt ist erfinderisches Denken mit radikaler Kunden- beziehungsweise Nutzerorientierung. Es basiert auf dem Prinzip der Interdisziplinarität und verbindet in einem strukturierten, moderierten Iterationsprozess die Haltung der Ergebnisoffenheit mit der Notwendigkeit der Ergebnisorientierung. Design Thinking bricht mit der Vorstellung, dass sich die Zukunft aus den Datensätzen der Vergangenheit ableiten lässt, und sucht nach menschlichen Bedürfnissen, die noch nicht (ausreichend) gestillt werden. Dabei vereint der Ansatz viele Elemente von zeitgemäßer Kollaborationskultur, Selbstorganisation und bekannten Kreativitätstechniken zu einer neuen, sich stets weiterentwickelnden Innovationsmethode. Wenn Entscheider diese Methode verinnerlichen, hat Design Thinking das Zeug zur umfassenden Managementphilosophie." (Erbeldinger/Ramge 2013)

Die Phasen, die ein Design-Thinking-Prozess umfasst, sind nach IDEO: Discovery, Interpretation, Ideation, Experimentation und Evolution. Diese Phasen werden wiederum in kleinere Schritte unterteilt und stellen im Grunde die Aktivitäten dar, die in dieser Phase durchgeführt werden müssen, wie man der Grafik aus dem „Design Thinking Toolkit for Teachers" von IDEO entnehmen kann (siehe Bild 2.2). Alles Denken bei dieser Methode geht dabei von zwei Prämissen aus:

- Der Kunde steht im Mittelpunkt.
- Man benötigt immer ein Team, um die Lösung zu erarbeiten.

Diese sich „stets weiterentwickelnde Innovationsmethode" ist mit Scrum als Management-Framework ideal kombinierbar – kann Scrum doch den Rahmen bilden, in dem genau diese Prozesse des Design Thinkings ablaufen können. Schlussendlich lassen sich die fünf Makrophasen natürlich auch als Mikrophasen in jedem Meeting, in jeder Woche und damit in jedem Sprint immer wieder nutzen. Und wie wir in Kapitel 5 sehen werden: Der Design-Thinking-Prozess steht in der Exploration an erster Stelle – um die Produktidee herauszuarbeiten.

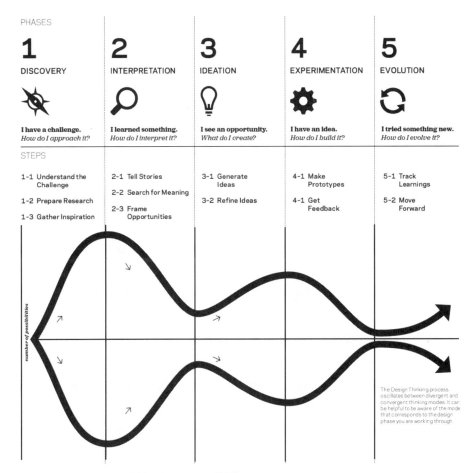

Bild 2.2 Der Design-Thinking-Prozess von IDEO
(Quelle: Design Thinking Toolkit for Educators, S. 15)

3 Der Product Owner in seiner Rolle

In den letzten Jahren wurde die Rolle des Product Owners in der Diskussion rund um Scrum sträflich vernachlässigt. Meistens standen der ScrumMaster und das Entwicklungsteam im Mittelpunkt. Das ist auch verständlich, denn Scrum ist aus der Community der Softwareentwickler entstanden, es war eine Revolution „von unten". Auf der anderen Seite stand das Management, das Scrum etwas kritisch beäugte und in der Diskussion genauso lange Zeit ignoriert wurde. Eine agile Organisation, die am Markt erfolgreich sein soll, ist aber eine Verbindung aus motivierten Teams *und* visionärer Produktentwicklung.

Der Product Owner ist der Gestalter genau dieser Verbindung. Ein Produkt ist das „Baby" des Product Owners – es ist seine Aufgabe, dem Produkt eine Vision, eine Form und ein Design zu geben. Die Vision des Product Owners inspiriert das Team, die nächsten Schritte zu gehen und manchmal über sich hinauszuwachsen. Wie definiert Scrum die Rolle des Product Owners?

Es ist die Verantwortung des Product Owners, ...
- ... den Kunden in den Entwicklungsprozess einzubinden und seine Anforderungen und Wünsche zu verstehen.
- ... ein wirtschaftlich rentables und überzeugendes Produkt zu schaffen.
- ... das Entwicklungsteam für das Produkt zu begeistern und deutlich zu vermitteln, was fachlich gewollt ist.

Es ist die Aufgabe des Product Owners, ...
- ... gemeinsam mit dem Entwicklungsteam die Produktvision zu erarbeiten.
- ... sein Produkt über das Product Backlog zu führen.
- ... zusammen mit dem Entwicklungsteam das Product Backlog zu aktualisieren, zu priorisieren und zu pflegen.
- ... Storys zumindest für die nächsten drei Sprints zu schätzen und im Rahmen des Estimation Meetings mit dem Team zu besprechen.
- ... dem Entwicklungsteam auch während des Sprints zur Verfügung zu stehen, um eventuelle Unklarheiten zu beseitigen.

- … die Autonomie des Entwicklungsteams zu respektieren, aber auch klare Anforderungen an das Produkt zu stellen.
- … zusammen mit Kunde und Management die Meilensteine für die Produktentwicklung zu setzen und somit zu bestimmen, welche Funktionalitäten des Produktes bis zu welchem Zeitpunkt fertig sein sollen. Diese Ziele überprüft der Product Owner durch den Vergleich der aktuellen Velocity des Scrum-Teams (Velocity Chart), mit der notwendigen Velocity (Release-Burndowncharts) fortwährend auf ihre Aktualität und passt sie – in Absprache mit dem Kunden (der Kunde hat aber kein Mitspracherecht) – gegebenenfalls an.

In den folgenden Kapiteln werde ich Ihnen die Instrumente an die Hand geben, mit denen Sie diese Verantwortungen und Aufgaben auch erfüllen können. Diese Ideen können aber immer nur ein Start sein. Die Beschäftigung mit den Produkten der nächsten Generation ist ein wiederkehrender Prozess. Es kann sein, dass Sie all diese Tools und Methoden gar nicht brauchen, weil sie intuitiv alles richtig machen. Dann gratuliere ich Ihnen! Befassen wir uns zunächst mit dem Wesen des Product Owners. Welche Persönlichkeit haben wir eigentlich vor uns?

3.1 Der Product Owner – eine Wesensbeschreibung

Agile Verfahren setzen den Kunden konsequent in den Mittelpunkt der Betrachtung und akzeptieren, dass der Anwender (oft auch Kunde genannt) *nicht* wissen kann, was er will – oder besser gesagt: tatsächlich braucht. Agile Methoden, wie der Management-Framework Scrum, XP, Lean Start Up, Kanban oder auch das Design Thinking brechen mit der Idee, dass ein Entwicklungsteam basierend auf Anforderungen entwickeln kann, was der Kunde haben will (erinnern Sie sich an das Zitat von Henry Ford in Kapitel 2). Die Anwender dieser Methoden akzeptieren also, dass sich alle Beteiligten auf einen „Erkundungstrip" begeben, der nicht abgeschlossen ist. Wenn das Produkt geliefert wurde, fängt es erst richtig an. Das hat allerdings wenig mit Versuch und Irrtum zu tun. Vielmehr ist es die Suche nach dem perfekten Produkt – im Wissen, dass man sich ständig mit einem Produkt auseinandersetzen muss, will man das „insanely great product" liefern.

Wenn das die Anforderungen an die neue Form der Produktentwicklung sind, dann brauchen wir Menschen, die das auch steuern können. Scrum sagt dazu nur lapidar: Wir brauchen einen Product Owner. Aber wer ist dieses Wesen? Was macht den Product Owner aus? Wie agiert er und was wird von ihm verlangt?

3.1.1 Perfektionismus – zwischen gut und böse

Zwei Designer faszinieren mich mit ihrem Hang zum Perfektionismus besonders: Tom Ford und Steve Jobs. „Perfectionism is something you are born with", hat Tom Ford, der als Chefdesigner das Modehaus Gucci vor der Pleite gerettet hat, einmal in einer Dokumentation über seine Arbeit gesagt. Er bekennt sich ganz offen dazu. Schon als Kind habe es ihn bis ins Innerste gestört, wenn zum Beispiel Schuhe nicht seinem ästhetischen Empfinden entsprachen. Steve Jobs war bekanntermaßen geradezu besessen von Perfektion. Nur wirklich absolut überzeugende Argumente seiner Mitarbeiter konnten seine Vorstellungen durchbrechen – und da das nicht jeder Mensch erträgt, sind die Erzählungen über seinen Führungsstil auch sehr ambivalent. Dennoch gibt ihm der Weg, den Apple bis zu seinem Tod gegangen ist, mehr als recht. Beide, Tom Ford und Steve Jobs, haben ihre jeweiligen Industrien revolutioniert und sind zu Maßstäben geworden. Beide haben **ihre** Ideen umgesetzt und stehen damit in einer langen Tradition von Unternehmensführern, *die genau wussten, was sie wollten.*

Tom Ford arbeitet an einer Kollektion auch dann noch weiter, wenn jeder andere sie bereits als „fertig" bezeichnen würde. Sobald er die ersten geschneiderten Modelle sieht, verändert er sie. Vieles von dem, was er zuvor gezeichnet hat, funktioniert in seinem Empfinden nun am Modell nicht, obwohl er vorher sicher war, dass er es so haben will. Das ist iteratives und inkrementelles Arbeiten in Perfektion und dennoch: Die New York Fashion Week wartet auch auf einen Tom Ford nicht – auch er muss mit seiner Kollektion rechtzeitig fertig werden. 16 Kollektionen hat Ford für Gucci entworfen, bevor er mit „A Single Man" auch als Regisseur und Drehbuchautor bewies, dass er weiß, wie man Produkte (in diesem Fall einen Film) macht. Er selbst sagt von sich: „When I am awake, I am working ... working is just the way I am!" Ford ist ein Archetyp des Product Owners, wie ihn sich Marty Cagan in seinem Buch „Inspired" vorstellt. (Cagan 2008) Ein Mensch, der sich in seinem Produkt vollends auskennt und sein Wissen weitergibt. Diesen Menschen skizzieren Ikujiro Nonaka und Ryoko Toyama in ihrem Artikel „Strategic management as distributed practical wisdom (phronesis)" anhand von Soichiro Honda: „When I look at a motorcycle, I see many things. I see that I should do such and such maneuver past the curve. And I think about the next generation machine: I think, if I do this, it will have more speed ... I move naturally into the next process." (Nonaka/Toyama 2007)

Getriebene statt Gestalter

Vergleichen wir diese Archetypen des Product Owners mit dem, was wir tagein und tagaus in Firmen sehen. Gut, nicht überall wird mit Scrum gearbeitet, also erweitern wir den Kreis auf die traditionellen Produktmanager: Wie viele Produktmanager setzen in einem Produktentwicklungsprojekt tatsächlich um, was sie sich ausgedacht haben? „Da muss ich erst einmal fragen. Wir müssen machen, was der Kunde will. Außerdem müssen wir die Software-Architekten fragen, wir wissen ja selbst nicht so genau, wie es geht. Wir haben nicht genug Ahnung von unserem System." Das ist eines der Hauptprobleme in der modernen Produktentwicklung: Erfolgreiche Produktmanager in großen Organisationen haben gelernt, dass sie eben *genau nicht* ihre eigenen Ideen umsetzen sollen. Sie haben verinnerlicht, dass sie in erster Linie „richtig", also prozesskonform, zu arbeiten haben.

Diese Produktmanager vertrauen nicht mehr ihrer Intuition, sondern halten sich sklavisch an die vielen Kundenforderungen. Dabei ist es oftmals egal, dass unterschiedliche Abteilungen teilweise vollkommen verschiedene Anforderungen an das gleiche Produkt haben. So entstehen manchmal groteske Situationen, wie in einem unserer Projekte, das wir begleiten durften: Es sollte ein vollkommen neues, noch nie dagewesenes Verfahren entwickelt werden. Niemand wusste – und konnte auch nicht wissen – wie die Lösung aussehen würde. Dennoch wurden die Teammitglieder von der Organisation gezwungen, Anforderungen umzusetzen, die für das neue Produkt zu diesem Zeitpunkt noch gar keinen Sinn ergaben. Wie gesagt betrachtete bereits Henry Ford diese Form der Produktentwicklung im 20. Jahrhundert als falsch und ein Jahrhundert später ist sie das immer noch.

Dieses prozess-sklavische Vorgehen hat zwei fatale Folgen:

1. Gebaut wird, was die Kunden wollen, aber nicht unbedingt, was gut für die Firma ist. Am Ende kann das auch für Marktführer am Ende den Ruin mangels Innovation bedeuten. Investiert wird in das, was bisher erfolgreich war – bedient wird damit aber nur die ständige Innensicht des Kunden, statt Problemlösungen völlig neu zu denken.

2. Um auch ja keinen Kunden zu verärgern, schaut man bei der Entwicklung von Produkten zu sehr darauf, alle Eventualitäten bereits am Anfang eines Projekts **erfragt** zu haben.

Genau dieses Erfragen ist eines der Grundprobleme in der Planung klassischer Projekte. Folgt man den Richtlinien des Practical Guide of the Project Management Body of Knowledge (PMBOK Guide) des Project Management Institutes, müsste man sich doch eigentlich fragen: „Wann hat der Produktmanager lange und intensiv genug nach den Anforderungen gefragt? Wie weiß ich, ob wir nun alles darüber wissen, was der Kunde *in Zukunft* von diesem Produkt wollen und verlangen könnte? Reichen dazu zwei Wochen, drei Monate, oder brauchen wir vielleicht zwei volle Jahre, bis alle Analysen abgeschlossen sind?" Der Zeitfaktor spielt dabei die eine Rolle, entscheidend ist aber die Frage: „Haben wir *mit den richtigen Menschen* gesprochen, die tatsächlich wissen, was für das Produkt nötig ist? Was passiert, wenn wir zwar den Kunden gefragt, aber er die falschen Informationen geliefert hat?"

Kein Wunder, dass ein Produktmanager unsicher wird. Er soll mit seinen Teams das absolut richtige Produkt bauen, auf Basis von Informationen, die unsicher und vielleicht sogar falsch sind. Er soll fragen und wird später doch wieder zur Verantwortung gezogen, wenn geliefert wurde, was der Kunde wollte, aber eigentlich gar nicht brauchen kann (*„brauchen"* ist etwas ganz anderes als „wollen"). Das Problem dabei ist, dass ein Produktmanager nie bis zu tatsächlichen Lösungen und Innovationen vordringen kann, solange er nur Anforderungen erhebt (die er selbst vielleicht gar nicht versteht), statt das eigene Produkt in- und auswendig zu kennen und es weiterzudenken (bzw. weiterdenken zu dürfen). Steve Jobs war übrigens in der Lage, bei Konferenzen alle Fragen zu den Produkten von Apple zu beantworten.[1] Und das in einer Detailtiefe, wie man sie vom CEO eines 24.000 Mitarbeiter starken Unternehmens nicht erwarten würde.

---

[1] Steve Jobs auf der D8 2010 – *http://www.youtube.com/watch?v=ZLEzEL35lyc*

Professionalität und Qualität – Spielräume im engen Korsett

Man muss nicht Tom Ford oder Steve Jobs heißen, um seinen Job gut machen zu wollen. Auch ein Produktmanager, der nur Anforderungen erhebt, statt selbst zu gestalten, will bestmögliche Arbeit liefern. Die Entscheidung über „richtige" und „falsche" Funktionalitäten fällt aber umso schwerer, wenn man nicht selbst vorausgeht und das Produkt entwirft, sondern sich an Meinungen orientieren muss. Das soll keine Kritik sein, es ist nur eine Beobachtung. Wenn dem so ist, bringt das zwangsläufig Probleme bei der Durchführung von Entwicklungsprojekten.

Vorgesetzte und Kunden setzen den Produktmanager mit ihren Erwartungen unter Druck. Sie wünschen sich einen sensationellen Durchbruch – innerhalb der engen Vorgaben der Anforderungen. Das führt in letzter Konsequenz beim Produktmanager zu einem Perfektionismus, der aber einer Angst entspringt: Wird der Kunde das Ergebnis vielleicht nicht mögen oder wollen? Gegen diese Unsicherheit kann der Produktmanager kaum etwas tun. Er hat keine Kontrolle über die ihn umgebende Anforderungswelt, weil er nur der Einsammler der Funktionalitäten ist, statt sie selbst zu bestimmen. Der Produktmanager trägt so gesehen keine Verantwortung für den Erfolg des Produkts beim Kunden. Er trägt nur die Verantwortung dafür, dass die Wünsche des Kunden korrekt erfüllt werden. Ob der Kunde mit dem Endergebnis etwas anfangen kann, ist unerheblich, denn er hat das Ergebnis ja „vorgegeben". Diese Form des Perfektionismus – nur genau das korrekt zu erfüllen, was gefordert wurde – ist meiner Meinung nach per se falsch, denn sie entwürdigt das Erreichte. Es gibt immer noch Spielraum, man hätte die Anforderungen immer noch ein Stück besser erfüllen können. Auch wenn ein Produktmanager nicht alles kontrollieren kann oder darf, gibt es doch eine Möglichkeit, die eigene Handschrift zu hinterlassen: *Die Qualität des Produkts kann ein Produktmanager sehr wohl beeinflussen.*

Die große Herausforderung liegt darin, die Balance zu halten. Perfektionismus wird zu einer positiven Triebfeder, wenn er ein Qualitätsanspruch an die eigene Professionalität ist. Dieser Anspruch an die Weiterentwicklung des eigenen Könnens kann ein sehr guter Ratgeber sein, wenn es darum geht, ein geniales Produkt zu schaffen. Perfektionismus kann aber auch zum Feind werden: Dann nämlich, wenn er alles Neue in seinen frühen Entwicklungsstadien als „nicht perfekt" verwirft. Das Neue und Andere kann nur Schritt für Schritt zu dem werden, was sich ein Produktmanager unter dem perfekten Produkt vorstellt. Dabei geht es den Weg über das Unvollkommene und Prototypische. Produktmanager, die unsicher sind, verhindern mit übertriebenem Perfektionismus daher den Erfolg ihrer Produkte.

3.1.2 Produktmanager oder Product Owner – eine Typologie

Produktmanagement ist aus dem Produktmarketing hervorgegangen. Als es darum ging, Konsumgüter zu vermarkten, Kundenbefragungen durchzuführen und sich zu überlegen, wo das Produkt (Waschmittel, Schokoriegel, Bier) am besten positioniert werden soll, wurden die Produktmanager „erfunden", die sich um diese Fragen kümmern sollten. In vielen Unternehmen verstehen sich Produktmanager auch tatsächlich in dieser Funktion: Sie erheben die Anforderungen und geben diese an die Forschung und Entwicklung weiter. Diese Sicht auf den Produktmanager ist jedoch in einer Nicht-Konsumgüter-Welt, in der es um technologische Innovationen geht, unangebracht. Sicher kann eine Einzelhandelskette weiterhin Fernseher und Computer vermarkten und wird dafür Produktmanager benötigen, doch da ist keinerlei Unterschied zum Verkauf von Waschmittel festzustellen. Diese Produktmanager nehmen keinen Einfluss auf die Innovation der Geräte, die sie verkaufen. Daher möchte ich im Folgenden diese Produktmanager als das bezeichnen, was sie in Wahrheit sind: Produktmarketing-Manager. Diesen Aspekt des Produktmanagements beherrschen sie und da können sie und sollen sie auch brillieren.

Ganz anders sieht es aus, wenn wir es mit Produktmanagern zu tun haben, die auch technische Innovation vorantreiben wollen, aber es nur deshalb tun, weil der Markt – oder besser gesagt der Mitbewerb – es auch tut. Dieser noch immer Produktmarketing-Manager ist es, der in vielen Entwicklungsabteilungen existiert: Er bekommt zwar die Verantwortung dafür, dass das neue Produkt innovativ und ein Erfolg wird, er wird dort aber nicht seiner Begabung gemäß optimal eingesetzt. Sehr oft ist das nicht sofort zu erkennen, denn er ist gleichzeitig für den Projektfortschritt zuständig und übernimmt so auch noch die Projektmanagement-Funktion. Er soll also auch noch planen können, wie das Entwicklungsprojekt ablaufen soll, ohne selbst zu wissen, wie Entwicklung funktioniert.

Ein anderer, ähnlich gelagerter Fall: Der Produktmarketing-Manager fordert von einem Projektmanager, der meist aus der Entwicklungsabteilung kommt, dass dieser zu einem festgelegten Zeitpunkt etwas liefern soll, das nur unzureichend spezifiziert ist.

In allen diesen Fällen wird Produktmanagement mit Produktmarketing und ein wenig mit Projektmanagement verwechselt. Nur in wenigen Fällen ist es so, dass der Produktmanager tatsächlich *mitentwickelt*, und sich als Visionär um das Produkt kümmert. Dieser Produktmanager braucht natürlich auch Kenntnisse des Marktes – sonst könnte er kein Produkt entwickeln, das die Wünsche des Marktes trifft, aber sein Fokus liegt nicht auf der Vermarktung des Produktes, sondern auf der Entwicklung. Das wiederum führt uns dazu, diese Funktion mit jener des Product Owners zu vergleichen. Der Product Owner ist ein Produktmanager mit klarem Fokus auf der Produktentwicklung. Wobei Entwicklung zu wenig aussagt: Der Product Owner *gestaltet* das Produkt. Er ist der Entrepreneur im Unternehmen, der mit diesem Produkt die Vision des Unternehmens zum Ausdruck bringt.

Was macht die Professionalität des Product Owners aus? Welche Fähigkeiten braucht er dafür? Woraus bezieht er seine Stärke? Was ist die beste Grundlage, um Souveränität in der Produktentwicklung zu gewinnen?

- **Marktkenntnis:** Die Zielgruppe zu kennen, ist die wichtigste Aufgabe und Fähigkeit eines Product Owners. Er muss wissen, was sein Kunde, vor allem aber der tatsächliche Anwender braucht. Dazu muss er sich in die Welt und die Bedürfnisse des Kunden hineinversetzen und das Verhalten beobachten. Nicht die formulierten Wünsche müssen befriedigt werden, sondern die dahinterliegenden Bedürfnisse, die ein Kunde meist gar nicht benennen kann.

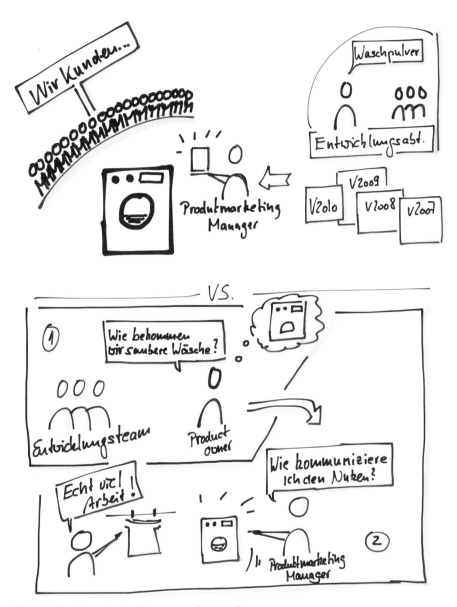

Bild 3.1 Produktmarketing-Manager vs. Product Owner

- **Know-how:** Kreative Lösungen kann ein Product Owner für seine Kunden nur entwickeln, wenn er versteht, was möglich ist. Daher braucht jeder Product Owner tiefes Wissen über die eingesetzten Technologien. Er muss verstehen, wie sein Produkt erzeugt wird, woraus es besteht, was es zu etwas Besonderem macht. Gleichzeitig weiß der Product Owner aber, dass Technologie nur ein Mittel zum Zweck und nicht das einzig Ausschlaggebende ist.

- **Wirtschaftswissen:** Der Product Owner kennt die Gesetze des Marktes und die Grundlagen der Betriebswirtschaft. Er versteht, welche Kräfte wirken und wie man Investitionen und Kosten ins Gleichgewicht bringt.
- **Intelligenz:** Solche Aussagen sind vor allem in Deutschland unpopulär, aber ein Product Owner braucht eine angeborene bzw. „natürliche" Intelligenz – oder „innate intelligence", wie es Marty Cagan nennt (Cagan 2008, pos. 531). Aber es ist so: Ein Product Owner muss intelligenter sein als durchschnittliche Menschen. Neues entsteht durch die Fähigkeit, abstrakt und analytisch, verbindend und kreativ zu denken, mehrere Ideen auf einmal im Kopf zu behalten und dennoch fokussiert die eine Idee voranzubringen.
- **Arbeit:** Ein guter Product Owner arbeitet hart, weil er ständig daran interessiert ist, dass seine Produkte besser werden. Pünktlich um 17.00 Uhr den Bleistift fallen lassen? Das geht gar nicht. Der Product Owner nimmt sein Produkt immer mit sich, bis es selbst laufen kann. Das Produkt wächst mit seinem Product Owner.
- **Leidenschaft:** Das eigene Produkt nicht als Arbeits*belastung* zu empfinden geht nur, wenn man eine wichtige Voraussetzung mitbringt: Er oder sie muss voll Leidenschaft für das Produkt sein. Ein Product Owner *will* dieses Produkt auf den Markt bringen, er glaubt an dieses Produkt.

Einen solch leidenschaftlichen Product Owner habe ich zum Beispiel in der Person von Ali Mahlodji erlebt, der beim Smart Afternoon der Wiener Initiative „Das neue Arbeiten" von seinem Start Up „Watchado" erzählte. Man konnte förmlich spüren, wie verliebt er in sein Produkt ist und mit welcher Leidenschaft er seine Grundidee verfolgt. Mahlodji erzählte, dass er schon immer die Geschichten von Menschen und ihrer Arbeit sammeln wollte, um damit junge Menschen zu inspirieren, die noch auf der Suche nach ihrem Weg sind. Genau das hat er getan und hat daraus eine neue Form entwickelt, wie sich Unternehmen und potenzielle Mitarbeiter finden können. (www.whatchado.net)

Meine Liste der Fähigkeiten ist sicher nicht vollständig, aber es sind aus meiner Sicht die wichtigsten Voraussetzungen für einen erfolgreichen Product Owner. Fehlt eine dieser Voraussetzungen, ist die Lücke schwer auszugleichen. Ich treffe viele Produktmanager, die zu wenige dieser Voraussetzungen mitbringen und es mit übermäßiger Kontrolle kompensieren. Sie halten die manchmal chaotischen Bedingungen kreativen Arbeitens nicht aus und verbringen ihre Zeit daher mit dem Warten von Tabellen und Berichten. Spricht man mit ihnen über Ideen außerhalb des üblichen Rahmens, hört man zwischen den Zeilen ein tiefsitzendes Misstrauen – die Angst, zu versagen.

Misstrauen lähmt

Steht ein Produktmanager nicht auf der festen und stabilen Grundlage seiner eigenen Werte, Ideale und Fähigkeiten, lähmt dieses Misstrauen nicht nur ihn selbst, sondern auch andere. Selbst ein idealer Product Owner, der alle Voraussetzungen mitbringt, wird bei einem misstrauischen Produktmanager auf Granit beißen. Wenn man Neues entwickelt, lassen sich Fehlschläge nicht vermeiden. Manchmal wird der Kunde wirklich nicht brauchen, was der Product Owner mit seinem Scrum-Team entworfen hat. Es ist einfach eine Tatsache, dass man nicht jeden Kunden glücklich machen kann. Es wird Fehler geben, es wird zum Versagen kommen. Gerade deswegen muss ein Product

Owner optimistisch und sich seiner Sache sicher sein, denn auf diese Gelegenheiten wird ein misstrauischer, ängstlicher Produktmanager geradezu warten. Dann kann er einmal mehr „beweisen", dass man doch mit dem Kunden genau das erarbeiten müsse, was dieser bestellt hat.

 Der Manager eines Entwicklungsteams wurde von allen für sein Wissen geschätzt. Aber er war damit überfordert zu spezifizieren, wie er das Produkt haben wollte. Jede Idee des Teams erstickte er dennoch im Keim, immer war er unzufrieden mit den Ergebnissen, obwohl sich das Team für das Produkt aufopferte. Der Manager wollte alles von Anfang an richtig gemacht sehen – aber er wusste selbst nicht, was „richtig" überhaupt bedeutete.

■ 3.2 Mit Scrum zur Produktqualität

Wie kommt der Produktmanager aus dieser Falle raus? Die Lösung ist: Verluste abschreiben! Vergossene Milch ist vergossene Milch. Meine Fehler von gestern sind Fehler von gestern, die mich geformt haben, weil ich hoffentlich aus ihnen gelernt habe. Menschen haben etwas anders gemacht, als man es erwartet hat – so what? Diesem Faktum begegnet man am besten mit derselben Gleichmut wie der Tatsache, dass die Ideen von gestern nicht so gut waren, wie es die Ideen von heute sind.[2] Das geht aber nur, wenn die erlittenen Verluste gering sind. Der Product Owner, der sich einmal bei einer Funktionalität geirrt hat, deren Erstellung das Entwicklungsteam ein paar Tage gekostet hat, hat keine großen Verluste erlitten. Im Vergleich zum Gesamtprodukt ist der Verlust verschwindend gering und fällt daher nicht ins Gewicht.

Die Haltung, die dabei hilft: Hinnehmen, dass der Qualitätsanspruch richtig ist und aus diesem Qualitätsanspruch jetzt wieder neu handeln und eine neue Entscheidung treffen. Getroffene Entscheidungen sind nur in der rückblickenden Betrachtung falsch. Damals, als die Entscheidung getroffen wurde, war sie richtig – sonst hätte man sie nicht so getroffen. Das bedeutet auch, dass ich in mich und meine Entscheidungsfähigkeit investiere und mir klar ist, dass ich heute da bin, wo ich bin, weil ich so viel oder so wenig investiert habe. Ein Product Owner will also in erster Linie verstehen und damit seinen eigenen Erkenntnisprozess voranbringen. Soichiro Honda hat auch bei jedem neuen Motorrad schon über das nächste nachgedacht.

---

[2] Das kann man übrigens auch sehr schön in dem Video mit Steve Jobs sehen. An einigen Stellen kann er manche Fragen einfach nicht beantworten. Er zuckt mit den Achseln und gibt zu, es hätte Fehler gegeben. Das wäre nun mal so und nicht vermeidbar.

Das Vorgehensmodell für den Product Owner

Ist der Product Owner also ein Supermensch? Steve Jobs oder Tom Ford sind als Vorbilder geeignet, aber sie sind übermächtige Idole, die vom Product Owner in einem Unternehmen, das gerade mit Scrum beginnt, viel zu weit weg sind. Dieser Product Owner braucht Hilfestellungen und Anleitungen, wie er seinen Job machen soll. Es wäre nicht fair, ihn alleine zu lassen mit der Ansage, er müsse einfach gut genug sein.

Der Product Owner braucht daher eine Vorgehensweise und eine Planungsmethode, die mit dem Versagen, der Unkenntnis, dem Fehlschlag, umgehen kann. Wir brauchen für ihn eine Vorgehensweise, mit der er Entscheidungsunsicherheiten so schnell wie möglich durch die Ergebnisse dieser Entscheidungen selbst bewerten kann. Das gelingt, wenn es ständig – also iterativ – Lieferungen gibt. So kann der Product Owner das Produkt anpassen, falls das nötig sein sollte. Er sieht und liefert das Produkt nicht am Ende des Projekts, sondern laufend.

Das Paradigma des Projektmanagements wird auf diese Weise in einen Strom von kontinuierlichen Lieferungen geändert. Lieferungen, die immer wieder in Reviews auf den Prüfstand gehen. Tom Ford, schaut sich den Anzug, das Kleid an und ändert es – immer und immer wieder. Von Steve Jobs wird gesagt, dass er fast jeden Tag in die Design-Werkstatt von Jonathan Ive ging, um sich dessen Entwürfe und Modelle anzusehen. Die ständige Suche nach dem perfekten Produkt macht diese Männer aus und das ist auch für jeden normalsterblichen Product Owner lebbar.

Kann man die Entscheidungen während des Entwicklungsprozesses verbessern? Sicher! Durch (Er-)Kenntnisse, Erfahrungen, Rat von außen, durch entsprechende Managementprozesse wie Scrum und kollaborative Arbeitsformen wie dem Design Thinking. Der Product Owner muss daher eine Kultur schaffen, in der all das möglich ist: eine Kultur der kleinen Schritte. Am Anfang steht der Paradigmenwechsel: Weg von der Idee des Projekts, das am Ende etwas liefert, hin zur Idee, sich mit immer wieder kleinen Lieferungen dem großen Ganzen annähern, bis es schlussendlich da ist.

4 Das Budget bestimmen: Schneller und besser ist billiger?

„Wir würden gerne mit Ihnen zusammenarbeiten. Sie müssen uns helfen, ein Angebot für einen Kunden so zu formulieren, dass es den agilen Richtlinien entspricht", sagte der Verkaufsverantwortliche. Ich sah ihn an und muss dabei völlig entgeistert gewirkt haben, denn er legte sofort nach: „Was das Projekt traditionell kosten wird, wissen wir schon, wir haben es mit unseren bisherigen Methoden durchgeschätzt. Aber der Kunde möchte von uns ein agiles Festpreisangebot. Er erwartet sich massive Kostenersparnisse."

Solche Gespräche führen meine Kollegen und ich relativ häufig. Kaum wollen die Projekt- oder Verkaufsleiter ein Scrum-Projekt anbieten, denken sie, dass die Kosten des Projekts völlig anders wären als ohne Scrum. Leider nehmen sie meistens an, dass die Projekte günstiger werden. Das verwundert mich jedes Mal aufs Neue. Ich erwidere dann oft etwas wie: „Wenn Sie doch schon ‚traditionell' richtig geschätzt haben, wie soll dann plötzlich der Aufwand für die Erstellung des Produktes geringer werden? Wie soll das gehen? Lassen wir einmal dahingestellt, ob es so ist, weil man in Scrum ganz anders arbeitet. Aber selbst wenn dem so wäre: Für das Abgeben des Angebots ist das doch vollkommen unerheblich, oder?"

„Nun ja", beginnen dann die meisten Antworten. „Die Kunden erwarten eine *bessere Schätzung* und ein im Preis geringeres Angebot von uns."

Ich denke mir dann immer: „Da haben wir Consultants den vielen Unternehmen, die jetzt mit Scrum besser arbeiten, offensichtlich einen Bärendienst erwiesen." Natürlich wird ab einem gewissen Punkt für die Kunden deutlich, dass viele Dienstleister nach den alten Methoden zu teuer entwickelt haben. Viele Kunden haben bereits entsprechende Erfahrungen mit Scrum gemacht. Eine verfahrene Situation für Firmen, die sich bis jetzt nicht auf Scrum und agile Schätz- und vor allem Liefermethoden eingelassen haben.

„Das eigentliche Motiv des Kunden ist aber, dass er noch nicht so genau weiß, was er will", erklärt der Verkaufsverantwortliche die Situation weiter. „Dem Kunden ist übrigens klar, dass sich während des Projekts viele Anforderungen ändern werden. Er will trotzdem einen klaren Kostenrahmen, mit dem er alles bekommen kann."

> Meine Stirn legt sich in Falten, ich denke mir meinen Teil und frage weiter: „Moment. Der Kunde will also etliche Änderungen machen dürfen, möchte aber dennoch jetzt schon wissen, was das gesamte Projekt kosten wird. Obwohl er offen zugibt, dass er noch gar nicht weiß, was er schlussendlich haben möchte?" Mein Gegenüber antwortet: „Ja, so stellt sich das unser Kunde vor."

Haben Sie auch gerade das Gefühl, dass das ein Knoten in der Logik ist? Scrum kann in einem solch verkehrten Denkschema nicht helfen. Das berühmte Projektmanagementdreieck aus Kosten, Scope und Termin wird von Scrum zwar in vielen Aspekten in Frage gestellt und ein wenig verbogen – aber zum Festpreis die gesamte Leistung zu bekommen, obwohl der Umfang der Leistung noch nicht feststeht, das ist absurd!

„Ok, müssen wir also zurück zum klassischen Vorgehen?", fragt mich der Verkaufsleiter. Ich antworte: „Nein. Das heißt nur, dass wir uns auf einen solchen Knebelvertrag nicht einlassen können." Er schaut mich fragend an, daher setze ich nach: „Sie müssen sich klar machen, dass die Kosten Ihres Projekts nichts mit dem Preis zu tun haben, den Sie Ihrem Kunden in Rechnung stellen. Sie wollen doch möglichst viel Geld verdienen und nicht nur Ihre Kosten in den Griff bekommen, oder?" Er nickt und sagt: „Das stimmt, aber der Kunde will ja dennoch genau wissen, wie viele Stunden wir an dem Projekt gearbeitet haben."

Die nächste Falle und das nächste Problem: In der Softwareentwicklung haben Kunden und auch das Management der eigenen Unternehmen gelernt, sich die Stundenzettel der Entwickler geben zu lassen, um kontrollieren zu können, wie das Geld eingesetzt wird. Soweit zumindest die Illusion.

Wir treffen hier

a) auf eine Dienstleistungsmentalität im Sinne vorauseilenden Gehorsams beim Lieferanten und

b) auf die Kontrollsucht des Managements, sowohl auf der Seite des Kunden als auch auf der Seite des Lieferanten.

Wieso des Dienstleisters? Weil der Verkaufsleiter auch erwähnte: „Unsere Controller lassen übrigens ein Projekt ohne klare Aufwandschätzung gar nicht durch."

Es ist zum Verzweifeln. Die schlechten Erfahrungen mit dem klassischen Vorgehen in Projekten haben in vielen Unternehmen zu einer regelrechten Paranoia geführt. Und jetzt sitzen sie in zwickmühlenartigen Prozesslandschaften fest, die sich nur auflösen werden, wenn man die Logik des traditionellen Managements verlässt.

Es ist eine Schlüsselfrage: Wenn Scrum die Produktivität eines Entwicklungsteams verdoppeln kann, das Geschäftsmodell des Dienstleisters aber darauf beruht, dem Kunden Zeit zu verkaufen – welchen Sinn hat dann Scrum für den Dienstleister? Er liefert bei erfolgreichem Vorgehen mit Scrum wesentlich mehr Ware für das gleiche Geld. Das ist wirtschaftlicher Unsinn.

Fassen wir zusammen:

a) Die Kunden von (internen wie externen) Entwicklungspartnern wollen Scrum als Entwicklungsmethode. Die Gründe dafür sind:
  - Die Kunden haben gehört, dass die Projekte schneller liefern.
  - Die Kunden haben gehört oder schon selbst erfahren, dass die Projekte günstiger werden.

b) Die Geschäftsmodelle von (internen wie externen) Entwicklungspartnern beruhen auf dem Verkauf von Stunden. Offen oder versteckt ist im Stundensatz eine Marge eingerechnet, die von den Kunden mehr oder weniger zugestanden wird.

c) Die Kunden von Entwicklungspartnern wollen nun mit Scrum schnellere Lieferungen zu günstigeren Konditionen, sind aber in der Regel nicht bereit, auch höhere Preise pro Stunde zu bezahlen.

d) Selbst wenn Kunden, weil sie bereits gute Erfahrungen mit Scrum gemacht haben, mit einem anderen Vertragsmodell einverstanden wären, gibt es interne Abteilungen (z. B. das Controlling), die kein Interesse an neuen Verfahren haben. Ihre internen Richtlinien lassen neue Preisfindungsverfahren nicht zu.

Wie kommt ein Projektverantwortlicher – und in unserem Fall ist das der Product Owner – aus diesem Dilemma heraus? Denn erstens will er keine Kostenschätzung erheben und zweitens will er den Scope nicht schon am Anfang festzurren. Gleichzeitig kann der Product Owner nach einigen Sprints den Liefertrend ermitteln und sogar mit hoher Wahrscheinlichkeit sagen, was er zu welchem Zeitpunkt mit seinem Scrum-Team liefern kann. All das hat aber zunächst mit den gewohnten Kostenschätzungen, also einem auf Aufwänden basierenden Produktpreis, nichts zu tun, oder?

Exakt da ist das Problem: Genau so ist es und es gibt noch einen Aspekt, den wir als Scrum-Wissende – und zu denen gehören Sie nach der Lektüre dieses Buches ja ebenso – immer im Hinterkopf haben:

> **Wir wollen das Produkt so entwickeln, dass sich der Return on Investment sogar während der Produktherstellung maximieren lässt.**

Aus diesem Grund machen Schätzungen und Angebote basierend auf den Aufwänden wenig bis keinen Sinn. Denn die Stunde kostet, wenn man eine bestimmte Mannschaft einsetzt, immer das Gleiche. Die Marge auf diese Stunde ist ebenfalls konstant. Eine Maximierung des Profits ist also an sich gar nicht möglich. Es sei denn, man schraubt die Kosten pro Stunde herunter. Das bedeutet für ein wissensbasiertes Unternehmen: Es müssen schlechter bezahlte Mitarbeiter für den gleichen Stundensatz im Projekt eingesetzt werden. Die Konsequenz ist in der Regel: Schlechter bezahlte Mitarbeiter wissen weniger und haben weniger Erfahrung. Der Kunde zahlt bei dieser Praxis wissentlich oder unwissentlich doppelt. Sein Produkt wird nicht in der bestmöglichen Qualität entwickelt und oft kommt es zu Komplikationen, die es mit erfahrenen Entwicklern nicht gegeben hätte.

Scrum führt unweigerlich und zwingend in eine andere Richtung. Die User Storys dürfen nicht nach einem Stundensatz bezahlt werden (sonst liefern wir mehr Leistung fürs gleiche Geld). Interne wie externe Dienstleister müssen beginnen, die gelieferten User

Storys als Paket bezahlen zu lassen. Sie lassen sich also für die Lieferung bzw. Leistung und nicht für die geleisteten Aufwände bezahlen.

4.1 Wie hilft der Business Value dabei, Geld zu verdienen?

In Scrum wird häufig argumentiert, dass das Product Backlog aus der Sicht des Business Value priorisiert werden soll. Jeff Sutherland und Ken Schwaber schreiben im Scrum Guide zum Beispiel:

> „The Product Backlog is often ordered by value, risk, priority, and necessity. Top-ordered Product User Stories drive immediate development activities. The higher the order, the more a Product User Story has been considered, and the more consensus exists regarding it and its value." (Scrum Guide 2013, S. 13)

So richtig das ist, so schwierig ist das in der Umsetzung. Die oben geführte Diskussion darüber, wie man den Preis für ein Projekt bestimmt, wird umso komplizierter, je mehr wir die Frage nach dem Business Value stellen. Daran schließt sich nämlich sofort die Frage an: *Sollen wir den Business Value des Kunden maximieren, also die Funktionalität zuerst liefern, die für den Kunden am sinnvollsten sind?* Die Antwort auf diese Frage kann nur sein: „Auf jeden Fall!" Jede andere Antwort wäre aus wirtschaftlicher Sicht unzutreffend. Ein weiterer Vorteil: Mit dieser ersten User Story lässt sich möglicherweise sogar herausfinden, ob die Idee für das Produkt umsetzbar ist und ob sie am Markt gut ankommt.

Wie sieht das aber aus der Sicht des Dienstleisters aus? Wieso sollte gerade diese User Story auch für den Dienstleister die richtige User Story sein? Wenn der Dienstleister versucht, seinen Return on Investment zu maximieren, dann wird er am Anfang jene User Story entwickeln lassen, die mit *wenig* Aufwand den Kunden maximal zufriedenstellen wird. Auf diese Weise erreicht er, dass der Kunde „anbeißt" und das Projekt weiterführt. Wenn der Kunde es erst einmal richtig begonnen hat – so die Logik des Dienstleisters –, dann wird er auch weitermachen. Das ist auf den ersten Blick sehr gut für den Dienstleister, denn dieser möchte möglichst alle geschätzten Stunden auch ableisten. Dieser Interessenkonflikt lässt sich nur vermeiden, wenn der Dienstleister und der Kunde das gleiche Ziel verfolgen. Das gleiche Ziel müsste so formuliert sein, dass beide Seiten zur Zusammenarbeit – zum Miteinander – gezwungen sind. Es sollte also nicht darum gehen, möglichst viel Arbeit zu verrechnen, sondern gemeinsam das beste Ergebnis zu erzielen.

Ein möglicher Weg: Der Kunde zahlt für die wichtigsten User Storys höhere Preise als für unwichtigere User Storys. In diesem Fall hätte der Product Owner sein Interesse als Dienstleister/Lieferant mit dem Interesse des Kunden/Auftraggebers gekoppelt. Beide hätten ein starkes Interesse, dass die User Story, die für beide Seiten den höheren Business Value hat, zuerst entwickelt und umgesetzt wird. So weit der Vorgriff auf die Preisgestaltung in Projekten.

Was ist Business Value?

Der Inhalt des Business Values ist nicht eindeutig zu definieren. Jede Firma wird von unterschiedlichen strategischen Zielen angetrieben. Der (interne wie externe) Product Owner ist daher gut beraten, die strategischen Ziele seiner (internen wie externen) Kunden zu kennen. Nur dann ist er in der Lage, den Return on Investment seiner Produktentwicklung zu maximieren. So eingängig und folgerichtig das sein mag, so wenig trifft man dieses Verständnis in der Praxis.

In der Diskussion mit Product Ownern erleben wir häufig, dass genau die Frage nach dem Business Value große Verwirrung stiftet. Kein Wunder: Zu ihren neuen Jobs sind die meisten Product Owner mit der klaren Vorstellung angetreten, dass sie die Funktionalitäten (User Storys) des Produkts umsetzen sollen. Oft konfrontiere ich sie dann mit der Frage: „Was ist die für das Business wichtigste Funktionalität?" Darauf bekomme ich immer die gleiche Antwort: „Alles!" Es ist wahr und gleichzeitig vollkommen falsch, auf jeden Fall blitzt mit dieser Antwort das mentale Bild der meisten Product Owner auf. In ihrer eigenen Vorstellung haben sie oft den Auftrag, das Projekt und nicht das Produkt zu liefern. Genau da liegt der eigentliche Paradigmenwechsel vom Projektmanager zum Product Owner.

Die Diskussion über eine gleiche Interessenlage beim Product Owner und beim Kunden über den Business Value kann nur dann *erfolgreich* geführt werden, wenn beide Seiten verstehen, dass der Vorteil des Kunden und des Anbieters synchronisiert werden müssen. Dazu müssen beide Parteien offen darüber sprechen, was es einerseits für den Kunden und andererseits für den Product Owner bedeutet, einen hohen Business Value zu erzielen. Sie müssen dabei nicht völlig konform gehen, aber sie sollten ihre Interessen abgleichen. Im Idealfall führt das zu einer Priorisierung des Product Backlogs, die für beide Seiten ideal und damit deckungsgleich ist.

Koexistenz und Ökosystem statt Wettbewerb

Bevor ich genauer darauf eingehe, wie man die Kosten eines Projekts erhebt, muss ich an dieser Stelle noch einen Einschub machen. Scrum optimiert dann den Business Value des Kunden und jenen des Lieferanten, wenn sich beide Parteien darüber im Klaren sind, dass sie voneinander abhängig sind.

Produktentwicklung, verstanden als die unbekannte Antwort auf das unbekannte Problem, kurz: das Erzeugen von etwas Neuem, kann nur dann erfolgreich sein, wenn sich beide Parteien bewusst sind, dass sie nur *gemeinsam* gewinnen können. Wenn z. B. dem Dienstleister alle Aufwände bezahlt werden, aber das Produkt am Markt nicht funktioniert, hat er dem Kunden einen Schaden zugefügt. Die Auswirkungen wird er möglicherweise erst dann spüren, wenn der Kunde nicht mehr bei ihm einkauft, oder wenn das nicht marktfähige Produkt floppt und der Kunde pleite gegangen ist. Kurzfristig hat der Dienstleister sein Ziel erreicht, aber auf lange Sicht hat er einen Kunden ruiniert.

Umgekehrt gilt das Gleiche: Wenn ich als Kunde beim Lieferanten zwar tolle Einkaufspreise erzielt habe, die mir wunderbar hohe und profitable Margen bescheren, ich diese Profite aber nicht in Form von höheren Einkaufspreisen weitergebe, dann blute ich meinen Dienstleister aus. Dieser wird sich irgendwann wehren, indem er zum Beispiel immer günstigere Ressourcen einkauft (etwa in Indien, Vietnam, etc.).

Die Konsequenzen dieses kurzsichtigen Denkens bekommen wir heute, nach 20 Jahren Outsourcing, kräftig zu spüren: Die Kosten für inländische Entwickler explodieren, also versucht man noch mehr günstige Ressourcen im Ausland zu bekommen. Gleichzeitig wird die Produktentwicklung durch das Outsourcing teurer als angenommen, denn die „günstige Entwicklung" im fernen Ausland wird umständlich, erhöht die Komplexität und lässt die Entwicklung langsamer werden. Wie wir heute wissen, entsteht ein weiteres Problem durch das Outsourcing, eines, an das zu Anfang wohl niemand gedacht hatte. Das Wissen über die Technologien verschwindet im eigenen Land. Es können keine weiteren Innovationen erzeugt werden, weil das Wissen über viele Prozessschritte, derer es später in der Produktion bedarf, gar nicht mehr vorhanden ist. Das Wissen wandert ab.[1]

All das sind zugegebenermaßen Langzeiteffekte, die in vielen Unternehmen noch nicht zum Umdenken geführt haben. Daher ist der Product Owner von heute noch immer mit einem Geschäftsgebaren konfrontiert ist, das nicht auf Koexistenz und ein miteinander Arbeiten ausgelegt ist, sondern auf der altbekannten Idee basiert: „Ich nehme den billigsten Anbieter."

Was kann der Product Owner tun?

Das klingt nach einem Umfeld, in dem der Product Owner nicht viel tun kann, oder? Was kann ein Product Owner vielleicht doch tun, damit er

1. den Wert des Produkts für seine eigene Abteilung oder das eigene Unternehmen erhöht, und gleichzeitig
2. den Wert des Produkts für den (internen, wie externen) Kunden erhöht?

Meiner Meinung nach ist diese Frage nur dann zufriedenstellend zu beantworten, wenn der Product Owner an den Kunden nicht die Anzahl der Stunden verkauft, sondern die einzelnen, getrennten User Storys. Das geht aber nur, wenn folgende Aspekte eintreten:

1. Der Product Owner benötigt einen Mechanismus, der ihm immer den besten Preis für die wichtigste User Story liefert.
2. Der Product Owner muss die Entwicklung des Produkts so gestalten, dass er bei minimalem Lieferumfang, also in der Regel auch minimalem Ressourceneinsatz, den optimalen Wert für seinen Kunden erzeugt (Konzept des Minimum Viable Product).

Hinter der ersten Forderung steht die Logik: Der Product Owner in einem agilen Projekt sollte nicht daran interessiert sein, dass der Kunde möglichst viele Stunden kauft. Er sollte nicht möglichst viel Aufwand verrechnen wollen, sondern daran interessiert sein, dass der Kunde die Leistung seines Entwicklungsteams honoriert. Es kann also gut sein, dass das Entwicklungsteam zwar geringe Aufwände hat, die Ideen aber so gut sind und die Implementierung so genial ist, dass der Kunde hoch zufrieden ist. Um das zu können, ist der Product Owner gezwungen, sich in den Kunden hineinzudenken und ihm die „richtigen" User Storys zum maximal möglichen Preis anzubieten. Hier gilt das einfache marktwirtschaftliche Prinzip von Angebot und Nachfrage. Wenn der Product

---

[1] Stephen Denning: „Decades of outsourcing manufacturing have left U. S. industry without the means to invent the next generation of high-tech products that are key to rebuilding its economy, as noted by Gary Pisano and Willy Shih in a classic article, ‚Restoring American Competitiveness'." Nachzulesen auf *http://onforb.es/1kUt49c*

Owner die „richtigen" User Storys anbietet, wird der Kunde sofort den Wert dieser User Storys für sich und damit seinen Markt erkennen. Er wird also einschätzen können, ob er für die Lieferung dieser besonderen User Story tiefer in die Tasche zu greifen bereit ist als für eine andere User Story.

Folglich kann der Product Owner das Backlog nun anhand des zu erzielenden Preises priorisieren. Diese Idee führt dazu, dass sich sowohl der Product Owner als auch der Kunde wirtschaftlich optimal verhalten. Sie optimieren ihren eigenen Nutzen und optimieren damit den Gesamtnutzen. Es entsteht eine Win-Win-Situation.

Dieses Prinzip wurde übrigens spielerisch von Luke Hohmann umgesetzt, der in den letzten Jahren eine Reihe von „Innovation Games" entwickelt hat (www.innovationgames.com). In einem dieser Spiele – „Buy a Feature" – setzt er die oben beschriebene Idee um. Der Product Owner stellt die User Storys den Stakeholdern anhand einer Preisliste vor. Stellen Sie sich einfach vor, Sie hätten ein Menü, aus dem Sie einzelne Features auswählen können und bei jeder User Story steht der entsprechende Preis daneben. Nun bekommen die Stakeholder (Kunden) Spielgeld. Sie bekommen aber nicht genug Geld, sodass jeder Einzelne jedes Feature kaufen könnte, das er gerne hätte. Also müssen die Kunden zusammenarbeiten und sich untereinander abstimmen, um mit dem verfügbaren Spielgeldbetrag die wirklich benötigten Funktionalitäten kaufen zu können. Hohmann setzt mit diesem Spiel zwei Aspekte gleichzeitig um:

1. Es gelingt ihm zu zeigen, wie wichtig gewisse Funktionalitäten für den jeweiligen Kunden sind.
2. Spielerisch wird die Kollaboration der Stakeholder eingefordert und von den Beteiligten en passant durchgeführt. Sie bemerken beim Spielen gar nicht, wie sehr sie gerade ihre Interessen aufeinander abstimmen.

Mein Tipp an dieser Stelle: Probieren Sie dieses Spiel einmal aus. Es macht großen Spaß und führt zu interessanten Erkenntnissen über Ihr Produkt und Ihre Kunden.

4.2 Preisbestimmung

Muss der Product Owner denn nicht die Aufwände kennen, um den Preis bestimmen zu können? Wie ich in meinem ersten Scrum-Buch geschrieben habe (Gloger 2013), ist der Product Owner ein Entrepreneur – ein Unternehmer im Unternehmen. Ein Unternehmer, der seine Produkte immer unter den Herstellungskosten verkauft, verliert früher oder später seine Firma. Deshalb muss ein Unternehmer selbstverständlich wissen, was es kostet, die Produkte herzustellen. Die Frage wird bei einem neu gegründeten Unternehmen erst über die Zeit beantwortet werden können. Es gibt sicher zunächst einen Businessplan, erste Ideen, die eine Orientierung liefern. Allerdings werden die tatsächlichen Kosten erst im Laufe der Zeit deutlich und klar.

So ähnlich ist es auch bei einem *neuen* Produkt: Der Product Owner kann die Frage nach den tatsächlichen Entwicklungskosten erst nach einigen Sprints beantworten.

Der Product Owner kennt die Kosten

- für die Beschäftigung des Scrum-Teams,
- für die notwendige Infrastruktur,
- für etwaige Nebenkosten,
- Lizenzen,
- Rechtsanwälte, Gutachter, etc.,

ebenfalls erst nach einiger Zeit. Einige Kosten kann er nicht vorhersehen: Reparaturkosten, ausgefallene Mitarbeiter, Kosten für zusätzliche Consultants bei Randfragen, Reisekosten u. v. m.

Nachdem man die Gesamtkosten ermittelt hat, lässt sich nach einiger Zeit ein **mittlerer Kostensatz pro User Story** bestimmen. Liegt der erzielbare Preis, also der Umsatz pro User Story, im Trend über diesem mittleren Kostensatz, ist die Herstellung des Produktes rentabel. Die Herstellung trägt sich also selbst.[2] Schafft der Product Owner es nicht, im Mittel einen Preis zu erzielen, der über dem mittleren Herstellungskostensatz liegt, sollte er sofort mit seinem Kunden reden. In diesem Fall ist die Produktentwicklung massiv gefährdet. Kein Unternehmen kann es sich leisten, unrentabel zu arbeiten.

An dieser Stelle aber noch einmal der Hinweis:

> **Der Preis, den der Product Owner pro User Story erzielt, hat nichts mit den Produktionskosten zu tun.**

Der Preis ergibt sich in den Augen des Kunden ausschließlich aus dem Marktumfeld und dem Wert, den der Kunde einer Funktionalität beimisst.

Dazu noch eine abschließende Erläuterung: Für die meisten Einkäufer ist klar, dass sie ein zum Beispiel in China entwickeltes Produkt zu einem günstigeren Preis bekommen als ein in Deutschland entwickeltes. Der Grund ist das andere Preisniveau am chinesischen Markt. Warum das so ist, ist für den Einkäufer nicht von Belang – er hat aber gelernt, dass er Ware dort billiger einkaufen kann. Genau so verhält es sich auch in Unternehmen. Meine Kollegen und ich erleben genug Unternehmen, deren interne IT-Entwicklungsabteilung tatsächlich teurer produziert als der Dienstleister um die Ecke. Weil es meistens politische Überlegungen nicht zulassen, braucht es oft lange, bis ein externer Dienstleister beauftragt wird. Aber der Markt gewinnt immer und viele IT-Abteilungen verlieren, weil sie objektiv betrachtet in Preis, Service und Leistung mit der Konkurrenz von außen nicht mithalten können.

Gelingt es also einem Scrum-Team, seine Leistungen (User Storys) hochpreisig, aber dabei in Qualität, Lieferzeit und Service werthaltig zu produzieren, dann kann der Product Owner entsprechend viel Geld pro Story verlangen und sowohl interne wie externe Kunden werden zufrieden sein. Auf diese Weise ist es dann gelungen, dass beide Parteien – der Product Owner mit seinem Scrum-Team und der Kunde – das Optimum bekommen haben.

---

[2] Mir ist klar, dass das alles viel genauer geht und es soll auch Product Owner geben, die diese Aspekte tatsächlich korrekter ausrechnen – aber für die Betrachtungen in diesem Buch reichen diese Überlegungen an dieser Stelle meines Erachtens vollkommen aus.

4.3 Weniger ist mehr: das Minimum Viable Product

Mit Ausschreibungen, Anforderungslisten und Evaluierungsphasen wollen Firmen in der Regel einen Anbieter finden, von dem sie den besten Preis bekommen. Erfahrungsgemäß werden dabei gleichzeitig umfangreiche Lastenhefte produziert. Pflichtgetreu setzt der Dienstleister diese Lastenhefte zur Gänze um, obwohl darin viele Funktionalitäten enthalten sind, die am Ende des Projekts bereits überholt sein werden oder nur für sehr wenige Anwender tatsächlich relevant sind. Tragisch daran ist: Alle Beteiligten wissen das. Trotzdem wird ein massiver Aufwand betrieben, um nicht (oder wenig) gebrauchte Funktionalitäten

1. anzufordern und Lastenhefte zu schreiben.
2. zu evaluieren und Kosten dafür zu schätzen.
3. zu entwickeln und sich umfangreiche Architekturen zu überlegen, um sie unterzubringen.
4. funktional zu testen und umfangreiche Regressions-, Last- und Sicherheitstests damit durchzuführen.
5. in etlichen Dokumenten (Manuals, Skizzen, Ablaufdiagramme) zu beschreiben, zu notieren und für die Nachwelt festzuhalten.
6. in Schulungen durchzusprechen, auszuprobieren und sich zu merken.

Das einzig passende Wort dafür: Verschwendung! Hier wird viel Geld für umfangreiche Lastenhefte verschleudert, um nicht-agile Prozesse zu bedienen.

Ein agiler Product Owner übt sich in der Kunst des Weglassens. Zwar ist er mit solchen Lastenheften konfrontiert, ist sich aber darüber im Klaren, dass vom Geforderten vielleicht 20 Prozent wirklich notwendig sind. Der Product Owner gestaltet das Produkt so, dass das dafür nötige Projekt für alle Beteiligten möglichst günstig wird. Das geht nur, wenn nicht alles geliefert wird, was in diesen Dokumenten steht.

Fünf Prozent weniger Funktionalität führen zu 20 bis 30 Prozent weniger Aufwand auf der Testseite. Weniger Korrekturen, weniger Defects. Es ist faszinierend: Lange Anforderungslisten erzeugen exponenziell mehr Aufwand. Mit der Fokussierung reduziert der Product Owner innerhalb des Projektes daher massiv die Projektaufwände. Anschließend greift er zu einer weiteren Rentabilitätswaffe: den Abbruch des Projekts durch den Nicht-Einbau nicht benötigter Funktionalitäten.

Wie erreicht der Product Owner das? Scrum-Teams arbeiten doch so, dass am Ende eines Sprints das Projekt eingestellt werden könnte. Sie liefern immer nach jedem Sprint das Produkt fertig aus, also so, das man es dem Kunden geben könnte. Theoretisch geht das vom ersten Sprint an. Praktisch dauert das jedoch sechs bis 20 Sprints. Es mag in dem einen oder anderen Projekt länger dauern, bis diese Forderung, auslieferbar zu liefern, erfüllbar ist, aber sie ist das erklärte Ziel jedes Scrum-Projekts. In dem Moment in dem das gelungen ist, kann der Product Owner gewissermaßen jederzeit das Projekt einstellen. Er wird das auch tun, wenn das Produkt die Anzahl an Funktionalitäten aufweist, die wirklich gebraucht werden. In diesem Moment kann er das Produkt an den (internen, wie externen) Markt liefern und es kann eingesetzt werden.

„Aber das geht doch nicht! Das Produkt muss doch vollständig sein, bevor wir damit rausgehen können!" Dieses Gegenargument höre ich immer wieder und meine Meinung dazu ist: Diese Argumentation können sich nur Vertreter großer Organisationen leisten. Wenn Geld keine Rolle spielt, ist es auch nicht nötig, so schnell wie möglich Umsätze mit dem Produkt zu erzielen. Wären die Erfinder von Facebook, Amazon, Google, des ersten Autos oder des ersten Flugzeugs nach dieser Devise vorgegangen, gäbe es diese Produkte alle nicht. Vor 15 Jahren war es zum Beispiel völlig zwecklos, im Google-Suchfeld „weather baden-baden" einzugeben. Auf der Ergebnisseite wäre nicht angezeigt worden, wie das Wetter aktuell aussieht und wie es morgen sein wird. Heute gibt es diese Funktionalität. Wie konnte Google so unvollständig den Markt erobern?

Bild 4.1
Wettervorhersage als Beispiel für weiterentwickelte Funktionalität in Google

Genau das ist der Punkt: Google hatte ein Produkt, das bereits einen Mehrwert lieferte, obwohl es unvollständig war. Der Rest kam später dazu, weil es neue Ideen, Anwender und/oder neue Märkte gab. Das ist bei der hausinternen Redaktionssoftware, dem Vertragsmanagement, dem Abrechnungssystem, dem E-Mail-Programm und vielen anderen Produkten nicht anders. Diese Produkte beginnen klein, sie lösen ein oder zwei Probleme des Kunden und über die Zeit wird aus diesem ersten kleinen Produkt ein immer mächtigeres System.

> **Daher überlegt der Product Owner: „Wie sieht das minimalste Produkt aus? Wie viele Funktionalitäten braucht das Produkt wirklich, bis es zum ersten Mal vom Anwender genutzt werden kann?"**

Für den Kunden bedeutet das, dass er sein Einkaufsverhalten völlig anders gestalten muss als bisher. Er bestellt nicht mehr das „ganze" Produkt – also alle momentan gewünschten Funktionalitäten – auf einmal, sondern ein erstes Paket: das Minimum Viable Product. Was sind die Vorteile?

1. **Kunde, Product Owner und Entwicklungsteam fokussieren sich.** Von Anfang an geht es darum, die eigentlichen Kernfunktionalitäten, den eigentlichen Nutzen so schnell und so umfangreich wie möglich zu liefern.

2. **Effektivere Kommunikation.** Die Fokussierung auf den Kern zwingt alle Beteiligten, an der aktuellen Sache zu arbeiten. In der Regel entstehen dadurch weniger Diskussionen über potenzielle Aspekte des Produkts.
3. **Entscheidungen werden dann getroffen, wenn sie gebraucht werden.** Damit wird verhindert, dass mögliche Features in einer viel zu frühen Phase durch Entscheidungen in Zement gegossen werden.
4. **Früher Fortschritt.** Anhand der ersten Ergebnisse lässt sich überprüfen ob die Ideen funktionieren, oder ob man sich bei der Idee verrannt hat.
5. **Die Investitionen bleiben klein.** Je weniger man über das Produkt weiß, desto kleiner ist die finanzielle Investition. Auf diese Weise wird das Risiko umgekehrt proportional zur finanziellen Investition klein gehalten.
6. **Schnelles Feedback.** Neben Fortschritt und Sicherheit erzeugt dieses Vorgehen vor allem extrem schnelles Feedback. Die Teammitglieder lernen, effektiv miteinander zusammenzuarbeiten, der Kunde lernt, mit dem Team zu arbeiten. Und das Management lernt, dem Team zu vertrauen – weil es Resultate liefert.

Finanzierung im Stile des Venture Capital Fundings

Das Minimum Viable Product hat natürlich Konsequenzen für die Finanzierung: Der Product Owner muss die Möglichkeit haben, das Budget in Tranchen freizugeben. Möglicherweise ist das Projektbudget bereits alloziert, aber es kann, muss jedoch nicht ausgegeben werden. Für den Product Owner ist das ein wesentlicher Punkt, denn sein Interesse ist der Return on Investment – nicht wie groß und finanzstark sein Projekt ausgestattet ist.[3]

Neben der vorzeitigen Allokation der finanziellen Mittel gibt es noch eine andere Variante: Das Budget für die jeweils nächste Tranche wird nach einem entsprechenden Beschluss eines Steering Committees (bestehend aus Kunden und Lieferanten) freigegeben. Hier ist aber zu bedenken: Die Größe der Finanztranchen sollten im Vorfeld des Projekts definiert werden. Es darf also nicht vom „good will" des Steering Committees abhängen, welcher Betrag dieses Mal investiert wird. Natürlich kann und muss es im Laufe der Zeit zu Anpassungen kommen, aber auch dabei muss sich das Scrum-Team auf transparente und klar definierte Regeln verlassen können.

Venture Capitalists sind ein wunderbares Beispiel für diese Vorgehensweise. Sie gliedern ihre Projekte in unterschiedliche Stadien. Es gibt finanzielle Mittel für den Start und wenn dieser erfolgreich war, wird mit weiteren Mitteln die nächste Entwicklungsstufe des Produkts (der Firma) gefördert. So geht das weiter, bis das Unternehmen keine Investitionen mehr braucht, weil die Produkte die Firma selbstständig tragen können. Diese Tranchen sind im Vorfeld grob definiert. Der CEO eines Start Ups weiß, mit wie viel Geld er in welcher Finanzierungsrunde rechnen kann.

Unter der Annahme, dass der Product Owner mit seinem Team nach einigen Sprints tatsächlich liefert und daher so schnell wie möglich das Minimum Viable Product liefern wird, wird nun auch klar, wie der Product Owner am Anfang des Projekts das Budget für

---

[3] Ein wichtiges Motiv für das Scheitern traditioneller Projekte: Projektmanager neigen dazu, ihre Projekte mit anderen Projekten zu vergleichen. Das liegt auch daran, dass Karriere macht, wer möglichst große Projekte managen kann. Nach dem Erfolg der Projekte wird nicht gefragt.

das „Gesamtprodukt" festlegt: Er fragt den Kunden, wie viel ihm das Minimum Viable Product, also das erste Ziel, wert ist. Kurz: Was ist der Kunde bereit dafür zu zahlen?

■ 4.4 Der positive Projektabbruch

Auf den letzten Seiten habe ich beschrieben, wie ein Scrum-Projekt finanziert werden könnte, ohne dass man zu Anfang weiß, was es am Ende kosten wird. In der aktuellen Projektrealität wird derzeit noch nicht über Finanzierungsmodelle à la Venture Capital nachgedacht. Vielmehr basiert das Projektbudget auf Aufwandschätzungen „Pi mal Daumen" seitens des Dienstleisters. Der Abschlusstermin der Projekte wird gemäß den politischen Überlegungen des Kunden festgelegt und der Projektumfang – also die vermeintlich nötigen Funktionalitäten – wird durch intensive Befragung aller involvierten Abteilungen künstlich aufgeblasen. Alles zusammen ist in Stein gemeißelt.

Ein Product Owner soll nun also in diesem Umfeld zeigen, dass ein Scrum-Projekt erfolgreich sein kann. Das ist zwar eine irrwitzige Forderung, aber viele Product Owner können es nicht ändern, wenn zum ersten Mal mit Scrum gearbeitet werden soll.

Mein Tipp an den Product Owner: Lassen Sie sich bitte nicht aus der Ruhe bringen. Traditionelle Projektvorgehensmodelle waren auch nicht in der Lage, Projekte in allen diesen Belangen zu erfüllen. Sie müssen nicht mit Scrum schaffen, was die anderen auch nicht hinbekommen haben.[4]

Das Schöne an einem agilen Vorgehensmodell wie Scrum ist allerdings, dass Sie innerhalb dieses Rahmens arbeiten können. Zwar sind Sie von den Vorgaben im alten Stil geknebelt, aber Sie bleiben mit ihrem Entwicklungsteam dennoch beweglich. Mit Scrum können Sie sich wie ein Houdini des Produktmanagements aus den Fesseln befreien.

Wie stellen Sie das an? Zum Beispiel mit einer der drei Formen eines positiven Projektabbruchs.

1. **Änderung der Produktanforderungen:** Auch in traditionellen Projektformen gibt es Änderungen. Scrum bietet dem Product Owner aber eine einfachere Möglichkeit, darauf zu reagieren: *Change for free*.

2. **Den Projektumfang erweitern (Scope-Erweiterung)**: Auch das geschieht in traditionellen Projektorganisationen ständig. Mit Scrum haben sie alle Mittel in der Hand, diese Erweiterungen des Projektumfangs mittels der Release-Burndowncharts zu dokumentieren und darzulegen. Außerdem wird alle zwei bis drei Wochen fertige Funktionalität geliefert. Neue Erweiterungen behindern die Auslieferung der gerade aktuellen Funktionalitäten nicht.

3. **Money for nothing (Scope-Verkleinerung):** Sie verkleinern den Produktumfang innerhalb des Korsetts und liefern eine höhere Rentabilität mit weniger Features als ursprünglich gewünscht.

---

[4] Beruhigend ist in diesem Zusammenhang der jährlich erscheinende Chaos Report der Standish Group.

4.4.1 Change for free

Änderungen in den Anforderungen sind der Schrecken in jedem Projekt. In einem traditionellen V-Modell würde das bedeuten, dass man die Analyse, das Design, gegebenenfalls die Implementierung und vielleicht sogar die Testfälle updaten muss. Und natürlich soll das alles entsprechend dokumentiert werden. Kleinste Änderungen wachsen sich zu gigantischen Arbeitsaufwänden aus, die nichts mit dem Produkt selbst, sondern nur etwas mit dem Prozess zu tun haben. Wirklich wertschöpfende Arbeit passiert bei diesen Änderungen nur in geringem Maß. Gerade in reglementierten Umfeldern bedeutet eine Änderung am Projekt sehr viel Arbeit, weshalb iteratives Vorgehen in der Vorstellung vieler zunächst einem Super-GAU gleichkommt.

Wie wäre es, wenn man sich das alles sparen könnte? Richtig, das Verändern eines Product Backlogs kostet nicht viel Zeit – es wird einfach eine neue User Story aufgenommen. Sie mit Magic Estimation zu schätzen, ist ein vernachlässigbarer Aufwand. Die Implementierung: der gleiche Aufwand wie in traditionellen Verfahren, denn die Arbeit muss ja gemacht werden. Ein Vorteil für die Produktivität entsteht hier, weil es keine Nacharbeit gibt. Es gibt nie ein *Gesamt*-Design und daher muss man es bei Änderungen auch nie umschreiben. Der Product Owner fügt die neue Story *einmalig* hinzu. Regressionstests laufen in einem agilen Umfeld automatisiert ab und daher sind keine zusätzlichen Aufwände zu erwarten.

Das klingt so einfach. Wie sieht die Realität aus? Genau so – bei Unternehmen, die den Mut haben, auch die internen Entwicklungsprozesse zu verändern. Man verspielt diese Vorteile aber, wenn nach wie vor – zum Beispiel von anderen Abteilungen, etwa dem Qualitätsmanagement – gefordert wird, dass trotz der Idee der User Storys und des Product Backlogs Analysedokumente befüllt werden müssen. Die Leichtigkeit in den Änderungsmöglichkeiten wird vom nicht agilen Umfeld ausgebremst. In diesem Fall wird die agile Arbeitsweise zur Qual für alle Beteiligten. Denn dann müssen die Scrum-Teams (meist die Entwicklungsteams) jedes Dokument der traditionellen Methoden nicht nur ab und zu, sondern ständig verändern und auf die Abnahmen durch das Management warten. Das ist jedes Mal im wahrsten Sinne des Wortes „Wahnsinn". Nicht etwa, weil es aufwändig wäre: Man schreibt die Änderung schnell ins Dokument und das Gremium trifft sich ein Mal pro Woche. Aber leider sind die Gremien oft nicht bereit, sich ständig zu treffen. Es ist auch zu viel verlangt, denn das würde bedeuten, dass sich diese Gremien wirklich mit dem Thema auseinandersetzen müssen. In vielen klassischen Entwicklungsumfeldern gibt es für Kleinständerungen in der Entwicklungsphase selbst keine sinnvollen Prozesse. Erst wenn man mit einem Produkt bereits im Produktionsprozess steckt, sind Kleinständerungen wieder vorgesehen und können über Incident-Management-Methoden gesteuert werden.

CHANGE FOR FREE

Anforderungen können im Verlauf des Projekts gegen nicht im Projektumfang beinhaltete Anforderungen ausgetauscht werden, sofern der Umfang für deren Umsetzung äquivalent ist und sich die ausgetauschte Anforderung noch nicht in der Umsetzung befindet.

Soweit die Kritik am Bestehenden. „Change for free" bietet dem Entfesselungskünstler Product Owner jedoch tatsächlich die Möglichkeit, den Scope „on the fly" zu ändern. Er muss nur für eine neue User Story eine gleichwertige User Story (ausgedrückt in Größe) eintauschen. Das geht schnell und schmerzlos, wenn der Product Owner von der Organisation die Befugnis dazu erhält.

4.4.2 Scope-Erweiterung

Kann der Product Owner nicht „eintauschen" und soll er also die neue User Story *zusätzlich* zum bereits vorhandenen Backlog einbauen, dann hat er in Wahrheit einen Change Request erhalten, der das Produkt aufbläst. Spannenderweise ist das auf dem Papier, also in der Planung, schwerer zu berücksichtigen als in der Projektrealität. Auf dem Papier kommt eine neue User Story **dazu**. In Scrum wird diese User Story aber zunächst nur ins Backlog aufgenommen. Sie wird dann ihrer Wichtigkeit nach im Backlog positioniert (Priorisierung). So weit so gut. Sehen Sie schon den Punkt? Wenn diese neue User Story (Scope-Erweiterung) ans Ende des Backlogs verschoben wird, hat sie zunächst keinerlei Auswirkungen auf das Produkt. Das Scrum-Team liefert wie gehabt sprintweise die Funktionalitäten. Die Wahrscheinlichkeit, dass sich das Product Backlog in den nächsten Wochen noch ändern wird, liegt sowieso bei 99,99 Prozent. Wieso sich also über die neue User Story *jetzt* Gedanken machen? Wird die User Story aber höher gewertet, wird sie also im Backlog höher gereiht, dann wird sie in den nächsten, zeitlich näher liegenden Sprints geliefert werden. Das hat dann Auswirkungen auf das Produkt und der Kunde bekommt, was er wollte – diese Funktionalität. Falls die Funktionalität tiefer gereiht wird, bekommt er diese Funktionalität ja auch, wenn auch nur auf dem Papier, denn die Wahrscheinlichkeit, dass er das Projekt vorzeitig abbrechen wird, weil er bereits genug Funktionalität bekommen hat, ist sehr hoch. Also wird es in Wirklichkeit nie zu einer finanziellen Scope-Erweiterung kommen. Denn die schlussendlich doch nicht entwickelte Funktionalität hat auch keine Kosten verursacht.

4.4.3 Scope-Verkleinerung

Dieser Gedanke führt mich zu meinem dritten oben genannten Aspekt. Die meisten User Storys, die sich Kunden oder Fachabteilungen wünschen, gleichen eher einer maximal ausgefüllten Wunschliste als einer durchdachten, minimalen Anforderungsliste. „Money for nothing" ist für den Kunden ein Incentive, diese Liste im Nachhinein zu reduzieren – sie also an die tatsächlichen Erfordernisse anzupassen.

Das funktioniert sehr einfach: Der vom Dienstleister oder der internen Produktentwicklungsabteilung vorgeschlagene Preis für alle User Storys wird User Story für User Story bezahlt. Auf diese Weise hat der Kunde immer ein Restbudget:

> Budget gesamt für alle User Storys
> – Bezahlung für bereits geleistete User Storys
> = Restbudget für noch zu leistende User Storys

Dahinter steht die Idee, dass der Kunde dieses Restbudget immer neu, also für andere User Storys, einsetzen kann, als er sie momentan im Product Backlog hat oder überhaupt darauf verzichten kann, das Restbudget auszugeben. Bezogen auf den Gesamtscope bekommt der Kunde dadurch Geld zurück.

Auch mit dieser Variante kann sich der Product Owner freier bewegen. Seine Aufgabe ist es dabei, den Kunden davon zu überzeugen bzw. darin zu beraten, welche neue User Story wichtig ist und welche nicht. Auf diese Weise kann er Flexibilität ins Projekt bringen.

Eine andere Form des positiven Projektabbruchs ist es, wenn es keine neuen User Storys zu berücksichtigen gibt und man also die maximale Wunschliste abarbeiten will bzw. soll. In diesem Fall sollte der Product Owner den Kunden davon überzeugen, dass das Scrum-Team die letzten 25 Prozent der User Storys nicht umsetzen muss.

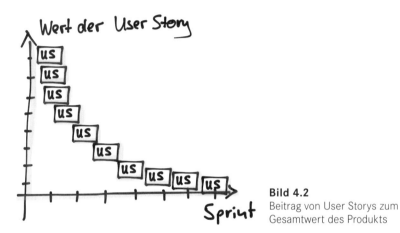

Bild 4.2
Beitrag von User Storys zum Gesamtwert des Produkts

Bezogen auf den Gesamtwert des Produkts tragen diese User Storys nicht mehr viel zum Gesamtwert bei – die Implementierung steht also in keinem sinnvollen Kosten/Wert-Verhältnis (siehe Bild 4.2). Ganz im Gegenteil: Sie schädigen sogar den Gesamterfolg des Produkts, weil sie in der Regel einen späteren Releasetermin erzwingen. Das Erarbeiten und Liefern der weiteren User Storys erfordert Zeit und verzögert folglich den Release – nicht bezogen auf einen einmal festgelegten Liefertermin (wenn wir uns nicht verplant haben), aber bezogen auf die Tatsache, dass das Scrum-Team früher liefern könnte, wenn nicht die gesamte Wunschliste implementiert werden muss. Kann das Produkt früher raus, fallen auch die Release- und Testprozesse sowie die notwendigen Nachbearbeitungen geringer aus als bei der Lieferung des Gesamtumfangs. Neben diesen direkten Kosten verändern sich aber auch die indirekten Kosten – die Costs of Delay.

Cost of Delay

Als Cost of Delay bezeichne ich die **Kosten durch nicht realisierte Gewinne**, weil ein Produkt später auf den Markt kommt – wenn es also erst später verkauft werden kann. Dazu zählen:

- Entgangene Umsätze in jenem Zeitraum, in dem das Produkt nicht am Markt ist.
- Die fehlenden Zinserträge aus dem potenziell erwirtschafteten Umsatz.
- Die nicht realisierten Gewinne durch Marktführerschaft. Das Produkt hat auch einen Wert als Markenträger.
- Die langfristig nicht realisierten Gewinne, weil Kunden sich in der Zwischenzeit für ein anderes Produkt entschieden haben und nun ein anderes Ökosystem nutzen.[5]
- Die Entwicklung neuer Produkte verzögert sich, weil man kein Feedback vom Markt bekommt, das den Impuls für die nächste Produktgeneration gibt.

Natürlich ist es nicht leicht, die Costs of Delay mit einem exakten Wert zu beziffern. Deswegen werden sie oft auch vollkommen ignoriert. Es ist aber auch gar nicht notwendig, diese Kosten genau zu berechnen, es reicht schon, ein Gefühl dafür zu entwickeln und sich bewusst zu sein, dass eine überbordende Anforderungsliste viele, nicht sofort spürbare Konsequenzen hat. Ich sehe also für den Product Owner die Aufgabe eher darin, allen Beteiligten die Augen für diese Konsequenzen zu öffnen. Das könnte zum Beispiel so ablaufen:

1. Sie rufen alle Projektbeteiligten in einem Raum zusammen. Alle Anwesenden stellen sich die Frage, welche Faktoren die Costs of Delay beeinflussen – so entsteht eine Liste.
2. Dann bitten Sie die erste Person zu schätzen, wie hoch die Costs of Delay – unter Berücksichtigung dieser Faktoren – sein könnten.
3. Die nächste Person darf ihre Schätzung abgeben. Weicht diese Schätzung aber von der ersten Schätzung ab, muss die Abweichung begründet werden. Danach fragen Sie in die Runde, ob die neue oder die alte Schätzung als Basis verwendet werden soll. Schritt 3 wiederholt sich, bis alle ihre Schätzung abgegeben haben.
4. Am Ende haben Sie einen Wert, auf den sich alle Beteiligten zumindest verständigt haben.

Diesen Wert der Cost of Delay kann nun jede Person als einen Leitwert sehen, an dem sie das eigene Handeln orientiert. Als Product Owner kann man sich zum Beispiel fragen: „Ist die neue Funktionalität so wichtig, dass wir dafür den Produktlaunch um einen Sprint verschieben und hohe Costs of Delay verursachen?"

Bücher zur Vertiefung

Mike Cohn: Agile Estimation and Planning. Prentice Hall International, 2005.

Luke Hohmann: Innovation Games: Creating Breakthrough Products Through Collaborative Play. Addison-Wesley Longman, 2006.

Andreas Opelt, Boris Gloger, Wolfgang Pfarl, Ralf Mittermayr: Der agile Festpreis. Leitfaden für wirklich erfolgreiche IT-Projekt-Verträge. Hanser, 2012.

Don Reinertsen: The Principles of Product Development Flow: Second Generation Lean Product Development. Celeritas Publishing, 2009.

---

[5] Ein schönes Beispiel dafür ist die Abwanderung von iPhone-Kunden zu Samsung, weil sie zu lange auf ein neues iPhone warten müssen.

5 Das Produkt – die ersten Ideen

In der Praxis wird Scrum in der Produktentwicklung meist zu spät genutzt. Nach wie vor konzentrieren sich Unternehmen darauf, Scrum in erster Linie als „Entwicklungsmethode" einzusetzen, nicht aber als teambasiertes Management-Framework. Erst wenn die Produktmanager beim Kunden waren und die dicken Lastenhefte geschrieben sind – dann soll das Produkt mit Scrum schnell gebaut werden. Tatsächlich ist Scrum aber ein Framework für die Produktentwicklung und setzt damit schon wesentlich früher an: Es ist ein Rahmen, der von der Produktidee bis zur Auslieferung der letzten Funktionalität reicht. Mir ist bewusst, dass in den wenigsten Unternehmen mit Scrum bei Null gestartet werden kann, es gibt immer gegebene Voraussetzungen. Daher will ich in diesem Buch nicht zeigen, wie es sein sollte, sondern wie man in einem bestehenden Kontext erfolgreich agil planen und Produkte entwickeln kann.

Zunächst muss ein Product Owner sehr oft damit zurechtkommen, dass eine Fachabteilung bereits das Lastenheft, das Design und möglicherweise sogar schon einen funktionalen Prototypen erstellt hat. Selten wird dem Product Owner am Start eines Projekts eine Idee so übergeben, dass er mit seinem Entwicklungsteam selbst die ersten Stadien der Produktentwicklung von der Vision über die Constraints bis zum Backlog durchlaufen kann.

Aber betrachten wir diesen Umstand als Vorteil. Wenn Sie in der Rolle des Product Owners sind, ist das möglicherweise sogar das Beste, was Ihnen passieren kann: So wissen Sie wenigstens, was der Kunde aktuell von Ihnen möchte. Andere haben sich bereits Gedanken gemacht – sehen Sie es positiv und arbeiten Sie damit!

Nüchtern betrachtet sind damit aber auch Nachteile verbunden:

- Der Kunde hat möglicherweise bereits eine klare Vorstellung darüber, was er gerne haben möchte. Genauso will er aber bei Veränderungen flexibel sein und dennoch alles haben, was im Lastenheft steht – obwohl es später keinen Sinn mehr macht. Meistens tritt diese vertrackte Situation ein, wenn der Projektleiter auf Kundenseite selbst nur das ausführende Organ ist, das die Anforderungen eines Gremiums oder einer Abteilung weiterreicht.
- Die Kreativität des Entwicklungsteams wird eingeschränkt. Statt dem Scrum-Team eine Aufgabe zu geben, die es lösen soll, werden viele und manchmal zu viele Aspekte bereits vorweggenommen. Dadurch treibt das Produkt in eine vorgegebene Richtung, obwohl die Spezialisten im Team eine besser geeignete Lösung anbieten könnten. Weil

aber das Lastenheft wichtiger ist, als der Versuch, ein adäquates Produkt zu bauen, bleiben diese Lösungen unbeachtet.

- Mehr als Abarbeiter des Lastenhefts, weniger als Gestalter eines Produkts – so sieht sich wohl der Product Owner in dieser Situation. Bevor er sich noch einbringen kann, werden ihm schon die Ketten des Dokuments angelegt.

Lassen wir es bei diesen drei Nachteilen bewenden. Sollten Sie mit diesen oder ähnlichen Aspekten konfrontiert sein, liegt es an Ihnen, gemeinsam mit dem ScrumMaster Lösungen dafür zu finden.

Aber wie passt eine solche Ausgangssituation zu der Idee, dass man User Storys haben möchte? Wie gehen Sie als Product Owner damit um, wenn bereits ein Lastenheft mit etlichen Anforderungen vorliegt? Im Prinzip ist die Antwort ganz einfach: Es bleibt nichts anderes übrig, als das Lastenheft, den Prototypen oder die Spezifikation so aufzubereiten, dass Sie mit Ihrem Entwicklungsteam in kleinen Schritten arbeiten können.

Tipp

Schreiben Sie bitte nicht selbst alle diese User Storys, auch nicht, wenn das Entwicklungsteam das von Ihnen erwarten sollte.[1] Diese User Storys schreiben Sie als Product Owner *gemeinsam* mit dem Entwicklungsteam. Konkret bedeutet das: Das gesamte Scrum-Team identifiziert, basierend auf dem Lastenheft, in einem oder zwei Workshops die zu entwickelnden User Storys. Dazu werden zunächst nach den Informationen des Lastenhefts die Personas erarbeitet und dann die dazugehörenden User Storys geschrieben. Meistens entsteht dabei gleichzeitig eine Vorstellung über die zu entwickelnden Business-Komponenten und die erste Idee des Lösungsdesigns.

Beim Umschreiben bzw. Herausarbeiten der Informationen wird Ihnen auffallen, dass das Lastenheft viele Lücken hat. In allen Workshops, die wir mit Kunden dazu machen, wird den Beteiligten beim Erarbeiten der Personas im Verbund mit den neuen User Storys klar, wie wenig tatsächliche Information in einem Lastenheft steckt. Oft wird überhaupt erst durch diese Arbeit deutlich, was der Kunde will.

Wir waren gerufen worden, um ein Projekt in eine Scrum-Produktentwicklung zu transformieren. Der Anforderungsmanager, der das Product Requirements Document (PRD) erstellt hatte, saß einige hundert Kilometer entfernt. Wir sahen uns gemeinsam mit dem Entwicklungsteam dieses PRD an und bemerkten schnell, dass wir für unser Teilprojekt/-produkt viel zu wenige Informationen hatten. Es war einfach voller Lücken und ich kann mir kein Team der Welt vorstellen, dass auf dieser Basis ein Produkt entwickeln hätte können. Nur konnten wir dem Produktmanager das nicht einfach so sagen.

---

[1] Auch nach über zehn Jahren Scrum kursiert noch immer das Gerücht, dass der Product Owner allein dafür zuständig sei, die User Storys zu schreiben. Dem ist nicht so!

Also gingen wir anders vor: Wir fragten den Anforderungsmanager, ob wir ihm das Prinzip der User Story erklären dürften. „Natürlich", sagte er. Nachdem wir die ersten Aspekte seines Produkts auf diese Weise beleuchtet hatten, erkannte er sehr schnell selbst, dass er viele Anforderungen völlig übersehen hatte. Er hatte das Produkt nicht aus der Sicht des Anwenders betrachtet, sondern nur aufgeschrieben, was ihm der Kunde diktiert hatte. Der Kunde selbst hatte aber wiederum gar nicht in Funktionalitäten gedacht, sondern wollte sich nur absichern. Er kannte die Rahmenbedingungen für seine Produkte: Diese standen in dem Lastenheft, nicht aber die Funktionalitäten, die das Produkt ausgemacht hätten.

Wenn Sie sich in einer ähnlichen Situation befinden, schreiben sie alle Ideen des Kunden aus dem Lastenheft in Form von User Storys auf und ergänzen Sie diese mit jenen User Storys, die Sie sich gemeinsam mit dem Entwicklungsteam überlegt haben. Der beschränkende Faktor sollte die Zeit sein, die Sie sich dafür nehmen, denn man kann es auch übertreiben. So brachten wir zum Beispiel einer Product Ownerin bei, wie sie User Storys schreiben sollte, um das Product Backlog vorzubereiten – wir wollten zwei Wochen später mit dem Scrum-Team starten. Sie war fleißig: In diesen zwei Wochen schrieb sie 300 User Storys. Nur zehn davon konnten wir tatsächlich gebrauchen.

Tipp

Setzen Sie sich ein zeitliches Limit, damit die Zahl der User Storys nicht ausufert! Ein Product Backlog sollte nicht mehr als 50 bis 70 User Storys, Themes und Epics umfassen.

■ 5.1 Projektphasen in der agilen Produktentwicklung

Natürlich gibt es auch in der agilen Produktentwicklung Projektphasen. Es wäre absurd zu behaupten, dass es nie so etwas wie einen Projektanfang oder einen Projektabschluss gibt. Allerdings unterscheiden sich die Projektphasen deutlich von jenen des traditionellen Projektmanagements. Die Projektphasen in der agilen Produktentwicklung sind eher mit der kontinuierlichen Beobachtung des Zugverkehrs vergleichbar. Auf der Strecke sind die Züge immer in Bewegung, allerdings ändert sich im Laufe der Zeit auch das Reise- und Pendleraufkommen. Man muss die Züge also anders oder zusätzliche Züge einsetzen oder ganze Strecken anlegen. Und das alles, während der Betrieb auf den anderen Strecken ebenfalls weiterlaufen muss. Es entsteht also ein kontinuierlicher Strom neuer Gleisanlagen und neuer Zugverbindungen, dabei werden Re-Kombinationen geschaffen, Abhängigkeiten aufgebaut und aufgelöst.

Dieses kontinuierliche Verändern hat nur dann einen „klassischen" Anfang, wenn ein Projektteam vollkommen neu zusammengestellt wird und dieses neue Projektteam an einem völlig neuen Produkt vollkommen ungestört arbeiten kann. Ich selbst konnte diese Ausgangssituation nur wenige Male beobachten. In solch einem Fall gibt es so etwas wie einen echten, eindeutigen Start des Projekts. In allen anderen Fällen gehen dem offiziellen Start eines Projekts meistens schon einige Vorarbeiten voraus.

Produktvision und Kontext

Am Anfang jedes Produkts steht die Überlegung, welches Produkt man denn überhaupt haben will und in welchem Kontext es sich bewegt. Zu Beginn muss der Product Owner also

- die Produktvision definieren und
- den Rahmen festlegen, in dem das Produkt bestehen muss.

In meiner Arbeit mit Projektteams, den Projektmanagern und Abteilungsleitern, die Scrum einführen wollen, beobachte ich immer wieder, dass die Verantwortlichen viel zu wenig Zeit, Arbeit und Leidenschaft in diese beiden Punkte investieren. Und nicht nur das: Sie machen sich auch keine Mühe, ihren Mitarbeitern die Produktvision zu erklären (so es eine gibt). Noch weniger Zeit fließt in die Beschäftigung mit den Rahmenbedingungen für das Produkt und so ist der Kontext, in dem das Produkt funktionieren soll, nicht allen klar genug.

Warum ist das so? Wäre es nicht logisch, gerade diese Fakten ordentlich zu klären? Ich denke, dass es am Anfang eines Projekts einfach nur ein Versäumnis ist. Trotz aller Handbücher zum Projektmanagement werden durch das tiefe Verhaftetsein im Tagesgeschäft diese visionären Aspekte übersehen oder als gegeben vorausgesetzt. Wenn man sich dann später noch einmal Gedanken darüber machen muss, weil es noch viele offenen Fragen zu klären gibt, ist diese Form von Transparenz unerwünscht. Es ist unangenehm, über Dinge nachzudenken, die schon längst hätten klar sein müssen. In diesen Augenblicken fällt nämlich auf, dass alle Beteiligten unter falschen Annahmen losgelaufen sind. Wenn nun die Fakten und Annahmen aufgeschrieben und damit transparent gemacht werden, ist das wie eine Coaching-Sitzung, bei der die unbeachteten – und manchmal bewusst ignorierten – Tatsachen offensichtlich werden. Wenn unmissverständlich klar wird, dass politisch festgesetzte Termine nicht halten werden und Projektbudgets einfach falsch sind, macht sich niemand Freunde, der diese Fakten offen auf den Tisch legt. Die Projektleitung kann dann nicht mehr so tun, als könne man das Projekt schon liefern. Die Kraft des Faktischen ist einfach zu stark.

Aber selbst bei Projekten, zu deren Anfang viel Wert darauf gelegt wurde, die Frage nach Vision, Kontext und Rahmen zu klären, das Wissen um diese Dinge während des Projekts manchmal verloren. Kein Wunder, denn häufig wechseln die Teilnehmer im Laufe des Projekts, oder das Projekt entwickelt eine Dynamik, die es in eine andere als die ursprünglich geplante Richtung lenkt. Ein oft schleichender Prozess, der zuerst nicht auffällt, aber später umso größere Schwierigkeiten bereitet. Ein anderer Faktor: Die Zulieferer werden mangelhaft informiert. Man lässt sie im Dunkeln tappen und bestellt bei ihnen Komponenten, ohne den Kontext zu erklären. Auch in diesem Fall kann der Lieferant nicht helfen, die eigenen Beschränkungen aufzulösen und auf falsche Annahmen hinzuweisen.

Das passiert natürlich nicht böswillig, sondern wird einfach vergessen oder für unwichtig erachtet. Immer wieder lernen wir Projektmanager kennen, die ihr Büro während des ganzen Tages nur für das Mittagessen verlassen. Sie verbarrikadieren sich nicht nur in ihren vier Wänden, sie reden auch nicht mit ihren Teams. Sie erklären den Menschen, die ein Produkt entwickeln sollen, nicht, warum das Projekt so und nicht anders laufen soll. Sie stiften keinen Sinn und keine Bedeutung. Möglicherweise sind sie darin nicht geübt, oder sie sehen es nicht als ihre Verantwortung, das Projekt zu leiten, sondern es zu verwalten. Ich kann sie sogar verstehen: Viele Projektmanager haben nur beschränkten Einfluss auf das, was zu entwickeln ist. Sie sind Verwalter der aktuellen Lage, Manager des Ist-Zustandes und sollen die Verantwortung für etwas übernehmen, worüber sie keine Kontrolle haben. Es ist verständlich, aber trotzdem nicht weniger fatal. So werden nie alle Projektbeteiligten an einem Strang ziehen. Ich habe Projekte mit 180 Teilnehmern erlebt und hatte dabei schnell das Gefühl: Hier hat so gut wie jeder Teilnehmer eine andere Vorstellung davon, was eigentlich entwickelt wird. Gerade in wirklich großen Projekten ist die Orientierung der Beteiligten die Hauptaufgabe der Führungsspitze.² Als Product Owner bleibt es Ihnen nicht erspart, sich die Zeit dafür zu nehmen, mit Ihrem Scrum-Team die Richtung zu erarbeiten – und wenn nötig mehr als einmal darüber zu sprechen.

 Seien Sie beruhigt: Orientierungsschwierigkeiten sind kein Spezifikum großer Projekte. Ähnliches erlebe ich selbst in meinem eigenen kleinen Unternehmen. In regelmäßigen Abständen fragt mich mein Team, welche Vision unser Unternehmen eigentlich hat. Für mich ist diese Frage immer wieder aufs Neue wie eine kalte Dusche. Wie kann es passieren, dass ich so oft erklären muss, warum es Boris Gloger Consulting gibt? Ich erkläre es beim Einstellungsgespräch, ich erkläre es immer mal wieder am Abend beim gemeinsamen Bier. Und trotzdem scheint das nicht zu genügen. Eine Erklärung, die ich dafür gefunden habe: Das Tagesgeschäft ist etwas anderes als die Vision. Eine Vision ist noch nicht real. Die Menschen im Unternehmen arbeiten auf diesen Traum hin und machen gleichzeitig im Alltag völlig konträre Erfahrungen, manchmal müssen sie regelrechte Rückschläge hinnehmen. Die Unternehmen, in denen wir als Consultants arbeiten, sind ja noch nicht agil – sie machen sich gerade erst auf den Weg. Daher müssen wir uns immer wieder ins Gedächtnis rufen, warum und wie wir diese Unternehmen verändern wollen.

Der Management-Framework Scrum selbst bietet dem Product Owner keine Hilfestellung beim Erstellen und Formulieren einer Produktvision. Auch was Rahmenbedingungen sind, dass man diese aufschreiben und kommunizieren kann und *wie* man die ein-

---

² Der Film „Moneyball – Die Kunst zu gewinnen" zeigt ganz wunderbar, wie eine Führungskraft – in diesem Fall ein Baseball-Trainer – für ein Team Bedeutung schaffen kann.

mal gefundene Vision sinnvoll an Teams, Kunden, Management und andere Stakeholder vermittelt – dazu trifft Scrum keine Aussage. Daher ist es unsere Aufgabe, diese Lücke anhand der Ideen aus anderen Bereichen zu schließen.

Beginnen wir also mit der Erarbeitung der Produktvision und der Rahmenbedingungen. Sie gliedert sich aus meiner Sicht in zwei Phasen:

1. Exploration
2. Implementierung

■ 5.2 Exploration

In der Exploration arbeiten alle Projektbeteiligten aus, worum es bei einem Projekt eigentlich geht. Dabei kann ein klar definierter Ablauf verfolgt werden – ich empfehle dafür die Ideen des Design Thinkings. Dadurch erhält das Scrum-Team möglichst viele Informationen zum Produkt und zu den dazugehörenden Rahmenbedingungen. Eine wichtige Voraussetzung ist aber das Commitment aller Beteiligten zum Projekt. In der agilen Welt ist das Wort „Commitment" leider etwas verbrannt und wird von vielen Scrum-Teams mittlerweile vermieden. Es beschreibt meiner Meinung nach aber sehr genau, worum es dem Product Owner und dem Management gehen sollte: Es ist notwendig, in Erfahrung zu bringen, warum die Beteiligten bei einem Projekt mitmachen wollen. Was muss dieses Projekt mitbringen, damit es für diese Menschen interessant, bereichernd und schlussendlich gewinnbringend ist? Nur wenn sie für sich einen wesentlichen Sinn erkennen, werden sie ihre Zeit in das Projekt investieren und bereit sein, manchmal ein paar Schritte weiter als nötig zu gehen. Mir ist bewusst, dass dieser Gedankengang für viele im Projektalltag ungewöhnlich, möglicherweise sogar absurd ist. In der Regel wird man nicht gefragt, ob man bei einem Projekt mitmachen will. Man wird auch nicht gefragt, was man sich persönlich davon erwartet. Aber agil zu arbeiten bedeutet, die Bedingungen vom Start weg zu optimieren. Dazu gehört auch das Hinterfragen der eigenen Motivation in einem Projekt.

Darüber hinaus dient die Exploration aber auch der Entscheidung, ob ein Projekt tatsächlich eine Zukunft hat. Also muss diese Phase unter anderem dafür genutzt werden, einen Prototypen zu erstellen, den man dem End-Anwender präsentieren kann. Nur auf diese Weise können ein Product Owner und sein Team herausfinden, ob das neue Produkt am Markt ankommen wird und sich weitere Investitionen lohnen.

Im Mittelpunkt der Exploration steht also die Frage: „Welches Produkt sollen wir überhaupt erzeugen?" Diese visionäre Frage müssen die Projektteilnehmer – allen voran das Scrum-Team – so schnell wie möglich beim Start des Projekts beantworten. Folgende Fragen können als Ausgangspunkte dienen:

- Worum geht es überhaupt?
- Was ist der Sinn, das „Warum", hinter dem Produkt?
- Inwieweit verändert dieses Produkt die Welt?

- Worin unterscheidet sich dieses Produkt von anderen, ähnlichen Produkten am Markt?
- Welches Bedürfnis, welchen Nutzen, adressieren wir mit diesem Produkt?

Bleiben wir realistisch: Es gibt in jedem Projekt einen internen oder externen Auftraggeber, der bereits eine grundsätzliche Idee zu einem Produkt hat. Dabei gibt es die unterschiedlichsten Granularitätsstufen: Manchmal sind die Vorstellungen des Auftraggebers schon bis ins Detail ausgefeilt und es gibt sogar schon Prototypen, bis hin zu jenen Auftraggebern, die mit Ideenbruchstücken an den Dienstleister herantreten und noch gar nicht so genau wissen, was sie eigentlich wollen. Bei beiden Extremen und allen Abstufungen dazwischen will man aber schon im Vorhinein wissen, wie das Budget für diesen Auftrag aussieht. Daher wurden in den meisten Organisationen Prozesse entworfen, die ungefähr so aussehen:

- Es gibt eine Idee, die einer Entscheidungsinstanz vorgestellt wird.
- Diese Instanz beschließt, ob das Produkt eine Chance bekommt (in Bild 5.1 ist das der Zeitpunkt P1). Oft muss bereits zum Zeitpunkt P1 ungefähr klar sein, was dieses Produkt kosten könnte. Allerdings ist man hier großzügig und lässt sehr ungenaue Schätzungen zu.
- Gibt die Entscheidungsinstanz dem Projekt eine Chance, wird der Auftrag erteilt, herauszuarbeiten, wie das Produkt konkret aussehen soll und was das Projekt kosten wird. Die Qualitätsforderung an die Kostenschätzung ist meistens so hoch, dass man sie nur mit großen Anstrengungen erreichen kann.
- Mit den vermeintlich sehr genauen Schätzungen geht das Projektteam in die nächste Entscheidungsrunde und stellt das Projektvorhaben noch einmal vor (in Bild 5.1 zu sehen am Punkt P2). Bis zu diesem Zeitpunkt wurde noch nichts produziert, obwohl von Ingenieuren, Designern, Softwareentwicklern, Managern und Kunden bereits sehr viel Arbeit in Konzepte, Überlegungen und Ideen investiert wurde. Interessanterweise aber nicht mit der Gewissheit, dass dieses Projekt tatsächlich durchgeführt wird.

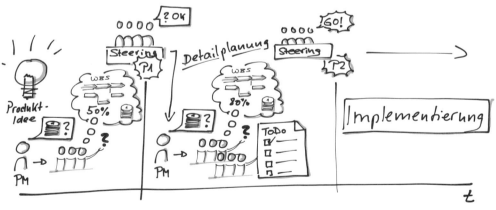

Bild 5.1 Die Projektbewilligungsphase

Die in diesem Verfahren eingebaute latente Unsicherheit bringt die Mitarbeiter dazu, sich zu überlegen, wie sie das Produkt bei der Entscheidungsinstanz präsentieren müssen, damit es durchgeht. Es steckt ja nicht nur bereits Geld in den ganzen Vorarbeiten, sondern auch die Zeit und das Engagement der Ausführenden (oder zumindest eines Teils davon). Diese Menschen sind nun im wahrsten Sinne des Wortes ohnmächtig, denn sie sind einer Instanz ausgeliefert, die anhand unbekannter Kriterien entscheidet, ob das Projekt genehmigt wird. Ich selbst habe in der Praxis noch keine Organisation erlebt, die ihre Entscheidungskriterien für die Bewilligung eines Projekts offengelegt hätte. Also wissen die Mitarbeiter gar nicht, worauf sie achten müssen und welche Anforderungen das Projektergebnis erfüllen muss, damit es tatsächlich umgesetzt wird.

Angenommen, das Projekt wird genehmigt. Die Implementierung des Projekts startet, doch was passiert jetzt? Meistens werden andere Personen mit der Durchführung betraut. Nicht jene, die sich bis zu diesem Zeitpunkt mit der Produktidee befasst haben. Manche Unternehmen legen das Projekt nun gänzlich in die Hände eines anderen Projektleiters, weil es um die Durchführung geht. Der Projektleiter baut also sein Implementierungsteam auf und beginnt mit der Arbeit. Dieser Handover kostet nicht nur Zeit – er ist vor allem ein Rückschritt, der das bisher erworbene Wissen des Projektteams mit einem Schlag vernichtet. Das neue Team muss sich alles noch einmal überlegen, es muss die Problemlage noch einmal verstehen, und ganz abgesehen davon muss das neue Team wieder erst in die Aufgabenstellung hineinwachsen, manchmal sogar erst „zusammenwachsen". Das Implementierungsteam ist nur das ausführende Organ einer Projektidee, die andere Menschen gedacht haben. Bei der Identifikation mit Ziel und Zweck ist das problematisch. Dazu kommt, dass der Zwang, das Produkt Wirklichkeit werden zu lassen, eine gänzlich andere und intensivere Auseinandersetzung mit der Materie erfordert. Es ist kaum zu verhindern, dass während der Laufzeit des Projekts zu den ursprünglichen Ideen neue Ideen dazukommen – oder man kommt überhaupt zur Erkenntnis, dass andere Aspekte des Produkts wichtiger werden als zunächst angenommen. Und plötzlich steht man vor dem Problem, dass man mit den Änderungen wieder zu den Entscheidern gehen muss. Denn die haben ja ein ganz anderes Produkt in Auftrag gegeben, als es sich nun vor dem Projektteam entfaltet.

Konsequenz des gerade beschriebenen Verfahrens sind lange Vorbereitungsphasen und viele Änderungsanträge während der Laufzeit des Projekts. Vor allem führt es aber zu einer paradoxen Situation: Ursprünglich wurden diese Prozesse entwickelt, damit alle in der Organisation wissen, was das Projekt liefern wird und wann es zu welchen Kosten fertig sein wird. Will man aber Aspekte berücksichtigen, die sich erst während der Laufzeit offenbaren oder erst später erkannt werden, kann das angestrebte Ergebnis nicht mehr gehalten werden. Und damit ist auch der angestrebte Vorteil dieses Prozesses dahin.

Neuere – in Wahrheit aber ältere – Ansätze in der Produktentwicklung, Produkte projektartig zu entwickeln, legen dem Entwicklungsprozess eines Produkts ein Bootstrapping-Verfahren zugrunde: *Das Produkt muss durch die gelieferten Produktteile beweisen, dass es wert ist, weiterentwickelt zu werden.* Bootstrapping-Verfahren sind darauf angewiesen, aus sich heraus „Gewinne" (nicht zwangsläufig finanzielle Gewinne) zu erzeugen, die das Weiterbestehen sichern. Dazu muss ständig etwas erzeugt werden (inkrementell), das ermöglicht, den nächsten Schritt zu gehen (iterativ).

Neben der iterativen und inkrementellen Vorgehensweise gibt es darüber hinaus zwei weitere Aspekte, die in modernen Produktentwicklungsverfahren wesentlich sind:

1. **Kunden-/Anwenderbeobachtung:** Statt den Kunden nach seinen Anforderungen zu fragen, beobachtet das Scrum-Team den Anwender, um herauszufinden, was dieser braucht. Die Teammitglieder erforschen seine Bedürfnisse und seine Probleme im Alltag mit einem existierenden Produkt. Das funktioniert nicht mit Desktop-Research im Büro. Das Team sucht den direkten Kontakt zum Anwender, diskutiert mit ihm und beobachtet ihn in seinem Kontext – wie arbeitet und lebt er?
2. **Produktdesign:** Basierend auf den Beobachtungen aus Schritt 1 werden Ideen entwickelt, diskutiert, verworfen, verfeinert. Es werden also nicht einfach nur die Wünsche des Kunden umgesetzt, sondern es wird ein Produkt auf Grundlage von Erkenntnissen konzipiert – „designed".

Mehr und mehr Scrum-Teams verfolgen diesen neuen Ansatz. Sie schwärmen aus, um gemeinsam Lösungen für den Kunden zu erarbeiten. Auf diese Weise bekommt der Kunde ein Produkt, das aus der Sicht des Anwenders gedacht und entworfen ist und so die bestehenden Bedürfnisse besser adressiert als die Produkte davor. Es hat natürlich auch für die Scrum-Teams einen eklatanten Vorteil: Sie lernen erstens den Kunden und zweitens den Anwender direkt kennen und beginnen dadurch besser zu verstehen, welchen Sinn ihre Arbeit eigentlich hat. So entwickeln sie sich zu Spezialisten in einer Domain und entwickeln dafür Lösungen, die ganz anders sein können, als sie der Auftraggeber ursprünglich gedacht hat.

Wozu diese umfangreiche Exploration? Die Exploration dient dem Entwicklungsteam, dem Product Owner, dem Management – kurz, allen Stakeholdern –, um

- die unterschiedlichen Anwender des Produkts kennenzulernen und zu verstehen.
- die Bedürfnisse des Anwenders in Bezug auf das Produkt zu erkennen und zu verstehen.
- die eigentliche Herausforderung richtig einzuschätzen, die der Anwender mit dem Produkt in seinem Alltag bewältigen muss.
- Lösungen bis zu einem Stadium zu entwickeln, die das Scrum-Team nicht nur am Papier vorstellt, sondern die der Anwender bereits ausprobieren kann.
- die bereits erarbeiteten Produktinkremente sofort wieder mit dem Anwender zu diskutieren und diese Gespräche als Quelle für neue Produktideen zu nutzen.

Dazu müssen alle Beteiligten durch einen klar definierten Prozess geführt werden. Abhängig davon, worum es im Projekt geht, wird das Scrum-Team zu Beginn darüber entscheiden, wie lange die Exploration dauern sollte. Die zeitliche Beschränkung ist nötig, um den chaotischen Prozess des Nachdenkens zu strukturieren. Außerdem geht es bei der Produktentwicklung nicht darum, auf Anhieb die beste Lösung aller Zeiten zu finden, sondern eine Lösung, die *jetzt* für den Anwender funktioniert.

Innerhalb dieser zeitlichen Beschränkung kann die Exploration wiederum mit zwei Ansätzen gestaltet werden:

1. Design Thinking
2. Scrum

Beiden Ansätzen ist eines gemeinsam: Sie lassen Komplexität von Anfang an zu, statt sie durch voreilige Entscheidungen abzuwürgen. Sie laden dazu ein, alle Elemente miteinander agieren zulassen. Sie inkludieren, statt exkludieren. Diese Komplexität wird dadurch gemanagt, dass alle Beteiligten von Anfang an mit im Boot sind und indem die Projektleitung für das Arbeiten Prozese nutzt, die sprunghaft und zirkulär sein dürfen. Dafür braucht man Moderationsverfahren für Großgruppen und Arbeitsweisen, mit denen sich viele Menschen involvieren lassen. Solche Verfahren werden zum Beispiel in Organisationen eingesetzt, die mit vielen Freiwilligen arbeiten. Drei Methoden möchte ich besonders hervorheben.

- **Open Space Technologie.** Die Grundidee des Open Space ist wirklich einfach: Sie bringen Menschen zusammen, lassen sie zusammen arbeiten, jede und jeder, die oder der im Open Space mitmacht, ist beteiligt. Der Open Space ist eine Idee von Harrison Owen: Bei vielen großen Konferenzen, die er organisiert hatte, bekam er die Rückmeldung, dass die Konferenz ganz hervorragend sei – aber das wirklich Spannende seien die Gespräche in den Kaffeepausen. Er schreibt selbst: „This was a shock because we had spent basically a year organizing everything, and yet the truly delicious stuff took place only in the parts we didn't organize." (Owen 2008) Es gibt ein übergeordnetes Thema, aber darüber hinaus keine weiteren vorgegebenen Einzelthemen. Innerhalb dieses Rahmens kann jede und jeder ein eigenes Anliegen einbringen. Das können fachliche Fragen, aber genauso persönliche Angelegenheiten wie etwa Konflikte sein. Im Grunde ist es wie ein Marktplatz: Zu Beginn des Open Space sitzen alle Teilnehmer im Kreis und haben die Möglichkeit, das Thema aufzuschreiben und kurz vorzustellen, an dem sie arbeiten möchten. Die eingereichten Themen werden auf einem Themen-Raum-Plan (quasi die „Agenda") eingetragen, damit alle Teilnehmenden sich einen Überblick verschaffen können – und dann entscheiden sie, wobei sie mitmachen und mitdiskutieren wollen. Sie können jederzeit die Sessions wechseln oder – wenn sie nicht mehr mitmachen wollen – sich auch zurückziehen, um die anderen nicht zu stören.

Eine solche Struktur funktioniert nur mit bestimmten Prinzipien. Das grundlegende Gesetz des Open Space ist **das Gesetz der zwei Füße:** Jeder Teilnehmer ist für sich selbst verantwortlich und entscheidet daher auch selbst, ob er in einer Session bleiben oder gehen will. Vielleicht will jemand an gar keiner Session teilnehmen – auch in Ordnung. Für den Ablauf selbst gibt es vier Prinzipien:

- Wer auch immer kommt, es sind die richtigen Personen.
- Was auch immer passiert, es ist das Richtige.
- Wann auch immer es beginnt, es ist die richtige Zeit.
- Wenn es zu Ende ist, ist es zu Ende.

Für den Host eines Themas ist vor allem die Einsicht wichtig: Die Menschen, die nicht kommen, respektieren die Energie des Hosts. Denn wer an einer Stelle nicht sein will, wird dort auch nicht sonderlich produktiv sein. Das Tolle am Open Space ist, dass auf diese Weise Menschen zusammenfinden, die ein bestimmtes Thema wirklich vorwärts bringen wollen – anstatt, wie sonst üblich, in Teams zusammengezwungen zu werden. Das erzeugt eine viel positivere Energie und den Drive, etwas auch umsetzen zu wollen.

- **World Café Settings.** Bei dieser Vorgehensweise sollen so viele Teilnehmer wie möglich zu Wort und vor allem miteinander ins Gespräch kommen. Je nach Teilnehmerzahl sollten in einem Raum genügend Tische vorhanden sein, damit an jedem Tisch zwischen vier und acht Personen Platz haben, pro Tisch gibt es einen Moderator. Die Tische selbst sind mit Papier ausgelegt, genügend Stifte und Marker liegen bereit. Im Laufe des World Cafés werden verschiedene Fragestellungen bearbeitet, dabei wechseln aber nach etwa 15 Minuten die Gesprächsrunden. Nur der jeweils zuständige Moderator bleibt bei „seinem" Tisch und fasst die bisherigen Ergebnisse für die neuen Gesprächsteilnehmer zusammen. Als Abschluss werden die Ergebnisse im Plenum vorgestellt.
- **Dynamic Facilitation.** Für mich ist Dynamic Facilitation einer der größten Paradigmenwechsel in der Geschichte der Moderation. Meines Wissens ist es der erste „Un-Prozess", der darauf abzielt, nicht den Prozess des Workshops zu managen und die Agenda linear abzuarbeiten, sondern eine Form des Zuhörens zu etablieren, den „Choice-Creation-Prozess". Dieser führt dazu, dass sich die Gruppe in ihrem Denken selbst reflektiert, auf diese Weise aus dem eigenen Denken ausbrechen kann und für unlösbare Fragen zu neuen Erkenntnissen gelangt. Auf den Punkt gebracht: *Gespräche* werden moderiert und nicht der Prozess. Die Hauptaufgabe des Moderators in diesem Prozess ist es, zu hören und wiederzugeben, was gesagt wurde. Vor allem soll die Energie jedes Einzelnen genutzt werden: Diese ist emotional begründet und daher nimmt der Moderator die Emotionen der Teilnehmer wahr und arbeitet *mit* Ihnen, statt sie mit einem starren Prozess zu unterdrücken. Das ist meiner Meinung nach der grundlegende Unterschied zu anderen Moderationsansätzen: Emotionen sind als wichtigstes Element zugelassen und explizit gewünscht. Der Moderator ist dabei nicht – so wie bei anderen Ansätzen – das begleitende, sondern das zentrale Element der im Halbkreis vor den Flipcharts sitzenden Teilnehmer. Sie reden mit *ihm*, sie hören den Gesprächen zu, die die anderen mit dem Moderator führen, aber sie reden nicht miteinander oder gehen miteinander in den Dialog. Immer wieder sorgt der Moderator dafür, dass nur mit ihm gesprochen wird. Gleichzeitig reflektiert er das Gesagte für alle im Raum auf zwei Arten:
  - Er wiederholt die Kernaussage des Sprechers und
  - schreibt sie auf vorbereitete Flipcharts (unter den Titeln: Herausforderungen, Lösungen oder kreative Beiträge, Bedenken, Informationen/Sichtweisen).

Dieses vom Moderator geführte Gespräch hat also die Aufgabe, sowohl „Herz" als auch „Verstand" eine Stimme zu geben. Entscheidend ist, dass diese Form des Gesprächs uns verändert:

> *„Im Grunde geht es beim Choice-Creating um eine Veränderung unseres Bewusstseins (und unseres Gesprächs!) in Bezug auf das Problem, dem wir auf den Grund gehen wollen. Während wir das tun, ändert sich das Problem, wir ändern uns und neue kreative Möglichkeiten werden geboren."* (Zubizarreta 2013, Übersetzung von Matthias zur Bonsen)

Für mich war die Begegnung mit der Dynamic Facilitation ein typischer Aha-Moment. Wenn jemand etwas sagen will, dann bittet man ihn ganz einfach, alles zu sagen, was er denkt und dabei vor allem auch zu sagen, wie er es machen würde. (Hier wird also aktiv darauf hingearbeitet, dass jeder „mit Intention" spricht.) Das geht so weit, dass der Moderator Fragen stellt wie: „Wenn Sie der Chef der Firma wären, wenn Sie alles machen könnten, was Sie wollten: Was wäre Ihre Lösung, was würden Sie tun?"

Was ist daran neu? Die Aufgabe des Moderators folgt nicht den traditionellen aristotelischen drei Akten „Einleitung, Mittelteil und Schluss". Der Prozess wird offen gehalten, Sprünge und Untiefen zugelassen und gefördert. Dazu ist es nötig, einfach keinerlei Versuch zu starten „zu einer Lösung kommen zu wollen", sondern im Choice-Creating-Prozess zu bleiben und auf diese Weise die „We-Flection", also das sich Spiegeln der Gruppe im Gespräch, zu unterstützen.

Diese drei Vorgehensweisen zeigen, dass es grundsätzlich möglich ist, die Komplexität in Projektteams zu erhalten und kollektiv zu Lösungen zu gelangen. Wesentlich daran ist, dass ein Rahmen entsteht, in dem sich alle Beteiligten

1. freiwillig,
2. couragiert und
3. mit aller Offenheit einbringen können.

Damit wird eine wichtige Voraussetzung für gelungene Projektarbeit geschaffen: Das Management muss Scrum-Teams aus „Freiwilligen" zusammenstellen. „Freiwillig" meine ich hier nicht im wörtlichen Sinne, vielmehr geht es um eine gewisse Leidenschaft für das Projekt. Setzt sich ein Scrum-Team so zusammen, kann ein Raum entstehen, in dem sich jeder mit seinen Ideen vollständig und angstfrei einbringen kann.

Was Sie mit alledem womöglich (noch) nicht erreichen werden: eine Gemeinschaft. Damit sich eine starke Projekt-Community bilden kann, muss erst das Bewusstsein für diese Gemeinschaft geschaffen werden – sie muss spürbar werden. Menschen wollen sich in einer Gemeinschaft einbringen, das ist eine anthropologische Konstante. Der Product Owner kann das gemeinsam mit dem ScrumMaster nutzen: Sinn zu vermitteln ist die Aufgabe des Product Owners, der ScrumMaster hingegen sorgt für allgemein verbindliche Regeln, an die sich jedes Mitglied des Scrum-Teams hält. Möglicherweise müssen diese Regeln der Zusammenarbeit immer wieder besprochen werden, aber sie sind transparent und können daher auch von allen verstanden und überdacht werden. Darüber hinaus gibt es aber auch die ganz „einfachen" Wege, Verbundenheit zu schaffen. Tun Sie einfach das, was Sie auch privat mit Freunden tun: Gehen Sie gemeinsam ins Kino, der ScrumMaster organisiert Geburtstagsfeiern für die einzelnen Teammitglieder und würdigt damit ihre Leistung – all die vielen kleinen Dinge, die das Zusammenleben wertvoller machen, funktionieren auch in einem Projektumfeld.

Wie sieht der Ablauf der Exploration konkret aus?

Bild 5.2 zeigt die einzelnen Schritte der jeweiligen Phasen innerhalb der Exploration.

Die Projekt-Exploration teile ich in fünf Unterphasen ein, die ich in Anlehnung an das Design Thinking so nennen möchte:

- Discovery-Phase
- Interpretation-Phase
- Ideation-Phase

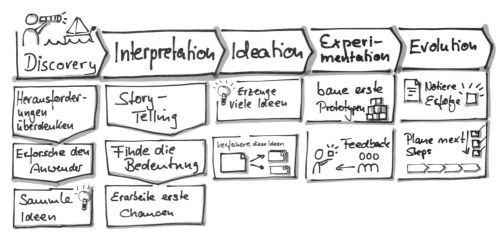

Bild 5.2 Ablauf der Exploration

- Experimentation-Phase
- Evolution-Phase

Bevor es in die einzelnen Phasen geht, noch einmal zur Erinnerung: Im Mittelpunkt der Exploration steht die Frage, was ein Product Owner mit seinem Team dem Kunden liefern will. Daher erarbeitet er die Produktvision, baut mit dem Team das dazugehörige Product Backlog auf und liefert bei einem völlig neuen Produkt einen Prototypen, um auf günstige Weise herauszufinden, ob die Ideen funktionieren können.

5.2.1 Discovery-Phase

Mit Hilfe der Discovery-Phase innerhalb der Exploration sollen alle Beteiligten auf den gleichen Wissensstand gehoben werden: Worum geht es und welches Problem des Kunden wollen wir lösen? Vor allen anderen Schritten machen wir uns daher auf die Suche nach der eigentlichen Herausforderung – dem Grundproblem des Anwenders. Im Idealfall ist die Herausforderung, der sich ein Product Owner mit seinem Team stellt, auch das Problem des Kunden, das gelöst werden soll. Es ist aber nicht immer so. Manchmal drängt sich die Fragestellung einfach so auf, ein anderes Mal kann es sein, dass mit einem Projekt noch einmal von vorne begonnen werden muss, weil es seinen Kurs verloren hat und sich in Schieflage befindet. Die Herausforderung kann eine gewaltige Fragestellung sein und die Produktvision ist also nur *eine* mögliche Lösung. Die Produktvision ist aber immer eine Antwort auf die Herausforderungen, die zu lösen sind.

Ein Beispiel
- **Herausforderung:** Krankenpflegerinnen und Krankenpfleger in Altersheimen bekommen im Laufe der Zeit häufig massive Probleme mit den Bandscheiben.

- **Produktvision:** Ein Hebekran hievt schwere Personen in die Badewanne oder in das Bett. Eine andere Produktvision wäre zum Beispiel ein Fitnessprogramm für das Pflegepersonal. Wieder eine andere Vision wäre es, Badewannen so zu bauen, dass schwere Patienten ebenerdig in die Wanne steigen können.

Sie sehen: Die Herausforderung ist nicht identisch mit der Produktvision.

Das Team ist im obigen Kontext bereits zusammengestellt, das Team ist formiert. In den nächsten Tagen wird dieses neu formierte Team herausfinden, ob es alle notwendigen Informationen und Skills hat. Es ist im Idealfall ein multidisziplinäres und cross-funktionales Scrum-Team (oder Produktentwicklungsteam), besetzt mit Vertretern aller Bereiche, die von diesem Projekt berührt werden: interne Fachabteilungen, externe Dienstleister, Entwicklungsteam, möglichst Vertreter aus dem Management, der umgebenden Teams etc. Oft ist es aber gar nicht notwendig, schon am Anfang – wenn es also die Herausforderung noch zu suchen gilt – das gesamte spätere Produktentwicklungsteam zusammenzustellen. Noch ist ja nicht wirklich klar, was entwickelt werden soll. Das kennen Sie sicher auch aus Ihrem Projektalltag: Die ersten Ideen werden immer von wenigen zusammengetragen. Meist sind das die Manager, Teamleiter, externe Spezialisten oder die Erfahrensten im Unternehmen. Doch wir wollen einen anderen Weg gehen: In diesem Fall setzen wir ein „Pilotteam" auf (Bild 5.3). Als Regel gilt: Es sollte ein Querschnitt durch die beteiligten Abteilungen, Gruppen und Interessenlager sein. Natürlich ist es oft der Fall, dass ein Pilotteam zu groß wäre, wäre tatsächlich aus jeder Abteilung ein Vertreter dabei. Daher können manche Bereiche auch von anderen Bereichen mit vertreten werden. Solange das für alle Seiten in Ordnung ist, ist das keine grobe Fahrlässigkeit.

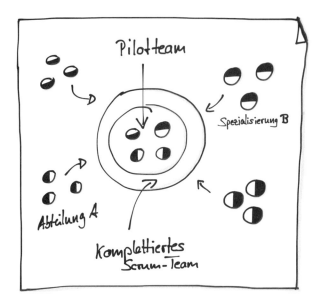

Bild 5.3
Zusammensetzung des Pilotteams

Im Idealfall bleibt dieses Pilotteam auch nach der Projekt-Exploration zusammen und bildet den Kern des später zusammengestellten Projekt-Scrum-Teams, denn es würde wenig Sinn machen, dieses Team aufzubauen und dann wieder aufzulösen. In der Praxis passiert oft genau das Gegenteil: Die wirklichen Spezialisten, die besten Mitarbeiter des Unternehmens, werden in ein sogenanntes „Pilotteam" berufen und werden danach – verständlicherweise – wieder an anderen Stellen gebraucht. Das Wissen, das sich dieses Pilotteam erarbeitet hat, geht damit wieder verloren.

In den meisten Unternehmen ist ein Pilotteam, wie ich es skizziert habe, selbst für die Anfangsphase nicht vorhanden. Weil es zu einem Zeitpunkt mehrere Projekte gibt oder aus anderen Gründen, ist es oft nicht möglich, Mitarbeiter einfach zusammenzuziehen und mit ihnen fokussiert ein einziges Projekt voranzubringen.

Für die meisten Scrum-Teams ist der Ausgangspunkt ein irgendwie zusammengewürfeltes Projektteam, das sich erst zu einem Scrum-Team hin transformieren muss. Es ist die Aufgabe des ScrumMasters, diese Transition zu ermöglichen. Neben der Einführung von Scrum bedeutet das für den ScrumMaster, dass er sich gemeinsam mit dem Product Owner darüber Gedanken machen muss, ob das derzeitige Projektteam das richtige ist, oder ob es noch einmal verändert werden muss.

Dazu ein Praxisbeispiel:

In einem Projekt sollten wir den ScrumMaster stellen, um die Produktivität zu steigern. Nach wenigen Tagen stellte sich heraus, dass das Scrum-Team zwar hoch motiviert war, doch leider einige Teammitglieder vollkommen an den Rand des Zusammenbruchs geraten waren. Die Ursache dafür war: Dieses Team hatte schlicht nicht genügend Erfahrungen und technische Skills, um das neue Problem lösen zu können, an dem es nun schon seit Monaten saß. Unsere Aufgabe war es, dem Team durch diese Phase zu helfen, indem wir für die Möglichkeit sorgten, zusätzliche erfahrene Mitarbeiter ins Team zu holen.

Der Product Owner steht also vor der Aufgabe, dieses erste (Pilot-)Team so klein wie möglich zu halten und dennoch den gesamten Projektkontext abzudecken. Haben Sie aber keine Angst vor Komplexität: Wenn das Team aus 20 Personen bestehen muss, weil es so viele Aspekte zu berücksichtigen gilt, dann ist es so. Dieses Scrum-Team braucht dann gute und erfahrene ScrumMaster, die mit dieser Gruppengröße arbeiten können. Prinzipiell ist das aber mit den entsprechenden Moderationsverfahren machbar.

Planen Sie etwas Zeit für das Teambuilding ein, wenn Sie das erste Produktentwicklungsteam zusammengestellt haben. Geben Sie Ihrem neuen Team Zeit, sich zu finden. Beraumen Sie dafür am besten einen ganzen Tag an – diese Investition in das Teambuilding ist zwingend notwendig und wird sich bezahlt machen. An diesem Tag wird natürlich über die eigentliche Herausforderung gesprochen, damit verbunden ist aber auch die Frage, ob alle, die im Team sind, auch wirklich im Team sein wollen.

Erfolgreiche Scrum-Teams zeichnen sich unter anderem dadurch aus, dass die Menschen im Team mitarbeiten, weil sie *wollen* und ein leidenschaftliches Interesse an diesem einen Produkt haben – nicht weil sie müssen. Lassen Sie das Team also an diesem Findungstag gemeinsam etwas erarbeiten – entwickeln Sie gemeinsam erste Ideen und Konzepte. Tabelle 5.1 zeigt die mögliche Agenda für einen solchen Tag. Diese Agenda ist nur ein Beispiel und ist nicht vollständig, sondern muss in den Details natürlich Ihren spezifischen Erfordernissen angepasst werden.

Tabelle 5.1 Mögliche Agenda für einen Findungstag

Zeit	Maßnahme	Kommentar
9.00 – 9.30	**Kennenlernen** Zum Beispiel durch den Dialog in der Runde oder in Gruppen à 3 Personen. Bei der zweiten Variante wechseln die Gruppen iterativ – 6 × 5 Minuten.	
9.30 – 10.00	**Der Product Owner stellt die Produktidee vor**	Diese Produktidee wirkt wie eine Impfung. Sie kann zu heftigen Gegenreaktionen führen. Keine Angst, das ist gewollt: So erkennen Sie, wie leidenschaftlich Ihre Gruppe ist und wo die eigentliche Herausforderung liegt.
10.00 – 11.00	**Kleingruppenarbeit** In möglichst gemischten Kleingruppen stellen sich alle die Frage, ob die Herausforderung verstanden wurde. Die Teilnehmer versuchen, die Herausforderung für sich neu zu formulieren. Anschließend werden die Ergebnisse miteinander besprochen. • 30 Minuten in der Kleingruppe • Jede Gruppe bereitet Flipcharts vor und präsentiert ihre Ergebnisse	Es geht bei diesem Agendapunkt nicht darum, herauszufinden, ob alle das gleiche Verständnis haben. Es sollen möglichst unterschiedliche Sichtweisen auf die Herausforderung entwickelt werden. Der Facilitator hat die Aufgabe, die Lösungskreativität der Teams anzuregen. Im Plenum sorgt er dafür, dass die Teilnehmer ihre Lösungen ohne scharfe Kritik präsentieren können. An erster Stelle steht das Zuhören und Verstehen. Voreilige Kritik kann einen Ansatz im Keim ersticken, auf dem weitere Ideen aufbauen könnten.
11.00 – 12.00	**Neuformulierung des Problems** In dieser Stunde bekommt das Team die Chance, das Problem (die Herausforderungen) so kreativ wie möglich darzustellen. Die Kleingruppen aus der vorangegangenen Stunde führen ihre Ideen zusammen und schaffen eine neue Sichtweise auf das Problem. Am Ende der Stunde sollten alle das gleiche Bild haben.	Die Neuformulierung durch die andersartige Darstellung zwingt die Teilnehmer, die Details der Herausforderung zu verstehen. Dabei bleibt es nicht aus, dass mögliche Lösungsideen entstehen. Das ist gut so – sie dürfen nicht unterdrückt werden, sondern sollten als Impuls für die nächsten Ideen betrachtet werden.

Zeit	Maßnahme	Kommentar
12.00–13.30	**Ausgiebiges Mittagessen** Lassen Sie die Gespräche zu und versuchen Sie rauszuhören, ob über die Sache oder über den nächsten Urlaub gesprochen wird. Ist der Urlaub das zentrale Thema? Dann fehlt möglicherweise die Leidenschaft für die Herausforderung.	Dieser informelle Teil ist das zentrale Element des Tages. Gemeinsames Essen lässt neue Beziehungen entstehen und die Menschen im Team lernen sich besser kennen.
13.30–15.00	**Kontextanalyse** Ist die Herausforderung fürs Erste gefunden, werden alle Beteiligten identifiziert. Das ist zunächst einmal das Projektteam selbst, aber wie sieht es mit anderen Fachabteilungen, Management, Lieferanten und Käufern aus? In welchem Kontext bewegt sich das Team also? Dazu werden wieder Kleingruppen gebildet, die einander im Anschluss ihre Überlegungen vorstellen.	Der Kontext hat unmittelbaren Einfluss auf den Erfolg eines Projekts, wird aber häufig übersehen. Das Projektteam soll sich bei der Analyse deutlich vor Augen führen, wie komplex (nicht wie schwierig) die Produktentwicklung sein wird.
15.00–17.00	**Ausblick** Wie geht es nach dem Workshop weiter? Ein vorläufiger Projektplan entsteht, erste Aufgaben werden klar.	Die Aufgaben haben eher klärende Funktion: Wer wirklich mitmachen will, wird auch Aufgaben übernehmen, um die Sache voranzubringen.

Wenn sich im Laufe des Tages nun herauskristallisiert, dass jemand nicht mitmachen will – wie soll man damit umgehen?

Sprechen Sie die Mitarbeiter an, bei denen Sie das Gefühl haben, dass sie sich zum Mitmachen „gezwungen" fühlen. Vielleicht finden Sie heraus, warum dieser Mitarbeiter nicht mitmachen möchte. Kann man etwas am Projekt so verändern, dass sich auch dieser Mitarbeiter für das Projekt einsetzen will? Oft sind es nur Kleinigkeiten, die eine Person vom Mitmachen abhalten. Wenn es nicht möglich ist und nichts die Leidenschaft für das Produkt entfachen kann, bleibt Ihnen nichts anderes übrig, als das Projektteam zu verändern und dieser Person einen neuen „Job" innerhalb der Firma zu suchen.

Der Team-Raum. Soll ein Projekt wirklich gut funktionieren, müssen auch die Menschen in diesem Projekt so hindernisfrei wie möglich zusammenarbeiten können. Für wirkliche Zusammenarbeit ist es notwendig, dass man Zeit miteinander verbringt: gemeinsam arbeiten, diskutieren, Prototypen entwickeln, sich auch mal streiten, für etwas gemeinsam einstehen etc. Dazu braucht das Team einen Raum! Nicht zufällig erwähnen funktionierende Scrum-Teams (und auch Taskforce-Teams) als Erfolgsfaktor Nr. 1 den gemeinsamen physischen Raum, in dem sie arbeiten können.

Wie sollte so ein Team-Raum beschaffen sein? Sie brauchen viel Platz an den Wänden – oder zumindest Moderationswände. Sie brauchen Platz, weil so viele Informationen wie möglich an der Wand hängen sollten: Flipcharts, Burndowncharts, die Produktvision, die Teamregeln, das Product Backlog – all das ist nirgends besser aufgehoben als an der Wand. Dort sollten die Informationen so lange hängen bleiben dürfen, wie sie benötigt werden. Die Logik dahinter: Visuelle Gedankenstützen helfen beim Wissensaustausch im Team und zwischen Teams und halten die Herausforderung präsent.

Diesen Raum zu bekommen, ist in vielen Unternehmen nach wie vor ein großes Problem. Entweder gibt es keinen geeigneten Raum oder der passende Raum darf nicht zum Arbeiten verwendet werden. Manchmal darf wegen Gefahrenvorschriften nichts an die Wand gehängt werden. In anderen Fällen gibt es zwar einen Raum, aber das Team kann ihn nicht ständig nutzen, weil es nur ein oder zwei Mal pro Monat zusammenkommen kann. Umso wichtiger ist es dann, dass das Team den Raum immer wieder in Besitz nehmen kann und ihn mit allen Informationen „befüllt". Richtig, das braucht jedes Mal Zeit – bei einem dreitägigen Treffen können schon mal die ersten sechs Stunden mit nichts anderem zugebracht werden, als dass sich das Team wieder aufeinander einschwingt. Nehmen Sie es aber gegebenenfalls in Kauf: Im Vordergrund steht der Informationsaustausch – dieser darf nicht zu kurz kommen!

Die Ausstattung des Team-Raums. Meine Standardempfehlung lautet immer: An Materialien sollte vorhanden sein, was Sie in einer Vorschule, einem Kindergarten oder in einem Architekturbüro finden würden. Sparen Sie nicht mit Post-its, davon brauchen Sie rauhe Mengen. Und dazu Flipchart-Marker in allen Farben, Klebestifte und Moderationskarten. Sehr bewährt haben sich große, beschichtete Holzwände, die man entweder mit Whiteboard-Markern beschreiben oder mit Malerkrepp auslegen kann. Licht, Schatten, Pflanzen und eine Klimaanlage sind ebenfalls wichtig, denn wenn die Sonne den Raum aufheizt, kann niemand vernünftig arbeiten. Genauso wenig macht die Arbeit in einem zu kleinen Raum besonders viel Spaß. Achten Sie auch auf vermeintliche Kleinigkeiten: Blumen wirken Wunder auf die Raumatmosphäre. Ein ständig knarrender Holzboden ist in Almhütten gemütlich, stört in einem Arbeitsraum aber die Konzentration. Moderne Teppichböden schlucken den Schall.

Das Produkt definieren

Haben Sie Ihr Team zusammengestellt, das Problem bestimmt und einen Raum für die Zusammenarbeit organisiert? Dann geht es jetzt mit der eigentlichen Arbeit los. Sie suchen die Herausforderung und die Produktvision.

Aber auch hier gleich wieder ein Blick in die Projektrealität: Der Product Owner hat oft schon eine sehr konkrete Vorstellung davon, was er gerne haben möchte. Daher wird er zunächst dem Team die Produktidee präsentieren, wobei entscheidend ist, dass alle Teammitglieder das Bedürfnis des Kunden/Anwenders oder die Herausforderung hinter der Produktidee verstehen. In diesem Fall ist möglicherweise der nachfolgend beschriebene Schritt 1 gar nicht so wichtig. Dennoch würde ich diesen Schritt machen: Er dient dem Product Owner dazu, seine Ideen an das Entwicklungsteam zu kommunizieren und hilft dabei, das Produkt „zu finden".

Schritt 1: Finde das Problem und verstehe die Vision deines Kunden

Wenn IDEO ein neues Produkt entwickelt, kommt zunächst das gesamte Entwicklungsteam zusammen und setzt sich in einer offenen Runde mit der Produktidee auseinander. In einem Zeitraum von 15 bis 20 Minuten tauschen sich alle Anwesenden dazu aus und stellen all die Fragen, die ihnen im Kontext der Produktidee unter den Nägeln brennen.

Thema 1: Die Herausforderung noch einmal überdenken und kennenlernen

Timebox: 15 bis 20 Minuten

Wenn Sie mit Ihrem Team gerade durch die Discovery-Phase gehen und tiefer in die Produktidee eintauchen wollen, können die folgenden vier Aufgaben Ordnung in den Ablauf bringen.

Aufgabe 1: Gedankenaustausch

- Warum sollten Menschen dieses Produkt brauchen?
- Was findet das Team an diesem Problem und an dieser Produktidee interessant?

Wesentlich ist bei dieser Aufgabe die Mitarbeit des ScrumMasters: Er kann den Gesprächsfluss mit gezielter Gruppenarbeit unterstützen.

Aufgabe 2: Den Kontext deutlich herausarbeiten

Wie sehen die Rahmenbedingungen für dieses Produkt aus? Gibt es Einschränkungen (z. B. rechtlicher Natur), die wir beachten müssen? Haben wir bereits alle Umfeldbedingungen aufgenommen oder können wir auch welche streichen?

Aufgabe 3: Lässt sich die Produktidee neu formulieren?

An dieser Stelle kommen manche Teams bereits zur Erkenntnis: „Wow, wir könnten das Problem noch viel besser lösen, als es der Product Owner bis jetzt angedacht hat!" Jetzt wäre es toll, wenn ein echter Austausch stattfinden könnte – zum Beispiel mit Hilfe eines ausgebildeten Dynamic Facilitators.

Aufgabe 4: Die Neuformulierung des Problems/der Herausforderung an die Wand hängen

Um während der Arbeit am Produkt den Kurs zu halten, hat es sich bewährt, das vom Team neu formulierte Problem/die Herausforderung gut sichtbar im Teamraum aufzuhängen – vielleicht fällt jemandem auch eine schöne Visualisierung dazu ein.

Sie denken, in 15 bis 20 Minuten ist das nicht zu bewältigen? Dieser Befürchtung begegnen wir ständig, aber nach so vielen Jahren der Arbeit mit Teams hat sich wiederholt bestätigt: Gruppen stecken meistens zu viel Zeit in das Erarbeiten von Ideen und Konzepten. Veranschlagen Sie weniger Zeit und halbieren Sie dann Ihre Einschätzung noch einmal. Viele unserer Teams glauben, dass sie für Thema 1 mindestens eine Stunde bräuchten – wir geben Ihnen aber immer nur 15 Minuten. Unsere Erfahrung zeigt: Mehr Zeit führt nicht zwangsläufig zu besseren Ergebnissen. Widmen wir uns dem nächsten Thema!

Thema 2: Was wissen wir bereits über das Problemfeld?
Timebox: max. 1 Stunde

Aufgabe 1: Welches Wissen ist vorhanden?

Um das neue (oder verbesserte) Produkt zu erarbeiten, wurden die Besten der Besten im Team versammelt. Diese Menschen wurden entweder ausgewählt oder haben sich freiwillig gemeldet, weil sie bereits mit ähnlichen Problemstellungen in Berührung gekommen sind oder die Erfahrungen aus anderen Projekten auf die neue Herausforderung übertragen können.

Daher sollen sie nun gemeinsam erarbeiten, was sie bereits über das Thema wissen. Bei großen Teams passiert das am besten in Kleingruppen, bei kleineren Teams bis sechs Personen lässt es sich im Plenum bewerkstelligen. Die Projektteilnehmer schreiben auf Haftnotizen auf, was sie an Kenntnissen mitbringen und erklären es dann kurz den übrigen Teilnehmern. In größeren Gruppen bietet sich das World-Café-Format an.

Aufgabe 2: Was wissen wir alles nicht?

Kann man wissen, was man nicht weiß? Eigentlich ist das nicht möglich, aber es zahlt sich aus, sich einmal auf die Position zu stellen: „Was möchte ich noch wissen?" Schreiben Sie die auf diese Weise gewonnenen Fragen unbedingt auf! Im Laufe des Projekts können diese Fragen dazu dienen, das Team immer wieder neu auszurichten.

Aufgabe 3: Clustering

Möglicherweise hat Aufgabe 2 eine ganze Menge an Fragen produziert. Mit dem klassischen Clustering aus dem Methodenkoffer der Moderation sucht das Team nun die übergeordneten Komplexe zu diesen Fragen. Dadurch werden die Themen deutlicher, die im Laufe der weiteren Phasen bearbeitet werden sollten.

Ein Team findet nicht nur einmal zueinander, sondern immer wieder aufs Neue. Daher ist auch das Überdenken des Teams nichts, was nur einmal am Anfang eines Projekts stattfinden kann. Während des Projekts kann es vorkommen, dass sich das Team umgestalten muss, um die nächsten Aufgaben zu meistern. ScrumMaster und Product Owner suchen gemeinsam daher *leidenschaftliche* Teammitglieder, die an einem Produkt mitarbeiten wollen, weil sie darin für sich selbst einen persönlichen Gewinn sehen. Im dritten Themenkreis in Schritt 1 wird also nach den emotionalen Gründen dafür gesucht, warum die Projektmitglieder bei dieser einen Sache unbedingt dabei sein wollen.

Thema 3: Sind die richtigen Menschen im Team?

Timebox: 1 Stunde

Aufgabe 1: Einander kennenlernen

Die einfachste Methode, ein Meeting zu starten, ist eine Vorstellungsrunde. Jeder und jede stellt sich vor und erklärt, warum er oder sie eigentlich da ist – welches Anliegen bewegt ihn oder sie? Genau dieses persönliche Anliegen ist wesentlich für den Discovery-Prozess, denn die Teammitglieder müssen sich kennenlernen und beginnen, einander zu vertrauen.

Aufgabe 2: Die eigenen Interessen offenlegen

Vertrauen entwickelt sich, wenn jeder im Team die eigenen Ambitionen und Ziele klarstellt. Daraus lassen sich in vielen Fällen auch die Teamziele ableiten. Faszinierenderweise stellt sich bei diesen Gesprächen immer wieder heraus, dass das Team (noch) nicht optimal besetzt ist. Möglicherweise fehlen wichtige Interessengruppen oder Skills. In diesem Fall ist es die Aufgabe des ScrumMasters, die passenden zusätzlichen Teammitglieder zu finden.

Schritt 2: Vorbereitung der Forschung

Alle kennen nun die Herausforderung, die offenen Fragen, die Rahmenbedingungen, das vorhandene Wissen und die Menschen im Team. Es sind vielleicht auch schon erste Ideen für die Umsetzung entstanden, aber bevor das Team in eine definierte Richtung losrennt, muss es sich mit dem Anwender beschäftigen. Mit den folgenden zwei Aufgaben kann das Team gut vorbereitet in die Forschungsarbeit gehen.

Aufgabe 1: Quellen der Inspiration identifizieren

Timebox: ca. 20 Minuten

Das Team wird je nach Teamgröße in Kleingruppen geteilt. Lassen Sie die folgenden drei Fragen von je einer Gruppe beantworten:

- Welche Personen (Experten[3]) können uns im Thema weiterhelfen? Wer wäre eine gute Informationsquelle, um das Thema besser zu verstehen?
- Welche Personen vertreten „Extreme" – wer kann uns also völlig konträre Einsichten vermitteln? Angenommen, wir wollen das Problem von Joggern lösen, im Winter bei Nacht durch Autounfälle zu Schaden zu kommen. Dann würde es doch Sinn machen, Jogger (sehr junge und sehr alte), Autofahrer (mit Brille, ohne Brille, mit Nachtblindheit und ohne) und Polizisten zu befragen.

---

[3] Mit „Experten" meine ich in diesem Fall keine Fachexperten, sondern in der Regel die Menschen, deren Herausforderungen wir lösen wollen: also die Anwender.

- Welche Gruppen und Quellen könnten uns Informationen und Erkenntnisse liefern? (Anwender, Manager, Bücher, Filme, Publikationen, Foren, Beobachtungen …) An welchen Orten wird das Produkt wohl eingesetzt?

Anschließend berichten die Gruppen von ihren Ergebnissen und es werden die Aktionen ausgewählt, die am vielversprechendsten erscheinen. Es müssen natürlich nicht alle Möglichkeiten genutzt werden! Wichtig ist vor allem das Bewusstsein, was im Rahmen des Möglichen liegt. Für diese Zusammenfassung sollten ebenfalls nicht mehr als 20 Minuten eingeplant werden.

Aufgabe 2: Die Anwender auswählen

Das ist eine zentrale Aufgabe: Sie und Ihr Team wollen im Grunde Forschungsarbeit betreiben, um mehr über das Zusammenspiel zwischen dem Anwender und seinem Umfeld sowie die daraus folgenden Konsequenzen für das zu entwickelnde Produkt zu erfahren. Also müssen auch die Experten, die oben definierten Anwender, „im Feld" befragt werden.
In Aufgabe 1 hat das Team schon Vorarbeit geleistet. Nun muss das Team konkreter werden: Wer sind diese Menschen, die gefragt werden? Welche Eigenschaften haben diese menschlichen „Prototypen"? Wir nennen diese Prototypen Personas.

Bild 5.4
Beispiel für eine Persona

Mit Hilfe der „Persona" entwickelt das Team eine recht präzise Vorstellung – quasi einen „Steckbrief" – der zu beobachtenden und zu befragenden Personen. Personas sind verfeinerte Profile von Menschen, die das Produkt nutzen werden oder von Menschen, die wichtig für das Produkt sein könnten. Sie werden so realistisch wie möglich beschrieben: Wie „ticken" sie, welchen Beruf haben sie, was sind ihre Hobbys, wovor haben sie Angst etc. Was macht also die Persönlichkeit des Anwenders aus?

Organisation. Was tun Sie jetzt mit den Personas? Von der kreativen Vorstellungskraft geht es zurück in die nüchterne Projektrealität: Sie und Ihr Team müssen die „echten" Menschen finden, die beobachtet und befragt werden können. An dieser Stelle beantworten Sie mit Ihrem Team also die Frage: Wen beobachten wir wo, wie lange und wobei? Wie lange soll die Feldforschung dauern? Wie genau soll das Team vorgehen: Interview, Beobachtung oder Befragung mit Fragebogen?

Die Menschen, die Sie und Ihr Team „erforschen" wollen, müssen Sie natürlich zu einem Treffen einladen, Termine vereinbaren und die Treffpunkte auswählen – das ist meistens eine sehr zeitaufwändige Angelegenheit. Auch hier gilt: Streben Sie nicht nach der absoluten Perfektion. Lassen Sie sich nicht von den Umständen aufhalten, wenn eine Person zum Beispiel erst in drei Monaten für Sie Zeit hat. Bedanken Sie sich und kontaktieren Sie den nächsten Kandidaten auf der Liste – und weiter geht's!

Überlegen Sie sich, wie Sie die Antworten und Informationen festhalten wollen und suchen Sie die dafür geeigneten Tools zusammen: Fotoapparat, Notizblock, Kamera, Diktiergerät – was immer Sie für notwendig halten. Aber auf jeden Fall Post-its!

Wichtig: Informieren Sie immer die anderen Teammitglieder über Ihre Aktivitäten und stimmen Sie sich mit Ihnen ab. Planen Sie am besten feste Zeiten ein, zu denen Sie sich abstimmen werden: Nichts ist frustrierender und peinlicher, als dieselbe Person zweimal anzusprechen oder über die Fortschritte der anderen nicht Bescheid zu wissen. Nutzen Sie zum Beispiel ein Taskboard, kurze Telefonkonferenzen, Online-Collaboration-Tools oder ein Daily Scrum, um sich gegenseitig am Laufenden zu halten.

Schritt 3: Der Interview-Leitfaden

Üblicherweise sind Befragungen eine Wissenschaft für sich. Wer sich in die Marktforschung vertieft, wird dort die Anleitungen für korrektes Fragebogendesign und die unterschiedlichsten Fragetechniken finden. Das Team soll im Zuge der Explorationsphase aber keine detaillierten Marktstudien mit den Anwendern machen. Es geht darum, überhaupt einmal in Kontakt mit den Menschen zu kommen, die das Produkt verwenden werden, das vom Team entwickelt werden soll. Erstaunlicherweise ist dieser Kontakt nämlich mehr die Ausnahme als die Regel, was wohl auch der organisatorischen Fragmentierung in Unternehmen geschuldet ist. Die Entwicklungsteams sehen sich als die Ausführenden auf Zuruf, die bestenfalls noch rudimentäre Informationen über den Kunden und den Anwender bekommen. Und mitunter kommt es auch vor, dass sich die Experten mit ihrem Können in einem Produkt mehr selbst verwirklichen wollen als aus der Perspektive des Anwenders zu denken. Daher zeichnen sich viele Produkte durch Features aus, die niemand braucht.

Wie auch immer: Befragungen sind für Nicht-Marktforscher nicht die leichteste Aufgabe und man kann schnell etwas vergessen. Ich persönlich plädiere dafür, nicht einen detaillierten Fragebogen zu entwickeln, sondern vielmehr einen Leitfaden. Wenn alles auf Punkt und Komma vorgeschrieben ist, tendieren viele Menschen dazu, einfach den Fragebogen abzulesen – damit verliert man schnell die Aufmerksamkeit des Befragten. Und auch der Fragesteller wird unaufmerksam: Im Verlauf jedes Gesprächs ergeben sich interessante neue Anhaltspunkte, bei denen man als Interviewer nachhaken sollte. Hält man sich zu sklavisch an einen Fragebogen, überhört man diese Zwischentöne und subtilen Hinweise, weil man sich zu sehr auf das Abarbeiten konzentriert. Ein Leitfaden hilft, das Gespräch zwar zu strukturieren, lässt aber die Möglichkeit des Nachfragens offen. Darüber hinaus hat ein Leitfaden noch andere hilfreiche Effekte:

- Beim Ausarbeiten des Leitfadens werden viele Annahmen und der Kontext für das Team klarer.
- Mit dem Leitfaden können verschiedene Teammitglieder die gleichen Themen beleuchten, werden durch ihre unterschiedlichen Herangehensweisen in den Gesprächen aber wahrscheinlich verschiedene Aspekte des Problems erkennen.
- Unerfahrene Interviewer fühlen sich beim Befragen sicherer.
- Das Interview bekommt eine Struktur, außerdem sollte der Leitfaden Fragen enthalten, die ein stockendes Gespräch wieder in Fluss bringen.

Tipps für Leitfaden und Interview

- Klären Sie zunächst die Frage: Wie kommen wir zu Interviewpartnern und wer im Team macht was?
- Identifizieren Sie die Themenblöcke, die Sie mit dem Interviewpartner beleuchten wollen.
- Entwerfen Sie zu jedem Themenblock Fragen. Notieren Sie zunächst einmal alle Fragen, die Ihnen einfallen und sortieren Sie dann aus: Fassen Sie ähnliche Fragen zusammen und ordnen Sie vom Allgemeinen ins Detail. Es sollten keine geschlossenen Fragen sein, die man nur mit „ja" oder „nein" beantworten kann, denn bei solchen Fragen trifft man als Interviewer bereits implizite Annahmen und es kommt kein wirkliches Gespräch zustande. Offene Fragen geben dem Interviewpartner den Spielraum, mit eigenen Worten zu antworten und Problematiken zu schildern, die weitere Anknüpfungspunkte bieten. Solche Gespräche sind nicht nur eine Hilfe für das Entwicklungsteam, sondern geben dem befragten Anwender die Möglichkeit, endlich einmal loszuwerden, was er schon immer sagen wollte.
- Stellen Sie den Leitfaden auf ein bis zwei Seiten so zusammen, dass Sie die Fragen auch noch lesen können, wenn Sie während des Interviews nur flüchtig draufschauen.
- Ein Interviewteam sollte aus drei Personen bestehen: Interviewer, Beobachter, Fotograf.

Menschen erzählen im Interview nicht alles. Die Forschungsarbeit in der Welt der Anwender ist im Wesentlichen mit anthropologischen Studien oder der sogenannten „nicht-teilnehmenden Beobachtung" vergleichbar. Was Sie mit Ihrem Team bisher vorbereitet haben, ist das eigentliche Interview, bei dem Sie herausfinden wollen, wie sich die Anwender in der Produktrealität verhalten. Wie so oft im Leben ist aber dabei nicht nur wichtig, was die Menschen erzählen. Wichtiger ist oft das, was sie gerade nicht erzählen. Das Beobachten ist bei diesen Interviews daher wesentlich. Sehen Sie sich das Umfeld sehr genau an, in dem Sie Ihre Interviewpartner treffen. Was fällt Ihnen auf? Welche Handgriffe macht der Anwender? Wie arbeitet er? Verhält er sich in diesem Kontext auf spezielle Art und Weise? Wie ist der Arbeitsplatz ausgestattet? Gibt es Widersprüche zwischen dem, was der Anwender sagt und dem, was Sie vor Ort beobachten? Im Grunde wollen Sie sich zeigen lassen, wie der Anwender heute seine Aufgaben erledigt. Das wollen Sie erfahren, darin steckt das Potenzial, völlig neue Abläufe zu entwerfen.

Schritt 4: Lass dich inspirieren

Dieser Schritt folgt nicht notwendigerweise auf das Interview, sondern kann vorher oder nachher stattfinden. Es geht nicht darum, mit einem Interview-Leitfaden Themen abzuarbeiten, sondern sich völlig unvoreingenommen auf das Umfeld einzulassen. Lassen Sie sich inspirieren und entdecken Sie möglicherweise Dinge, die Sie vorher übersehen haben.

Aufgabe 1: Hingehen und erleben

Entwickeln Sie mit Ihrem Scrum-Team eine Idee davon, wo Sie gemeinsam das Verhalten des Anwenders erleben wollen. Dazu stellen Sie sich vor, was Sie möglicherweise vorfinden werden. So entstehen erste orientierende Hypothesen, die Sie im weiteren Verlauf leiten werden. Sie spannen den Raum auf, den Ihr Team und Sie sich genauer ansehen werden. Aber Achtung: Es geht im Anschluss nicht darum, die Vorstellung durch die Realität zu bestätigen!

Um die Hypothesen zu überprüfen, gehen die Mitglieder nun an die Orte, an denen sie den Anwender und dessen Umfeld beobachten können. Was finden Sie dort vor? Sind Vorstellung und Realität deckungsgleich? Suchen Sie die Abweichungen und halten Sie diese fest: Fotos stützen später nicht nur die Erinnerung, sondern helfen auch Dinge zu entdecken, die zuvor übersehen wurden.

Wichtig: Nehmen Sie sich nach dem Besuch etwas Zeit, um die Beobachtungen zu notieren – Einsichten, Gedanken, Ideen. Versuchen Sie, bei diesen Gedanken nicht zu interpretieren, sondern einfach nur aufzuschreiben. Ich habe es mir zur Gewohnheit gemacht, diese Notizen auf Haftnotizen zu machen, das erleichtert das Auswerten.

Aufgabe 2: Finde Analogien und schaue dort nach

Wie wird die Herausforderung in anderen Kontexten gelöst? Manchmal kommt man der Lösung näher, wenn man sich gedanklich aus dem unmittelbaren Problemumfeld entfernt. Haben Sie eine Idee, wo Sie Inspirationen finden könnten? Dann fahren Sie dorthin und sehen Sie es sich an (dabei gilt das Gleiche wie in Aufgabe 1).

Aufgabe 3: Lerne von anderen

Jetzt gehen Sie und Ihr Team gezielt auf die Menschen in ihrem jeweiligen Umfeld zu. Sie suchen einzelne Anwender oder ganze Gruppen von Anwendern und befragen sie direkt zu Ihrer Herausforderung. Dabei finden Sie so viel wie möglich über die Art und Weise heraus, wie diese Menschen ihre Umwelt wahrnehmen, wie sie darauf reagieren, wie sie ihre Arbeit tun etc. Auch hier ist sorgfältige Planung alles: Überlegen Sie mit Ihrem Team genau, von wem Sie am meisten lernen können. Befragen Sie möglichst viele unterschiedliche Menschen.

Wichtig: Es geht nicht darum zu erfragen, was diese Menschen haben *wollen*, sondern von ihnen zu lernen. Wenn Sie zum Beispiel die Arbeit in einem Altersheim erleichtern wollen, fragen Sie nicht, welche Funktionalitäten die zu entwickelnde Badewanne haben soll. Vielmehr fragen Sie die Altenpfleger, wie sie arbeiten und welche Handgriffe ihnen besonders schwer fallen. Wobei bräuchten Sie Erleichterung? Aber lassen Sie sich nicht von den Pflegern sagen, wie die Badewanne aussehen sollte.

5.2.2 Interpretation-Phase

All die Beobachtungen, die Feldforschung, die Gespräche und die Ausflüge in analoge Kontexte können inspirieren, aber sie erzeugen noch kein neues Produkt oder eine profunde Idee für ein Produkt. Die gesammelten Daten müssen vom Scrum-Team interpretiert werden. Die Frage ist: Was teilen diese Daten mit? Sie sind wie Zeichen, die eine Geschichte erzählen, und das Team sucht nun den roten Faden, der all diese Beobachtungen zusammenhält und eine Idee für das neue Produkt liefert.

Erzählt Geschichten! Für die Suche nach der Bedeutung ist das sinnstiftende Erzählen einer Geschichte das vielleicht einfachste Mittel. Jedes Teammitglied, das „im Feld" war, erzählt eine Geschichte über das, was er oder sie beobachtet hat. Warten Sie damit aber nicht lange, sondern erzählen Sie sich diese Geschichten sofort und schnell. Was ist besonders aufgefallen, welche Assoziationen sind dabei aufgekommen, was haben die Teammitglieder beim Beobachten gedacht und gefühlt? Lassen Sie dabei die Intuition walten: Meistens ist in wenigen Sätzen der erste Eindruck bereits herausgearbeitet. Machen Sie sich zu diesen Geschichten sofort Notizen und schreiben Sie dabei ganze Sätze! Für mich persönlich war das am Anfang schwierig, weil es sich – da ich lange Zeit hauptsächlich mit Mind Maps und Moderationsmethoden gearbeitet habe – zu langsam anfühlte. Nur mit Stichworten weiß man nach ein paar Tagen allerdings nicht mehr, was gemeint war. Ganze Sätze – eventuell ergänzt mit Zeichnungen oder Skizzen – „konservieren" die Gedanken viel besser.

Auf der Suche nach Bedeutung. Es geht nun wieder ans Clustern, um übergeordnete Themen zu identifizieren. Sortieren Sie die Geschichten nach verwandten Themen. Vielleicht finden Sie auch nur ähnliche Elemente in den einzelnen Geschichten, die Sie wieder als Thema notieren. Geben Sie den einzelnen Themen einen Namen – und damit eine Bedeutung. Suchen Sie dann für jeden Begriff einen vollständigen Satz, der die Bedeutung und Ihre Vermutung dazu ausdrückt. Wieder ist der vollständige Satz besser geeignet, die Bedeutung, die Geschichte hinter den Daten zu erfassen. Machen Sie sich diese Mühe – es lohnt sich!

Angenommen, Sie beobachten ältere Menschen in einem Seniorenheim. Sie finden etliche Geschichten darüber, wie sich deren Tagesablauf gestaltet. Allen ist aber gemein, dass die Senioren sehr oft alleine sind. Dann wäre ein Kernelement: Einsamkeit im Seniorenheim.

Suche nach dem tieferen Sinn. Die eigentliche Kunst ist nun, tiefer zu graben und nicht die erstbesten Themen stehen zu lassen. Suchen Sie weiter! Vielleicht sehen Sie Verbindungen zwischen den Themen, vielleicht bemerken Sie, dass zwei Themen zusammengehören. Erklären Sie anderen Menschen Ihre Themen und fragen Sie, ob sie irgendwelche Bedeutungen erkennen. Erstaunlicherweise finden völlig unbeteiligte Personen noch einmal eine völlig neue Bedeutung – manchmal stehen unsere eigenen Wahrnehmungsfilter dem Offensichtlichen einfach im Weg. Meistens hilft es auch, die Themen sacken zu lassen und sie erst am nächsten Tag wieder anzuschauen.

Einsichten finden. Zuletzt definieren Sie Ihre Einsichten. Einsichten sind plötzliche Geistesblitze oder auch klare Aussagen, die sich Ihnen durch die Beschäftigung mit der Herausforderung, nach all den vielen Post-its und Geschichten, aufdrängen. Natürlich kann es sein, dass diese Erkenntnis keine „Neuigkeit" ist, sehr wohl wird sie aber von einem nun wesentlich tieferen Verständnis getragen. Nehmen Sie sich Zeit für das Formulieren dieser Einsicht und feilen Sie daran, bis Sie wirklich genau das aussagen, was Sie aussagen wollen.

Verwandlung der Analyse in Einsichten

Im letzten Schritt der „Situationsanalyse" verwandeln Sie nun die Einsichten in

- visuelle Repräsentationen und
- formulieren sie so, dass aus Aussagesätzen Gelegenheiten zur Suche für Lösungen werden.

Bilder. Ein Bild sagt manchmal mehr als tausend Worte. Ich habe mich in den letzten Jahren zu einem leidenschaftlichen Zeichner entwickelt und habe dabei bemerkt, wie wichtig diese visuellen Erinnerungshilfen sind. Es müssen natürlich keine überragenden Kunstwerke sein, denn für Sie persönlich haben diese Skizzen eine bestimmte Bedeutung. Denken Sie einfach an Kinderzeichnungen: Sind die originalgetreu? Stimmt da jedes Detail? Nein, aber Kinder identifizieren sich völlig mit dem, was sie gezeichnet oder gemalt haben. Sie wissen genau, worum es auf ihrem Bild geht.

Ein Bild könnte zum Beispiel dieser Satz sein: Wie schaffen wir es, dass sich die älteren Menschen im Seniorenheim wie von selbst öfter begegnen? Wie können wir unter den Senioren eine Gemeinschaft entstehen lassen?

Gelegenheiten schaffen. Aus einer Einsicht wird eine Gelegenheit, wenn es gelingt, eine Einsicht als Möglichkeit zu formulieren. Das geht ganz einfach, wenn aus einem Satz eine Frage wird, die mit „Was wäre, wenn …?" oder „Wie können wir …?" beginnt. Zum Beispiel wird aus „Menschen wollen via Facebook andere Menschen kennenlernen" die Frage „Wie können wir dafür sorgen, dass Menschen via Facebook andere Menschen kennenlernen können?" In der Dynamic Facilitation werden die Momente, in denen diese Fragen entstehen, als Erkenntnissprünge bezeichnet. Genau das sind sie: Sprünge auf eine neue Ebene in der Erkenntnis dessen, was man vorgefunden hat. Diese Sprünge bewegen sich immer auf die eigentliche Lösung hin. Wenn diese Erkenntnisse in der Gruppe entstehen, wächst ein kollektives Verständnis von den Herausforderungen und Möglichkeiten, die sich bieten. Für mich ist es immer wieder faszinierend zu erleben, dass diese Sprünge dann nicht mehr erklärt werden müssen und nicht verteidigt werden müssen. Es ist plötzlich für alle absolut logisch, dass genau diese Sprünge auftauchen.

Nun kommt die Qual der Wahl: Wählen Sie drei bis fünf dieser „Gelegenheiten" als Grundlage der anschließenden Phasen. Mit diesen Ideenquellen gehen Sie mit Ihrem Team in die Phase des Brainstormings.

5.2.3 Ideation-Phase

Wie der Name schon sagt, geht es in der Ideation-Phase darum, Ideen zu generieren. Entscheidend ist dabei aber nicht, „gute" Ideen zu finden, sondern möglichst viele Ideen. In diesen kollektiven Brainstorming-Sessions im Team zählt Masse vor Klasse. Wenn nach einiger Zeit der Strom der Ideen versiegt, beginnen Sie mit Alternativen. Sie drehen die Fragen um, verneinen Sie und beginnen nun, Ideen für das Gegenteil zu finden.

Angenommen, Sie haben im Beispiel oben für sich identifiziert, dass Sie einen Weg finden wollen, wie das Pflegepersonal schwere Personen in die Badewanne bekommt. Sie machen eine Brainstorming-Session und kommen auf 10 oder 12 Ideen.

- Wir bauen einen Kran!
- Wir bauen einen Kran wie bei einem Containerhafen.
- Wir lassen die Badewanne zunächst im Boden verschwinden und dann wieder hochfahren.
- Wir machen Türen in die Wanne.
- Wir machen nur Wände, die man im Boden verankern kann, dann entsteht eine Wanne.
- Wir machen eine Rampe – die Wanne ist so groß, dass man hineinfahren kann.
- U. v. m.

Naja, das sind noch nicht sehr viele Ideen. In diesem Fall hilft es oft, die Frage umzudrehen: „Was müssen wir alles tun, damit der Pfleger es möglichst schwer hat, den schweren Patienten in die Wanne zu bekommen?"

- Enge Gänge
- Der Kran muss an die andere Seite des Raums.
- Der Kran braucht ein sperriges Gegengewicht.
- Die Badewanne stellen wir in eine Nische, damit der Pfleger nicht richtig von allen Seiten zupacken kann.
- U. v. m.

Solche Brainstormings brauchen unbedingt einen Moderator, der dafür sorgt, dass die Brainstorming-Regeln eingehalten werden. Er oder sie hat aber noch zwei andere wichtige Aufgaben: Zum einen sorgt der Moderator dafür, dass eine ideenfreundliche Atmosphäre entsteht. Das beginnt schon mit der Auswahl und Vorbereitung des Raumes, in dem die Brainstorming-Session stattfinden soll. Ein steriler, kahler Raum wird die Gedanken kaum anregen. Der Raum sollte helfen, das Andersdenken zu animieren – Ihrer Fantasie sind dabei keine Grenzen gesetzt. Auf jeden Fall müssen genügend Materialien vorhanden sein: Post-its in rauen Massen, Marker, Klebestifte, Papier, Buntstifte und natürlich Snacks (Zucker unterstützt die Hirnleistung). Um die Brainstormer auf die Session einzustimmen, haben meine Kollegen und ich schon unzählige Dinge probiert: Wir waren mit den Teilnehmern vor Beginn der Session spazieren, ein anderes Mal haben wir sie als Intro auf eine gedankliche Traumreise an einen kreativen Ort entführt. Überlassen Sie diese Session – und vor allem den Einstieg – nicht dem Zufall, sondern planen Sie das Brainstorming bewusst.

 Unsere Regeln für Brainstorming-Sessions sind nicht sehr ausgeklügelt, sie funktionieren aber ganz gut:
- Alle Ideen sind wertvoll und dürfen gesagt werden.
- Ideen dürfen nicht kritisiert werden.
- Der Nachfolgende sagt immer, dass er die vorherige Idee gut findet.
- Auf der Idee eines anderen aufzubauen ist wichtig und gut.
- Ideen dürfen auch unfertig sein.
- Ideen dürfen sich komisch anhören.
- Ideen sind immer ein einziger Satz. Lange Erklärungen fallen weg.

Neben der Vorbereitung des Raumes und dem Wachen über die Regeln muss der Moderator den Verlauf des Ideenflusses im Blick behalten. Produziert die Gruppe immer wieder Ideen der gleichen Art? Das Problematische beim Brainstorming ist, dass die ersten Ideen alle anderen Ideen beeinflussen. Bevor das Team beginnt, sich gedanklich im Kreis zu drehen, ist es unbedingt notwendig, mindestens einen völlig anderen Zugang zu finden (eine Methode dafür sind zum Beispiel die „Sechs Hüte" von Edward de Bono).

Nachdem möglichst viele Ideen produziert wurden, wird Ordnung in die Ideen gebracht – es wird also wieder geclustert. Entweder geht der Moderator mit dem Team die vielen Post-its durch, oder die Teammitglieder gruppieren die Notizen selbst. Danach weist die Gruppe jedem Cluster eine Überschrift zu. Dabei geht es allerdings nicht darum, einen Oberbegriff zu finden, sondern *den gemeinsamen Kern der Ideen* herauszuarbeiten. Finden sich dabei zwei oder mehr Kerne, werden alle Kerne getrennt aufgeschrieben. Findet sich bei dieser Arbeit noch einmal eine ganz neue Idee? Wunderbar, schreiben Sie diese Idee einfach dazu.

Eine weitere Möglichkeit, die Erkenntnisse zu vertiefen: Bleiben Sie bei der einen oder anderen Idee etwas länger hängen und schauen Sie sich diese noch einmal genauer an. Tauchen Sie mit dem Team in die Idee ein, vielleicht können einzelne Teammitglieder dazu Skizzen erstellen, um einzelne Ideen zu illustrieren. Egal, ob die Skizzen einfach oder detailliert sind: Wichtig ist, einen neuen Zugang zu den Ideen zu finden.

Rahmenbedingungen finden – Reality Check

Bis zu diesem Zeitpunkt hat das Team Ideen gesammelt. Viele Ideen zu erarbeiten war wichtiger, als zu überlegen, ob eine Idee sinnvoll oder umsetzbar ist. Nun ist es an der Zeit, den Reality Check zu machen. Für einen transparenten Reality Check benötigt das Team zunächst eine Liste der Einschränkungen, Probleme und Hindernisse. Diese „Constraints" (Rahmenbedingungen) müssen später beim Ausarbeiten von Ideen zu Produkten berücksichtigt werden.

Diese Liste soll nicht abschrecken, sondern neue Lösungsmöglichkeiten generieren. Man kann die Bedenken auf dieser Liste ja nicht wegdiskutieren. Sie sind wichtig und sollen vielmehr das Denken anregen und dem Team die Gelegenheit geben, kreative Lösungen zu finden, die in diesen Rahmen passen. Meistens sind es sogar genau die Einschränkungen, die das Denken auf die richtige Fährte bringen. Alle zuvor generierten Ideen werden nun anhand der Liste dem Reality Check unterzogen. Finden sich Ideen, die unter den gegebenen Rahmenbedingungen zu kompliziert erscheinen, werden sie nicht weggeworfen, sondern archiviert – vielleicht sind diese Ideen zu einem späteren Zeitpunkt sehr wohl umsetzbar und daher wertvoll.

Von der Idee zum Konzept. Zu diesem Zeitpunkt sind bestimmt Ideen entstanden, die es wert sind, weiterverfolgt zu werden. Daher ist es nun an der Zeit, einige davon zu einem Konzept zu transformieren. Damit meine ich aber keine seitenlangen Konzeptdokumente! Gemeint ist ein strukturiertes Format, in dem einige Aspekte der Lösungsidee aufgenommen werden.

 Mögliche Struktur

- Titel der Idee

  Wir lassen Senioren einander begegnen.

- Ein Satz, der die Idee vollständig beschreibt (probieren Sie es zum Beispiel im Format der User Story)

  Als Senior möchte ich die anderen öfter treffen, damit ich mich nicht alleine fühle.

- Eine kurze Beschreibung, wie diese Idee funktionieren würde.
  Wir sprechen mit einer Senioren-Pilotgruppe darüber, wie wir eine Gemeinschaft unter den Senioren aufbauen können.
- Welche Menschen werden gebraucht, um diese Idee umzusetzen?
  Senioren, Facilitator
- Welche Menschen sind beteiligt und/betroffen, wenn die Idee umgesetzt wird?
  Senioren, Pflegepersonal
- Welche Bedürfnisse werden mit dieser Idee adressiert? Welche Möglichkeiten ergeben sich?
  Das Bedürfnis nach Gemeinschaft und Begegnung
- Schreiben Sie für jede betroffene Persona den Wert und den Nutzen für diese Person auf.
  Senior/in – weniger alleine, mehr Kontakt, wird aktiver, das Gehirn wird wieder angeregt
- Welche Fragen und Herausforderungen ergeben sich im Zusammenhang mit dieser Idee?
  Wir brauchen Zeit und Ressourcen.

Verändert die Arbeit an diesem Konzept die Idee, so ist das gut und erwünscht. Dieses Kurz-Konzept sollte wieder für alle gut und ständig sichtbar an der Wand des Teamraums aufgehängt werden. Auf diese Weise kann wieder ganz von selbst ein neuer Impuls entstehen.

5.2.4 Experimentation-Phase

Genau genommen ist alles, was vor der konkreten Arbeit an einem Produkt liegt, reine Vorstellung. Erst die Arbeit selbst macht manche Aspekte noch deutlicher oder deckt bisher übersehene Aspekte und Zusammenhänge auf. Sobald man mit der eigentlichen Arbeit beginnt und die ersten Elemente produziert, wachsen wie aus heiterem Himmel viele neue Ideen heran.

Einer unserer Kunden baute mit Scrum ein Hardware-System. Im Zuge des Projekts zeigte sich, dass eine eigene Werkstatt eingerichtet werden musste, um das Produkt aufzubauen. Dazu brauchte man aber nicht die fertigen, endgültigen Bestandteile vom Lieferanten. Um zu sehen, ob die Idee überhaupt funktionieren würde, genügten auch die noch nicht perfekten Teile.

In dieser Phase sollen zunächst möglichst viele Prototypen entwickelt werden, die möglicherweise in unterschiedliche Richtungen führen. Es wäre viel zu kostspielig, jede auftauchende Idee sofort in ein funktionsfähiges Produkt umsetzen zu wollen. Das Team entwickelt in dieser Phase also Modelle der möglichen Lösungen, die mehr oder weniger vollständig sind. Der springende Punkt dabei ist, dass diese Modelle wiederum die Vorstellung erweitern und dazu genügt auch etwas „Unvollkommenes".

Prototypen bauen. Zweifellos macht es viel Arbeit, es macht aber auch ungeheuer viel Spaß: Das Bauen von Prototypen. Wenn wir von einem Prototypen oder Modell sprechen, geht es immer um einfache und billige Ideenumsetzungen. Es sind keine voll funktionsfähigen Muster für die Produktion oder maßstabsgetreue Abbildungen des endgültigen Produkts. Es ist eine erste Repräsentanz einer Idee, die erste Form und natürlich können für eine Idee mehrere Modelle gebaut werden. Die Gestalt des Modells hängt von der Fantasie des Teams ab und davon, was die Idee am besten ausdrückt. Das können Zeichnungen sein, Rollenspiele, Papier- oder Legomodelle, Diagramme, Baupläne, eine Werbekampagne u. v. m. Dem Team sind keine Grenzen gesetzt – nur jene der eigenen Vorstellungskraft.

Feedback, Feedback, Feedback. Selbstverständlich ist der Prototyp oder das Modell kein Selbstzweck, sondern verfolgt zwei Absichten:

- Es dient dem Verständnis – die Idee nimmt Gestalt an.
- Anhand des Modells kann der Anwender ein erstes Feedback geben.

Bevor Sie mit Ihrem Team den Prototypen präsentieren, machen Sie sich bitte eines klar: Es geht nicht darum, vom Anwender Zustimmung und Beifall für das ach so tolle Modell zu bekommen. Es ist auch keine Show, um zu zeigen, wie harmonisch und einfallsreich das Team ist. Im Team wird es wahrscheinlich Präferenzen für eine bestimmte Lösung geben, aber: Ausschlaggebend ist die Meinung des Anwenders. Jeder prototypische Entwurf, jedes Modell muss also gleichermaßen der Kritik ausgesetzt werden, um Feedback zu bekommen und es ist gut möglich, dass der persönliche Favorit dabei schlecht wegkommt. Stellen Sie und Ihr Team daher jeden Prototypen auf die gleiche Art und Weise, ohne subjektive Wertung und ohne Versuch der Beeinflussung dar. Während der Präsentation gibt es zwei Phasen:

1. **Erkunden:** Sie stellen das Modell vor und lassen es den Anwender erkunden. Er soll dem Team beschreiben, was er vorfindet. Wichtig: Das Team soll ihn einfach erzählen lassen und nicht mit Fragen stören. Einfach nur zuhören und Notizen machen (vor allem über das, was zwischen den Zeilen steht – was der Anwender also nicht direkt sagt).
2. **Fragen:** In der zweiten Phase dürfen Fragen gestellt werden (wirklich erst, nachdem Phase 1 völlig abgeschlossen ist!). Entscheidend ist dabei, dem Anwender offene Fragen zu seinem Erleben des Produkts zu stellen, zum Beispiel:
    - Was gefällt Ihnen an dem Produkt?
    - Was begeistert Sie daran besonders?
    - Woran merken Sie, dass es Ihnen gefällt?
    - Was gefällt Ihnen nicht?

- Wo finden Sie Mängel?
- Was fehlt?

Neben dieser geführten Art, Informationen zu bekommen, ist aber vor allem die spontane Reaktion des Anwenders wichtig. Vielleicht nimmt er das Produkt (z. B. den Lego-Prototypen) in die Hand und verändert ihn, indem er mit herumliegenden Steinen weiterbaut. Auch das ist ok. Auf diese Weise entstehen spontan neue Ideen für das Produkt. Das ist gewissermaßen sofortiges „inspect and adapt". Diese Feedbacksession kann 30 Minuten dauern, in unseren Projekten verplanen wir dafür aber auch schon mal einen ganzen Tag. Es kommt einfach darauf an, was Sie dort zeigen und wie viele Informationen Sie sammeln können.

Feedback integrieren. Die vielen Reaktionen können auch zur Verwirrung beitragen. Wird der Prototyp verschiedenen Personen gezeigt, machen sie ganz sicher teilweise unterschiedliche und manchmal sogar widersprüchliche Anmerkungen. Das können Sie nicht vermeiden und ganz einfach: da müssen Sie und Ihr Team durch! Eine solche Situation verlangt wieder die aktive Auseinandersetzung – das „Ringen" – mit der richtigen Lösung. Erst mit der Integration des Feedbacks wird das Produkt eigentlich entworfen. Stellen Sie sich mit Ihrem Team also die ehrliche Frage: Welche Informationen helfen tatsächlich weiter? Nehmen Sie nicht aus Bequemlichkeit die einfachste Lösung, es ist nicht immer die beste. Machen Sie sich die Mühe der wirklichen Auseinandersetzung mit dem Feedback, um das gewissen Quäntchen mehr zu entdecken.

5.2.5 Evolution-Phase

Plan – Do – Check – Act. Nach der ganzen Anstrengung – dem Sammeln von Ideen, der Befragung und Beobachtung der Anwender, dem Bauen von Prototypen, der Auseinandersetzung mit dem Feedback und dem Integrieren neuer Ideen – sollte es dem Deming-Cycle gemäß nun erst einmal einen Boxenstopp geben. Die Retrospektive ist ein solcher Boxenstopp. Es ist eine Gedankenschleife, in der das Team den Prozess Revue passieren lässt. Das iterative und inkrementelle Lernen findet in der ständigen Auseinandersetzung mit dem statt, was man im bisherigen Prozess erfahren hat. Diese Retrospektive muss nicht lange dauern, manchmal genügt eine halbe Stunde. Ihr Team stellt sich zunächst einmal Fragen wie:

- Was haben wir erlebt?
- Was haben wir dabei gelernt?
- Wie haben sich die Erfahrungen angefühlt?
- Was wissen wir jetzt über unser Produkt, unseren Anwender?
- Was haben wir über uns als Team erfahren?
- Wie würden wir den nächsten Designprozess gestalten?

Nächste Schritte. Der Prozess hat dem Entwicklungsteam sehr viele Informationen gebracht. Es weiß nun sehr viel mehr über das Produkt, die Bedürfnisse des Kunden und über sich selbst als am Beginn seiner Arbeit. Die Teammitglieder kennen die Produktvision, die meisten Rahmenbedingungen und auch die Funktionalitäten sind vollkommen klar.

Der Product Owner steht jetzt vor der Entscheidung, ob er dieses Produkt weiterverfolgt – und die Antwort ist natürlich: „Ja!" Selbstverständlich sind Sie diesen anstrengenden Weg mit Ihrem Team bis hierher nicht zur Probe gegangen, sondern weil Sie das richtige Produkt bauen wollen. Und genau das ist passiert: Das Team hat herausgefunden, was das richtige Produkt ist.

Seien Sie sich aber bewusst: Den ganzen Weg zu einem Lösungsvorschlag sind Sie mit Ihrem Team nicht gegangen, um ihn jetzt einem Gremium – zum Beispiel einem Lenkungsausschuss – zur Prüfung und zur Entscheidung vorzulegen, welche Funktionalitäten umgesetzt werden. Alle bisherigen Aktivitäten waren dazu da, um das Richtige herauszuarbeiten. Es gibt keinen Grund mehr, es nicht umzusetzen.

Daher geht es jetzt nur noch um die Transformation in ein herstellbares Produkt. Im Grunde sind alle User Storys geschrieben, in der Regel sind sie sehr schnell noch einmal formuliert. Das Product Backlog ist nun auch schnell priorisiert, denn die Bedürfnisse des Anwenders sind bekannt. In einem Technologie-Workshop können Sie mit Ihrem Team noch überlegen, was an Technik für das Produkt benötigt wird. Wenn das geklärt ist und auch das Budget für das Produkt da ist, kann es mit dem ersten Sprint losgehen.

■ 5.3 Implementierung – Scrum als Prozessmodell

Haben Sie es bemerkt? Beinahe übergangslos landet das Scrum-Team (= Entwicklungsteam) von der Exploration in der Umsetzung, denn die Voraussetzungen für die gelungene Produktentwicklung mit Scrum sind bereits geschaffen: Vision, Constraints und initiale Backlog-Items. Moment: Warum nur die *initialen* Backlog-Items? Während der Implementierung werden sich durch die Sprint Reviews, durch die kontinuierliche Arbeit an den User Storys und an der Umsetzung wieder neue Ideen ergeben. Diese werden, sobald sie auftreten, zurück in den Kreislauf fließen.

Continuous Discovery

Durch das Abarbeiten der User Storys entsteht eine „Continuous Discovery". Basierend auf den bisher erarbeiteten Grundlagen und umgesetzten Produktteilen entwickelt sich das Produkt ständig weiter. Die Continuous Discovery beschreibt die Beschäftigung des Scrum-Teams mit dem Produkt als Konzept. Dahinter verbergen sich alle Aktivitäten, die das Produkt weiterbringen: Konzepte, Design, Prototypen, Einschätzungen. Also genau das, was der Product Owner gemeinsam mit dem Entwicklungsteam neben den Umsetzungsarbeiten während des Sprints auch noch tun muss. Diese Aktivitäten lassen sich auf 10 bis 20 Prozent der Kapazität eines Sprints eingrenzen, müssen aber unbedingt durchgeführt werden. Folgende Aktivitäten fallen in diesen Aufgabenbereich:

- Erstellen neuer User Storys
- Nachdenken darüber, ob es Vorarbeiten zu erledigen gibt.
- Einschätzungen durch das Entwicklungsteam
- Überlegungen zu Technologie und Architektur
- Fragen darüber klären, wo diese Funktionalitäten eingebaut werden müssen.

Meiner Ansicht nach kann das sogar so weit gehen, dass das Entwicklungsteam während der Implementierung in dem einen oder anderen Sprint einige Tage für weitere Discovery-Sessions einlegt – so wie es das ganz zu Beginn der Produktentwicklung getan hat.[4] Vor allem dann, wenn das Produkt möglicherweise eine neue Richtung einschlagen soll, ist eine solche Session sogar dringend nötig. Diese Beschäftigung mit der Zukunft ist absolut notwendig, allerdings birgt sie eine Gefahr in sich: Den Versuch, es gleich am Anfang wieder richtig machen zu wollen. Unerfahrene Scrum-Teams rutschen dabei schnell in eine neue Form des Wasserfalls ab. Sie spezifizieren und wollen alles genau wissen. Meine Erfahrung: Sie brauchen einen erfahrenen Facilitator, der das verhindert oder eine gute Führungskraft, die sich auskennt und dem Team das Vertrauen gibt, dass sich am Ende alles fügen wird.

Die Explorationsphase wird also gewissermaßen während des Sprints weitergeführt. Was den Product Owner anbelangt, so arbeitet er mit dem Entwicklungsteam und als Teil des Entwicklungsteams. Er arbeitet nicht gegen das Team oder am Team vorbei. Daher ist er für das Entwicklungsteam vom Beginn der Produktentwicklung an ein ständiger Ansprechpartner, um

- dessen Fragen zu klären, und
- gemeinsam mit dem Entwicklungsteam zu lernen. Pflicht des Product Owners ist es, die Entstehung „seines" Produkts zu beobachten, um die Probleme verstehen zu können, die während des Arbeitens am Produkt auftreten können.
- Darüber hinaus steht der Product Owner ständig im Dialog mit dem Markt,
- setzt sich dabei mit den Kunden auseinander und
- führt den Prozess des Design Thinkings für sich im Geiste ständig weiter.

Nur so kann der Product Owner erkennen, ob weitere Discovery-Sessions mit dem Entwicklungsteam notwendig sind. Seine Aufgabe ist es aber natürlich auch, die Produktentwicklung durch seine Vision und seine User Storys zu steuern. Um den Überblick zu behalten sollte er

- eine *Story-Roadmap* entwickeln,
- ein *Impact-Mapping* erstellen und
- einen *Releaseplan* erzeugen, den er in die Organisation tragen kann.

Aus der Sicht des Product Owners besteht die Implementierungsphase also grob gesagt aus drei Ebenen des Arbeitens am Produkt:

1. Operationalisierung der User Storys durch das Entwicklungsteam
2. Weiterentwicklung des Backlogs aus der Vision heraus

---

[4] Die agile Community bezeichnet diese notwendigen Arbeiten als „Spikes".

3. Kontinuierliches Weiterdenken des Produkts

Der Scrum-Prozess (siehe Bild 5.5) wird vom Scrum-Team genutzt, um User Story für User Story abzuarbeiten:

- Im **Estimation Meeting** werden die User Storys vorgestellt,
  - mit Hilfe von Magic Estimation eingeschätzt,
  - gegebenenfalls vom Entwicklungsteam gesplittet,
  - sowie vom Product Owner (und ggf. vom Entwicklungsteam) weiter detailliert (Anforderungen werden klar dargestellt, Akzeptanzkriterien erhoben und Test Cases überlegt).

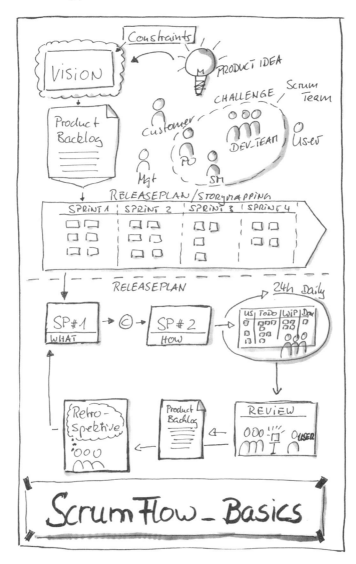

Bild 5.5
Der Scrum Flow

- Im **Sprint Planning 1** werden die User Storys besprochen und committet.
- Im **Sprint Planning 2** werden die User Storys von der Ebene der Anforderungen auf die Ebene des Designs überführt,
- Im **Sprint** wird User Story für User Story abgearbeitet („Done") und der Product Owner wird gebeten, diese User Storys abzunehmen. Neue User Storys werden während des Sprints dem **Product Backlog** hinzugefügt.
- Im **Sprint Review** werden die fertigen User Storys dem End-Anwender zum Ausprobieren gezeigt.

Die Estimation Meetings helfen, die User Storys für den folgenden Sprint vorzubereiten – daher überlagern sich der gerade laufende und der nächste Sprint.

Die Weiterentwicklung des Product Backlogs

Der Product Owner verbringt etwa die Hälfte seiner Arbeitszeit damit, das Produkt weiter zu spezifizieren. Er detailliert User Storys, erstellt neue und setzt sich vor allem immer wieder mit seinem Product Backlog auseinander. Durch das Impact-Mapping kann er sehen, welche Anwenderprobleme im Produkt bereits ausreichend berücksichtigt sind. Gleichzeitig erkennt er anhand der Story-Roadmap, wie weit das Entwicklungsteam bei der Umsetzung ist. Er überlegt, welche Storys er doch nicht braucht, um den Wert seines Produkts zu erhöhen.

All das reicht aber noch nicht aus. Der letzte Schritt ist der entscheidende: **Die Auseinandersetzung mit der Zukunft des Produkts:**

- Was wird mein Produkt in finanzieller Hinsicht bringen?
- Wird es das richtige Produkt sein?
- Wie weit ist der Markt?
- Welche User Storys wollen wir noch nicht anbieten, weil der Markt dafür noch nicht reif ist?
- Welche Releasezyklen sind sinnvoll?
- Welche Infrastruktur benötigt mein Produkt, damit es noch schneller entwickelt und releast werden kann?
- Was müssen meine Kunden in Zukunft vielleicht anders machen, damit mein Produkt zu ihnen passt?
- Ist das Ökosystem aus Dienstleistern, die mit uns das Produkt auf den Markt bringen, groß genug, müssen wir weitere Dienstleister hinzunehmen oder vielleicht abbauen?

Diese Fragen sind so schwierig, weil sie in vollkommener Unsicherheit gestellt werden. Es gibt keine fertigen Antworten, denn das ist die eigentliche Gestaltungskraft des Product Owners. Die oben gestellten Fragen dürfen mit dem Entwicklungsteam diskutiert werden, Sie dürfen Ihre Kunden fragen, Ihren Chef um seine Meinung bitten – doch am Ende stehen Sie als Product Owner alleine mit der Entscheidung da. Es ist Ihre Aufgabe, Orientierung zu schaffen und den Weg in die richtige Richtung zu bestimmen.

Definitionen

Für das nächste Kapitel ist es notwendig zu wissen, was unter Vision und Constraints verstanden wird.

Vision

Die Vision des Produkts ist wesentlich für das Projekt. Sie darf, nein, sie soll im Idealfall sogar vom Entwicklungsteam mit erarbeitet werden. Die Produktvision ist ein einfacher Aussagesatz, der folgende Eigenschaften erfüllt:

1. Er ist kurz – maximal drei Zeilen lang.
2. Er ist bildhaft. Beim Leser entsteht sofort ein Bild im Kopf.
3. Dieses Bild ist emotional attraktiv – es entsteht der Wunsch, Teil dieser Vision zu sein.
4. Die Vision, das entstehende Bild, ist dabei so anspruchsvoll, dass es für alle Beteiligten eine Herausforderung ist, es zu erreichen.

Die Vision ist kein Selbstzweck. Sie ist auch nicht der Anfang der Beschäftigung mit der Produktidee, sie ist vielmehr das Ergebnis dieser Beschäftigung. Sie kristallisiert sich langsam heraus. Daher wird sie jedes Mal, wenn der Product Owner und das Entwicklungsteam darüber reden, für alle Beteiligte klarer und konkreter und vor allem für das Entwicklungsteam verständlicher.

Eine Produktvision ist aber kein Werbeslogan! Sie soll nicht im Nachhinein beim Kunden den Wunsch wecken, das Produkt erwerben zu wollen. Es geht darum, im Vorfeld zu entscheiden, was das Produkt ausmacht. Oft muss das gar nicht der große Wurf sein. Es können Kleinigkeiten sein, die das eine Produkt von anderen abheben, und dennoch ist es um ein Vielfaches begehrenswerter.

Constraints

Ein Produkt steht immer in einem Kontext aus Umweltbedingungen. So ist ein Auto den Gesetzen der Physik, der Leistungsfähigkeit der heutigen Technologie und vielen gesetzlichen Rahmenbedingungen ausgeliefert. Der Product Owner weiß das natürlich, aber kennen auch die übrigen Teammitglieder diese Faktoren?

Die Rahmenbedingungen, dem ein Produkt unterliegt, bezeichne ich als Constraints. Dazu gehören in der Softwareentwicklung insbesondere die sogenannten nicht-funktionalen Anforderungen oder in der Hardwareentwicklung die Einschränkungen durch den Platzbedarf oder das Gewicht einer Komponente. Bei einem Projekt in der Medizintechnik musste das neue Gerät zum Beispiel die gleichen Messergebnisse liefern wie das alte Gerät, da es sonst nicht von den Labormedizinern akzeptiert werden würde – obwohl das Gerät neuartige Reagenzien nutzt, die feinere Ergebnisse liefern können.

Solche Constraints lassen aus einer Produktvision das konkrete Produkt entstehen. Das Produktdesign muss eine Antwort darauf liefern, wie die Vision in diesen Grenzen umgesetzt werden kann.

Ein Wort zum Wasserfall

Dieses Kapitel möchte ich mit dem Versuch abschließen, ein Missverständnis auszuräumen. Als Prozess betrachtet hat der Wasserfall in der Produktentwicklung nicht funktioniert. Dass vor allem komplexe Produkte iterativ entwickelt werden müssen, hat man schon früh erkannt. In einem internen Report an das IBM-Management schrieb M. M. Lehman 1969 über die Vorteile von IID (Iterative and Incremental Development):

> „The basic approach recognizes the futility of separating design, evaluation, and documentation processes in software-system design. The design process is structured by an expanding model seeded by a formal definition of the system, which provides a first, executable, functional model. It is tested and further expanded through a sequence of models, that develop an increasing amount of function and an increasing amount of detail as to how that function is to be executed. Ultimately, the model becomes the system." (Larman/Basili 2003, S. 48)

Das IID-Modell fiel gegen Ende der 1970er einem neuen militärischen Standard der Softwareentwicklung zum Opfer, der das sequenziell ausgelegte Wasserfallmodell der Entwicklung favorisierte, aber belassen wir es aus historischer Sicht dabei.

Entscheidend sind die Aktivitäten des Wasserfalls: Analyse, Design, Implementation, Testing und Releasing. All das sind Aktivitäten, die als Aufgaben natürlich auch auf ein Scrum-Team zukommen und erledigt werden müssen. Der Unterschied zum sequenziellen Abarbeiten ist, dass alle Aktivitäten mehr oder weniger gleichzeitig, noch besser parallel vom Entwicklungsteam durchgeführt werden. Das erwähne ich an dieser Stelle noch einmal, weil wir uns in einem Buch über Schätzen über eines im Klaren sein müssen: Man kann unmöglich schätzen, wie oft man während eines Projekts über das Gleiche nachdenkt, oder wie oft man einen Testfall wiederholen muss, bis das Ergebnis befriedigend ist, oder wie lange man braucht, um die zündende Idee zu haben. Daher müssen wir neuartige Schätzverfahren und Management-Methoden entwickeln, die ohne Aufwandschätzung auskommen.

 Lesetipp

Craig Larman, Victor R. Basili: Iterative and Incremental Development: A Brief History. IEEE Computer, June 2003.

6 Tools und Techniken während der Implementierung

Wie man mit Methoden oder auch nur einzelnen Elementen des Design Thinkings die Exploration gestalten kann, habe ich in Kapitel 5 gezeigt. Können wir Methoden wie das Design Thinking aber nur nutzen, wenn wir bei einem Projekt von Anfang mitmachen? Ich werde in diesem Kapitel zeigen, welche Tools Sie nutzen können, um auch noch während der Implementierung Ihr Product Backlog zu erweitern oder zu klären.

Oft ist es doch so: Das Lastenheft wurde bereits von jemandem geschrieben, noch öfter wurden die Projektpläne bereits verabschiedet, oder es existieren zumindest schon die Endtermine, die das Entwicklungsteam auf jeden Fall halten soll. Der Eindruck entsteht, und wird auch immer wieder erweckt, als müsse man das, was in den Analysedokumenten, in den Feasibilities oder Projektplänen steht, auch Wort für Wort so liefern. Viele Mitarbeiter (Business Analysten, Projektleiter, Teamleiter und selbst die Entwickler) sind oft der Meinung, sie müssten sich an diese Dokumente halten, koste es was es wolle. Sie fühlen sich vielleicht sogar ohnmächtig, weil sie sich nicht in der Lage sehen, ein wenig korrigierend einzugreifen. Die gute Nachricht ist aber: Natürlich gibt es die Möglichkeit einzugreifen und die Kontrolle über das Projekt, die Lieferung, wiederzuerlangen! Die gab es doch auch immer in einem traditionell durchgeführten Projekt. Immer dann, wenn Projekte beinahe revolutionär erfolgreich waren, lag es daran, dass die Projektbeteiligten vom Plan abgewichen sind. Erfolgreiche Projekte werden nie Wort für Wort abgearbeitet.

 Bob Schatz erzählte auf einer Konferenz in einem Nebengespräch von seiner Arbeit mit einem Kunden in der NASA. Dort hätte er eine Business Analystin und ihr Entwicklungsteam getroffen: Die Mitglieder des Entwicklungsteams gaben irgendwann zu (und sagten das auch der Business Analystin), dass sie die von der Analystin erstellten Dokumente nie gelesen hatten. Nicht ein einziges Mal in den zehn Jahren, in denen diese Menschen miteinander arbeiteten.

Das „normale", traditionelle Projektgeschäft läuft doch auch nicht linear ab. Genau aus diesem Grund empfehle ich Ihnen, damit transparent umzugehen und tatsächlich die bereits erstellten Dokumente zu ignorieren. Richtig, das ist ein Aufruf zum zivilen

Ungehorsam. Ein Aufruf zum Ungehorsam, damit Sie als Product Owner deutlich machen, dass Sie die Verantwortung und auch die Verpflichtung haben, das Produkt zu gestalten.

Daher sind Sie auch die Person, die entscheidet. Natürlich ist es dabei Ihr Ziel, ein Produkt so zu entwickeln, dass es dem Anwender gefällt. Das bedeutet aber nicht zwingend, Anforderungen abzuarbeiten, oder?[1]

Das geht natürlich nur, wenn Sie als Product Owner akzeptieren, dass Sie das Produkt definieren. Viele Product Owner und Entwicklungsteams, mit denen wir den Ansatz „alles neu" ausprobieren wollen, wehren sich gegen dieses Vorgehen. Nicht etwa, weil sie keine Ideen oder Vorschläge für das Produkt hätten, sondern ganz einfach deshalb, weil in den Entwicklungsabteilungen noch immer das Mindset herrscht: „Der Kunde muss uns sagen, was wir liefern sollen." Das ist zwar ausgemachter Blödsinn, aber es dauert oft monatelang, diese Sichtweise zu ändern.

Angenommen, Sie konnten das Lastenheft doch nicht wegwerfen, vielleicht wollen Sie es auch als Quelle der Inspiration nutzen – dann ist es die Aufgabe des Product Owners, das Lastenheft mit dem Entwicklungsteam in Workshops durchzusprechen, um es zu verstehen. In diesem Fall nutzen Sie diese Workshops als Discovery-Phase. Sie kennen die Intention des Produkts, Sie kennen die Zielsetzung und die Herausforderungen an das Produkt. Dann gehen Sie so schnell wie möglich in die Phase der Ideation. Moment: Ideen generieren? Nein, nicht für Features oder neue Funktionalitäten, sondern für die Umsetzung: das Design. Die Anforderungen wurden ja im Workshop besprochen, daher brauchen Sie jetzt Ideen, wie Ihr Entwicklungsteam diese Anforderungen, die im Lastenheft besprochenen Funktionalitäten, am schnellsten umsetzen kann. Dazu ist die Ideation bestens geeignet. In einem – am besten eintägigen – Workshop entwickeln Sie mit Ihrem Team so viele Umsetzungsideen, dass Sie diese am nächsten Tag in der Prototypen-Erstellung der Exploration-Phase schnell umsetzen können. Nutzen Sie dazu alle Möglichkeiten, die dem Scrum-Team einfallen (ich schreibe bewusst Scrum-Team – der Product Owner und der ScrumMaster werden sicher auch Umsetzungsideen haben).

Welche Tools haben wir also zur Verfügung, um auch noch während der Implementierung Licht ins Dunkel zu bringen.

Personas – auch mit Lastenheft

Die Idee der Persona lässt sich auch nutzen, wenn bereits alle Vorgaben im Lastenheft stehen. Unter diesen Voraussetzungen hilft die Beschäftigung dem Entwicklungsteam zumindest, sich bewusst zu machen, für wen dieses Produkt entwickelt wird. Dem Product Owner mag es vielleicht vollkommen klar sein, aber das ist am Ende nicht ausschlaggebend. Wichtig ist, dass das Entwicklungsteam alle Informationen hat und sich

---

[1] Mir ist bewusst, dass diese Aussage in vielen Unternehmen einer Revolution gleichkommt. Aber es gibt viele Gründe, die dafür sprechen. Zum Beispiel wissen wir doch alle aus Erfahrung, dass in vielen Projekten nur ein Bruchteil der Anforderungen gebraucht wird, die in den Spezifikationen stehen. Wir wissen auch alle, dass sich die Spezifikationen schneller ändern, als wir neue User Storys entwickeln können. Also warum nicht gleich mit dem Entwicklungsteam diese Anforderungen in Form von User Storys noch einmal erstellen und den Anwender – und damit den Kunden – zufriedenstellen?

ein klares Bild machen kann. Nur so kann das Entwicklungsteam auch in einem eng gesteckten Rahmen seine Kreativität positiv nutzen.

Ein Softwarelieferant hatte uns gebeten, ihn im Rahmen einer Ausschreibung zu unterstützen. Das Lastenheft gab es bereits und wir sollten dazu das Backlog erstellen. In der gemeinsamen Arbeit stellte sich schnell heraus, dass nicht deutlich war, welche Funktionalität für welche Zielgruppe gedacht war. Mit Hilfe von Personas ließ sich das aber schnell klären. Am Ende konnten wir im Lastenheft die Funktionalitäten den Personas genau zuordnen. So wurde das Backlog nicht nur wesentlich lesbarer, sondern auch einfacher zu priorisieren.

6.1 Impact-Mapping

Das sogenannte Impact-Mapping ist ein hervorragendes Instrument für das Erstellen einer Umfeldanalyse – selbst wenn Sie sich schon auf dem Weg befinden. Es wurde in den letzten Jahren von Gojko Adzic entwickelt. Grundidee ist es, vier Fragen zu beantworten: Warum, wer, wie und was? Die letzte Frage erklärt im Grunde, welche Funktionalität geliefert werden soll und dieses Ergebnis kann dann zu einem Product Backlog werden oder diesem hinzugefügt werden.

Das Ergebnis dieser Fragen wird in einer Mind-Map-ähnlichen Darstellung, der Impact Map, festgehalten (Bild 6.1). Was dadurch sichtbar wird, sind die Annahmen, die in einem Produktentwicklungsprojekt über das Produkt existieren. Auf diese Art werden die Constraints greifbar. Die Impact Map entsteht während eines Workshops und wird dokumentiert.

Warum? Das ist die zentrale Frage und eine Möglichkeit, sie zu beantworten, war das Erstellen der Produktvision. Beim Impact-Mapping wird diese Frage noch einmal für jede einzelne Produkt- oder Funktionalitätsgruppe gestellt. Dabei soll der eigentliche Beweggrund für das Erstellen einer Funktionalität offengelegt werden.

Wer? Damit ist nicht nur der Anwender gemeint, sondern alle involvierten Parteien. Daher wird diese Frage ausdifferenziert:

- Wer kann die erwünschten Ergebnisse erzielen?
- Wer kann diese Ergebnisse verhindern? Wer könnte dagegen arbeiten?
- Wer sind die Mitbewerber?
- Wer ist durch das Produkt betroffen? Wer muss mit Auswirkungen rechnen?
- Gibt es noch andere Vertreter, die das Produkt beeinflussen können?

Auch dieser Schritt lässt sich ideal mit den Ideen aus dem Design Thinking kombinieren. Die Fragen können zum Beispiel mit Hilfe von Personas beantwortet werden. Auf diese Weise bekommen die Antworten ein Gesicht, das im Verlauf des Projekts weiter genutzt werden kann.

Wie? Nachdem sich das Team auf diese Weise entschieden hat,

- wer von dem Produkt betroffen ist,
- oder damit zu tun haben wird,

lassen sich für jede dieser Gruppen (die Personas) entsprechende Aspekte des Produkts (die Funktionalitäten) finden, die für genau diese Gruppen einen Vorteil bringen können. Möglicherweise wird dabei aber auch deutlich, dass die Gruppen bestimmte Funktionalitäten sogar verweigern würden, weil sie zunächst einen Nachteil vermuten.

Was? Welche Funktionalitäten sollen das Verhalten des Anwenders beeinflussen? Diese Frage führt auf die Ebene der User Storys. Auf dieser Ebene werden die Funktionalitäten zunächst grob, später dann detaillierter beschrieben.

Im Gegensatz zum Design Thinking ist das Impact-Mapping ein stärker strukturierter Rahmen, um zu analysieren, ob es eine Idee überhaupt wert ist, weiterverfolgt zu werden. Der Vorteil dieser Methode ist aber gleichzeitig auch ihr Nachteil, weil er das Denken entsprechend beschränkt. Entscheidend an der Impact Map sind aber nicht die Fragen, sondern die Visualisierungen. Die Fragen selbst werden kontextabhängig gestellt und beantwortet. Die Tatsache, dass die Dokumentation als „big visible chart" an eine große Wand gepinnt, geklebt oder gezeichnet wird, erzeugt aber die Möglichkeit, sich bewusst für eine Gruppe von Funktionalitäten zu entscheiden.

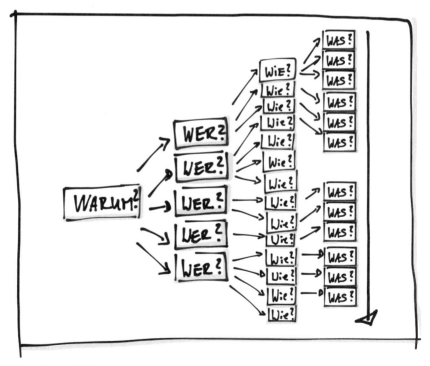

Bild 6.1 Impact Map

Impact Maps helfen beim iterativen Entwickeln, die Gründe für das Produkt und das einzelne Feature nicht aus den Augen zu verlieren. Der Product Owner und natürlich auch das Entwicklungsteam behalten damit den Überblick und können in der Hektik des Alltags entscheiden, ob sie eine bestimmte Funktionalität (User Story) liefern wollen. On-the-fly kann der Product Owner den Scope des Projekts verändern und weiß dennoch immer genau, wozu er gerade diese User Story entwickeln will. Die „Was"-Spalte liefert also ein priorisiertes Product Backlog.

■ 6.2 Prototypen

Es wird viel zu viel gedacht und viel zu wenig umgesetzt. Ich möchte Ihnen an dieser Stelle das Motto meines Teams empfehlen: „Doing as a way of thinking." Inmitten der komplexen Gegebenheiten dieser Welt müssen wir in der Produktentwicklung herausfinden, ob etwas funktioniert, ohne die Gewissheit zu haben, dass es tatsächlich funktionieren wird. Aus meiner Sicht gibt es unter dieser Voraussetzung nur zwei Möglichkeiten:

- Entweder brauchen wir eine Entwicklungsmethode (wie Scrum), die im laufenden Prozess immer wieder mit dem Anwender testet, ob das Gelieferte funktioniert.
- Oder wir brauchen eine Möglichkeit, bereits unsere Intuition – also unsere Ideen – zu testen.

Wir haben schon im Prozess des Design Thinkings gesehen, wie wichtig das Ausprobieren ist. Nicht als Überprüfungsinstrument, sondern vor allem als Lerninstrument. Mit Scrum geht es uns darum, immer wieder schnelle Rückmeldungen zu bekommen und sehr schnell herauszufinden, ob etwas funktioniert oder nicht, daher setzen wir auf zwei Prinzipien:

1. Fast Feedback
2. Fail fast

Beide Formen des Feedbacks ermöglichen das **schnelle** Lernen bei gleichzeitigem Erzeugen immer wieder neuer und kreativer Impulse. Allerdings ist eines klar: Wenn wir schnell „versagen" wollen, um schneller etwas zu lernen, dann darf uns dieses Lernen nicht jedes Mal teuer zu stehen kommen. Das Versagen muss also billiger werden und das ist der Grund für Prototypen und für zweiwöchige Sprints. Beides hilft uns, sofort herauszufinden, ob unsere Ideen funktionieren.

An dieser Stelle höre ich in Trainings – einmal mehr – ein japsendes „Aber der Kunde will doch ..." Am schwierigsten ist für angehende Product Owner immer die gedankliche Hürde zu nehmen, dass sie die Kundenwünsche nicht durch Ausfragen des Kunden oder durch die Forderung nach noch detaillierteren Spezifikationen erfüllen können. Einmal mehr sage ich dazu: Der Kunde kann selbst nicht wissen, was er wirklich für die Lösung seines Problems braucht. Er hat eine zu starke Innensicht. Nur indem ein Product Owner mit seinem Team immer wieder neue Ideen entwickelt und sie gewissermaßen „am lebenden Subjekt" ausprobiert, kann er sich der tatsächlichen Lösung des Kundenproblems nähern und durch den Versuch am Anwender das Produkt perfektionieren.

Wie entstehen Prototypen?

Auf Prototypen bin ich das erste Mal in der klassischen Softwareentwicklung gestoßen. Bei einem großen IT-Dienstleister wurden Projekte nach ausgeklügelten Projektmanagementmethoden abgewickelt und auch wir nutzten schon Prototypen. Damals meinten wir mit Prototypen allerdings nicht-funktionierende Varianten des Produkts, die schnell und billig gebaut wurden und die wir dem Kunden zeigen wollten. Entweder wollten wir wissen, ob wir getroffen hatten, was unser Kunde wollte, oder wir wollten ihm helfen zu erkennen, was er wirklich braucht. Fatal daran war: Die schnell und unsauber entwickelten Funktionalitäten, die eigentlich nicht wirklich einsatzfähig waren, wurden zur Grundlage aller nachfolgenden Varianten des Produkts – meist wegen des Zeitdrucks im Projekt. Das entwickelte sich zwar immer zu einem architektonischen Desaster, es war aber damals wie heute – wie ich im Laufe der Zeit lernen sollte – gängige Praxis in der Softwareentwicklung. Der Prototyp wurde immer zum eigentlichen Produkt. Warum? Die Antwort ist: Der Prototyp „lief" ja bereits. Er zeigte schon alles, was wir wollten. Wieso also noch mehr Zeit investieren? Dass bei diesen Entwürfen die kritischen Aspekte des Projekts gar nicht berücksichtigt worden waren, war den Verantwortlichen oft nicht bewusst. Oder auch einfach egal.

2003 kam ich in Salt Lake City zum ersten Mal mit Scrum in Berührung. Ken Schwaber machte mehr als deutlich, dass diese Form des Prototyps pures Gift sei. Genau deshalb dürften wir als Softwareentwickler keine Prototypen mehr erstellen, so sein Argument. Ich habe ihm damals bereits zugestimmt und ich sehe es auch heute noch so. Aber Vorsicht: Gemeint ist ausschließlich die Art von Prototypen, die ich gerade beschrieben habe.

Die Alternative zu dieser Art des Prototypings: Am Ende eines Sprints werden *fertige* Produktinkremente geliefert. Keine Ideen oder halbfertige Produkte – der Product Owner bestellt etwas, das funktionieren soll.

Genau diese Forderung führt aber zu Schwierigkeiten in der Produktentwicklung:

1. Der Product Owner weiß oft gar nicht, was er wirklich will. Er ist noch auf der Suche nach dem „richtigen" Produkt und manchmal sogar nach der einzelnen *richtigen* Funktionalität (User Story).
2. Das Entwicklungsteam weiß nicht, wie es das Produkt in dieser Technologie überhaupt entwickeln kann.
3. Der Kunde selbst braucht etwas, um entscheiden zu können, was er will.

Wie können wir dem Product Owner und dem Kunden helfen, diese drei Fragen zu beantworten? Dabei gilt die Anforderung: Die Fragen müssen möglichst günstig beantwortet werden, es darf nicht lange dauern und darf nur wenig kosten.

Design-Prototypen

Design-Prototypen sind eine Antwort auf die drei Fragen. Nachdem wir eine Impact Map erstellt und uns für einen bestimmten Pfad entschieden haben, müssen wir herausfinden, ob genau dieser Pfad korrekt ist, richtig? Wir wollen wissen, ob wir mit unseren Vorstellungen über die Bedürfnisse des Anwenders richtig liegen. Das geht nur durch Ausprobieren.[2]

Es gibt viele Varianten, wie Sie diese Prototypen erstellen können:

1. Lego-, Fischer-Technik- oder Holzmodelle
2. Wireframes, mit neuen Tools auch klickbar
3. Papiermodelle – finde ich am lustigsten
4. Skizzen – bis hin zu tollen Bildern
5. Sie finden sicher noch einige andere Varianten

Die Regel ist: Schnell, billig und es muss aussehen wie ein Prototyp. Der Mensch muss sich in dieser Situation selbst austricksen: Ein perfektes Modell signalisiert „fertig". Der Anwender oder Kunde (und auch der Product Owner und das Entwicklungsteam) darf also nie das Gefühl bekommen, eine User Story sei bereits funktional und damit vorhanden.

In der Praxis begegne ich auch noch einem anderen Extrem: Prototypenbau für – niemanden. So ist zum Beispiel ein Webportal eigentlich das ideale Umfeld für Prototypen, die ein User sofort anschauen und ausprobieren kann. In einem solchen Projekt ließ ein Kunde 60 pixelgenaue Prototypen der neuen Startseite bauen – ohne sie auch nur ein einziges Mal am Markt zu überprüfen. Es gab zwar User Tests, aber nur mit Kontrollgruppen. Als sich das Management endlich für eine Variante entschieden hatte, wurde diese neue Startseite über Wochen entwickelt. Dann ging sie live ... und wurde ein Flop! Die Klickraten fielen spontan in den Keller. Aus meiner Sicht eine Katastrophe, aber das Management war der Meinung, es hätte alles richtig gemacht – der Prozess habe gestimmt.

 Tipp

Sie wollen einen Prototyp erzeugen, aber Sie dürfen Ihn nicht dem Anwender zeigen? (Auch das soll vorkommen.)

Zwar lernen Sie etwas über das Produkt, aber Sie wissen immer noch nicht, ob es der Nutzer mögen wird. Macht nichts – ist nicht ideal, aber auch dieser Prototyp wird Ihnen beim Erkennen des richtigen Produkts helfen.

Daten-Prototypen

Natürlich ist es auch nötig, Produkte realitätsnah auszuprobieren. Mit dem Design-Prototypen bekommt das Entwicklungsteam ein Gefühl dafür, ob eine Funktionalität hilfreich sein wird. Nun muss es auch eine echte Interaktion mit dem Produkt ermöglichen. In Software-Projekten geht das meist nur, wenn tatsächlich etwas entwickelt wird. Bei

---

[2] Eric Ries hat in „The Lean Start Up" gezeigt, dass dieses Prinzip sogar für das Aufbauen eines Unternehmens funktioniert.

unserem medizintechnischen Hardware-Projekt zum Beispiel war alles fertig, die Simulation zeigte: Alles auf Grün! Und dann die Ernüchterung: Die Sensoren reagieren in der Realität auf die Schwankungen von Materialien viel empfindlicher, als es momentan in der Software abgebildet ist. Also, zurück an den Start. Es funktionierte nicht.

Das kann passieren, auch hier gilt wieder: Probieren geht über Studieren. Besser jetzt das Problem erkennen als später. Selbstverständlich muss das so günstig wie möglich passieren und nicht für jede Variante, aber ohne das Probieren geht es nicht.

Genau darauf zielt Ken Schwabers Idee ab, am Ende des Sprints funktionierende Produktinkremente zu haben. Werden pro Sprint Varianten oder ganze Funktionalitäten günstig hergestellt, können diese Varianten auch schnell wieder komplett verworfen werden. Auf diese Weise fallen nicht zu viele Ressourcen der Unsicherheit zum Opfer, ob die Ideen funktionieren werden.

Mir ist klar, dass die momentane Wirklichkeit vieler Unternehmen dieses Denken gar nicht zulässt. Man will **vorab** wissen, ob eine Funktionalität funktionieren wird und hängt an der Fiktion, dass es den *einen* „richtigen" Weg, die *eine* richtige Funktionalität geben muss. Dahinter steckt die verständliche, aber kontraproduktive Denkweise, dass man nur einmal investieren will und daher muss diese Investition auf jeden Fall korrekt sein. Diese Denkweise ist schwer aus den Köpfen der Entscheider zu bekommen. Auch dieser interne Kunde muss aber irgendwann verstehen, dass er ein Produktentwicklungsprojekt erfolgreicher machen kann, wenn er selbst mit ausprobiert. Schließlich gibt er ja etwas in Auftrag, das noch nie dagewesen ist. Er investiert also in eine Idee – die zum Erfolg werden kann, wenn es die richtige Idee ist. Er investiert, aber er kauft nicht ein fertiges Feature.

■ 6.3 Das Wie und das Was – User Storys

Lastenhefte haben meistens ein Problem: Die Anforderungen können nur schwer so aufgeschrieben werden, dass sie wirklich jeder versteht. Erschwerend kommt dazu, dass sie oft sogar von Menschen auf Englisch verfasst werden, deren Muttersprache nicht Englisch ist. Und dann müssen die Lastenhefte von Menschen, deren Muttersprache ebenfalls nicht Englisch ist, gelesen, verstanden und umgesetzt werden. Bis heute ist mir nicht klar, wie man sich davon große Erfolge erwarten kann.

In den letzten zehn Jahren hat sich eine neue Methode durchgesetzt, die – anders als Anforderungen – einfach nur zeigen will, wie eine bestimmte Funktionalität *aus der Sicht des Anwenders aussieht* und welchen Nutzen er von dieser Funktionalität erwarten kann.

„Eine Lampe leuchtet" – das ist die Funktionalität. Mit einer Funktionsbeschreibung, aus der man darüber hinaus ablesen kann, wozu diese Lampe leuchten soll, ließe sich die Beschaffenheit eines Produkts auch noch verstehen. Also beispielsweise: „Als *im Bett liegender Bücherleser* möchte ich eine *Nachttischlampe*, damit ich mein Buch klar und deutlich lesen kann." Dieses Format wurde von Mike Cohn popularisiert und hat sich seither als äußerst praktikabel erwiesen.³ Tabelle 6.1 zeigt das Format, das Mike Cohn für die User Story entworfen hat.

Die User Story ersetzt nicht das Gespräch zwischen Product Owner und Entwicklungsteam, sondern setzt einen Marker, der später allen Beteiligten den Sinn der Funktionalität erläutern kann. User Storys sollten immer als ein Versprechen dafür gesehen werden, dass der Product Owner mit dem Entwicklungsteam ausführlich über diese User Story *sprechen* wird.

User Storys werden meist auf großen Karteikarten oder DIN-A4-Blättern ausgedruckt, damit sie an einer Wand angebracht und so vom Team gemeinsam bearbeitet werden können. Das Verwalten von User Storys in einem Spreadsheet hat sich hingegen nicht bewährt, weil das Weiterbearbeiten oft sehr mühsam ist.

Tipp

Nutzen Sie PowerPoint, Keynote oder Google Presentation für diese Aufgabe. Auf jede „Slide" wird eine User Story geschrieben.

Tabelle 6.1 Format der User Story nach Mike Cohn

Formulierung	Die beantwortete Frage
Als [User Rolle]	Wer (Impact-Mapping: Akteur)
möchte ich eine [Funktionalität]	Was (Impact-Mapping: Was)
damit ich folgenden [Nutzen] habe	Wozu? (Impact-Mapping: Wie)

Genau so gut funktioniert aber auch die folgende Formulierung:

Um **[den folgenden Nutzen]** zu erhalten, möchte ich als **[Anwendertyp]** diese **[Funktion]**.

Hier einige Beispiele für User Storys:

- Als Busfahrer möchte ich die Tür von meinem Sitz aus öffnen können, damit ich nicht bei jeder Haltestelle aufstehen muss.
- Als Busfahrer möchte ich, dass die Tür sich nicht schließt, wenn eine Person noch in der Tür steht, damit ich nicht aus Versehen losfahre und ein Mensch zu Schaden kommt.
- Als Laborarzt möchte ich, dass der Barcode auf den Röhrchen automatisch gelesen wird, damit wir die Patienteninformationen nicht noch einmal gesondert eintippen müssen.
- Als Bankangestellter, der Konten anlegen darf, möchte ich, dass beim Anlegen des Kundennamens automatisch überprüft wird, ob dieser Kunde auf einer „schwarzen

---

[3] Funktionalitäten müssen nicht unbedingt als User Storys aufgeschrieben werden, aber das Format hilft sehr. Es hat aber auch seine Grenzen und daher gilt: Wenn es eine bessere Lösung gibt, nutzen wir die bessere Lösung.

Liste" steht und dass mir in diesem Fall sofort eine Meldung eingespielt wird, damit ich vermeide, ihm ein illegales Konto einzurichten.

- Um meinen Rücken beim Tragen zu entlasten, möchte ich als Wanderer eine Tragehilfe, die die Last gleichmäßig auf den Schultern und der Hüfte verteilt.

Wer schreibt die User Storys?

Meine Haltung dazu ist: Jeder schreibt, der Teil des Projekts ist. Also in der Regel das Scrum-Team. Aber auch der Kunde oder sogar der Manager, der eine gute Idee hat, darf Ideen zu Funktionalitäten äußern. Es ist jedoch die Verantwortung des Product Owners, zu überprüfen, ob eine User Story sinnvoll ist, oder ob sie zu einem seiner Pfade auf der Impact Map passt. Passt sie nicht zu seiner Vision des Produkts, darf er diese Idee getrost wegwerfen.

Eine Idee zu einer Funktionalität ist noch keine User Story! Erst die klare Beantwortung der drei Fragen „Wer, was und wozu?" macht aus einer Idee eine User Story. Erweiterungen zu den User Storys gibt es natürlich viele. So werden User Storys häufig schon in einer frühen Phase durch das Aufschreiben von Akzeptanzkriterien angereichert. Wer den Scrum Flow aber korrekt abarbeitet, weiß, dass er diese Informationen erst zum Sprint Planning 1 benötigt und kann am Anfang guten Gewissens darauf verzichten.[4]

Die Größe von User Storys

Mike Cohn ist nicht nur das Format der User Storys, sondern auch die Unterscheidung zwischen Epic, Theme und User Story zu verdanken. Er machte auf diese Weise deutlich, dass User Storys unterschiedliche Größen – also Funktionsumfänge – haben können. Fakt ist, dass User Storys klein sein sollen (dazu unter „Kriterien für User Storys" mehr). Ob Sie diese Idee aufgreifen oder nicht, liegt ganz bei Ihnen. In unserer Praxis hat das Benutzen der Begriffe „Epic" und „Themes" immer zu mehr Verwirrung als zu einer Klärung geführt. Es ist nach meiner Erfahrung einfacher, von *kleinen* und *großen* User Storys als von Epics und Themes zu sprechen. Denn nur dann macht es auch Sinn, User Storys auf einer Skala einzuteilen, mit der das Team die Größe einer User Story einschätzen kann.

Kriterien für User Storys

Wann ist eine User Story eine gute User Story? Prinzipiell zielt diese Frage in die falsche Richtung, denn wie bereits erwähnt, ist eine User Story nichts weiter als ein Marker für ein nachfolgendes Gespräch. Aber trotzdem kann ich Ihnen ein paar Hilfestellungen für das Formulieren von User Storys geben.

1. Eine User Story sollte *immer nur eine Funktionalität* ausdrücken. Schauen Sie bei der User Story also genau hin: Immer wenn Sie in der User Story ein „und", „oder" oder ein Komma finden, können Sie annehmen, dass diese User Story nicht nur eine Funk-

---

[4] Ich werde im späteren Verlauf zeigen, wie wichtig die Vorbereitung des Product Owners auf das Sprint Planning 1 ist.

tionalität enthält. Sehen Sie sich die Beispiele oben noch einmal an: Welche User Story lässt sich sofort aufteilen?
2. Achten Sie auf Generalisierungen. Generalisierungen verkleiden sich oft als Formulierung von Oberbegriffen – es wird als nicht genau gesagt, was gemeint ist. Beispiele:
   a) „Daten" → Welche Daten sind genau gemeint?
      - Adressen → Name, Anschrift, Stadt
        - Anschrift → Straße, Hausnummer
      - Profildaten des Users → Name, Alter, Bild, Passwörter
   b) Gemüse → Gurke, Rosenkohl
   c) Anwender → Klienten, Administrator, Studenten
      - Studenten → Erstsemestrige Studenten, Absolventen
   d) Allgemeine Funktionalitäten eines Systems
      - Die Adressen sollen verändert werden können → verändert = add, update, delete
      - Die Daten sollen angezeigt werden können → Wie genau sollen diese Daten angezeigt werden können?
3. Vorsicht! Oft ist in der Formulierung des Nutzens die eigentliche Funktionalität zu finden.
   a) Die Pipette soll hochfahren, damit das Röhrchen ohne Hindernis weitertransportiert werden kann.
   b) Das Datumsfeld soll rot aufscheinen, damit man sieht, dass eine Frist abgelaufen ist.
   c) Es soll eine Fehlermeldung angezeigt werden, damit man sieht, dass der User nicht gefunden werden konnte.

Zu Punkt 3: Dass der Nutzen eigentlich eine Funktionsbeschreibung ist, statt tatsächlich den Nutzen wiederzugeben, hat noch einen weiteren Aspekt. Wenn Sie sich die folgende Story ansehen, werden Sie erkennen, dass hier die Funktionalität in Wahrheit bereits in Form einer Designrichtlinie für die Entwicklung beschrieben ist:

„Das Datumsfeld soll *rot aufscheinen*, damit man sieht, dass eine Frist abgelaufen ist."

Statt der Funktionalität wird eine Designinformation geliefert. Besser wäre eine User Story wie die folgende:

„Als Sachbearbeiter möchte *ich einen Hinweis darauf, dass die Zahlungsfrist abgelaufen ist*, damit ich die Mahnung an den Kunden veranlassen kann."

In dieser Variante wird deutlich, worum es geht, ohne dass dem Entwicklungsteam damit vorgeschrieben wird, wie die Story umzusetzen ist.

Neben diesen eher weichen Kriterien für das Formulieren von User Storys gibt es auch die von Mike Cohn geprägte Formel: **INVEST**. Wofür steht diese Abkürzung?

- I – Independent: Eine User Story soll so formuliert sein, dass sie unabhängig von anderen User Storys implementiert werden kann.

- **N – N**egotiable: Das Entwicklungsteam hat Handlungsfreiheit über die Art und Weise, wie eine User Story implementiert werden kann und kann das mit dem Product Owner auch besprechen. Gemeint ist damit auch, dass die User Story noch verändert werden kann, sie also einen anderen Zuschnitt bekommen kann.
- **V – V**aluable: Eine „gute" User Story ist immer werthaltig. Sie generiert einen Nutzen für einen End-Anwender und daher trägt sie zum Erfolg des Produkts bei.
- **E – E**stimable: Die User Story muss „schätzbar" sein. Ihr Zuschnitt muss also so sein, dass das Entwicklungsteam damit etwas anfangen kann.
- **S – S**mall: Eine User Story sollte gerade so groß sein, dass klar definiert werden kann, was alles zu tun ist, um diese User Story in einem Sprint abarbeiten zu können.
- **T – T**estable: Die User Story muss so formuliert werden, dass das Entwicklungsteam weiß, wie es die User Story testen kann.

Allgemein gilt: Eine User Story soll so formuliert sein, dass der Product Owner den Sinn der Funktionalität jedem Mitglied im Entwicklungsteam verständlich vermitteln kann. Am Ende hat im Idealfall jeder verstanden, welche Funktionalität tatsächlich vorhanden sein soll.

6.4 Das Product Backlog

Die User Storys sind geschrieben und müssen nun in geeigneter Form verwaltet werden. Dazu gibt es das Product Backlog, das im Grunde nichts anderes als eine Liste der geschriebenen User Storys ist. Immer wenn ich diese Liste in einem Scrum-Training auf diese Weise vorstelle, höre ich sofort die Fragen: „Wie muss dieses Product Backlog genau aussehen? Wie können wir es sinnvoll strukturieren und wie können wir dafür sorgen, dass die Abhängigkeiten zwischen den User Storys markiert werden?"

1. Abhängigkeiten sollte es zwischen den User Storys gar nicht geben, denn sie sollen ja INDEPENDENT sein.
2. Die User Storys sind innerhalb des Product Backlogs auf ganz einfache Weise priorisiert: Die User Storys, die zuerst entwickelt werden sollen, stehen oben. Die User Storys, die später entwickelt werden sollen, stehen weiter unten. Das ist tatsächlich das ganze Geheimnis und komplizierter sollte es auch nicht werden.

Alles andere, das ich auf den nächsten Seiten vorstelle, sind Best Practices. Sie waren für einige Entwicklungsteams hilfreich und können und sollten in unterschiedlichen Kontexten immer wieder sinnvoll zum Einsatz kommen. Das bedeutet also für Sie: Nutzen Sie, was für Sie funktioniert. So einfach sollte es sein. Es gibt keinen „richtigen" Weg. Als Start hat sich aber die einfache Variante des Product Backlogs als Liste von User Storys sehr gut bewährt.

6.4.1 Eisberg – die Backlog-Struktur

Stellen Sie sich das Product Backlog als Eisberg vor. Die Spitze des Eisberges besteht aus den kleinen User Storys. Je weiter Sie unter die Wasserlinie des Eisbergs schauen, desto größer werden die User Storys in ihrem Funktionsumfang. Nehmen wir nun bei diesem Eisberg die oben liegenden User Stoys weg, dann schwimmen die darunter liegenden User Storys nach oben auf. Wir können nun die großen User Storys sehen. Wenn wir die Regel (wie gesagt, das sind Best Practices) einführen, dass alle User Storys im oberen, „sichtbaren" Teil des Product Backlogs klein sein müssen, dann weiß der Product Owner immer, auf welche User Storys er sich in seiner Vorbereitung auf die nächsten Sprint Plannings konzentrieren muss. Er kann dann entweder alleine oder gemeinsam mit dem Entwicklungsteam die großen, nun oben liegenden User Storys durch Aufbrechen verkleinern.

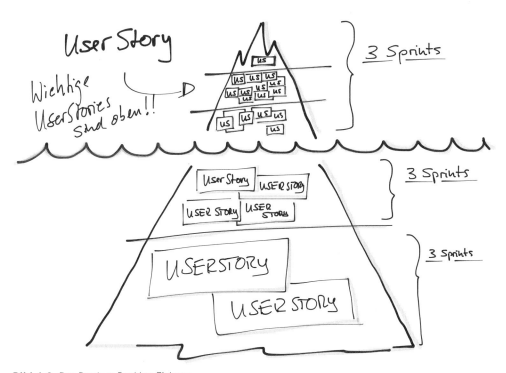

Bild 6.2 Der Product-Backlog-Eisberg

Das führt unweigerlich zu einer Struktur des Product Backlogs, die auf den ersten Blick aus zwei Teilen besteht: Aus dem Teil oberhalb der Wasserlinie und dem Teil unterhalb der Wasserlinie. Es hat sich bewährt, dass

1. der Teil oberhalb der Wasserlinie aus den kleinen User Storys besteht, und
2. dieser Teil ungefähr die Menge an User Storys beinhaltet, die das Entwicklungsteam innerhalb der nächsten drei Sprints abarbeiten kann.

Unterhalb der Wasserlinie befinden sich die User Storys, die der Product Owner nicht so hoch priorisiert hat und die daher auch ruhig undeutlicher und damit größer sein dürfen. Diese User Storys würde man auch Epics oder Themes nennen.

Best Practice Tipp

Das Product Backlog sollte nicht mehr als 60 User Storys beinhalten. Ich habe die Erfahrung gemacht, dass mehr als 60 User Storys nicht mehr vernünftig zu pflegen sind. Sie verbringen zu viel Zeit damit, diese Masse an User Storys zu verwalten und arbeiten zu wenig an der einzelnen User Story.

6.4.2 Story-Mapping

Jeff Patton kippte vor ein paar Jahren den Eisberg (das Product Backlog) einfach um. Er drehte ihn gegen den Uhrzeigersinn um 90 Grad. Dann versah er das entstandene Bild mit einer Zeitachse und fertig war die User Story Map. Intuitiv würden Sie das wahrscheinlich sowieso machen. Sie verteilen die User Storys auf der Zeitachse der Sprints, oder? Was war also das Ungewöhnliche, das Neue, an der User Story Map? Es gab zwei wesentliche Vorteile dieser Darstellung gegenüber dem ursprünglichen Backlog:

1. Die User Storys wurden nur anfänglich auf diese Weise an die Wand gehängt. Hatte man die User Storys so gruppiert, konnte man anschließend eine **„Customer Journey"** erstellen.
2. Die zweite Innovation war die Idee, diese entstandene „Karte" der Customer Journey in drei Ebenen zu gliedern:
    a) Die obere Ebene beschreibt die „Backbone"-Funktionalitäten – also jene Funktionalitäten, ohne die man die nachfolgenden Funktionalitäten in einem gewissen Sprint nicht liefern kann. Einige Teams nennen diese Funktionalitäten auch die „Core"-Funktionalitäten.
    b) Die zweite Ebene umfasst die User Storys über der „Wasserlinie" pro Sprint – also jene Funktionalitäten, die man in einem Sprint unbedingt liefern will (oder muss).
    c) Die dritte Ebene schließlich, die Ebene unterhalb der „Wasserlinie", umfasst alle Storys, die man gerne hätte, die aber nicht entscheidend sind.

Vorsicht! Die User Story Map beschreibt das Endprodukt, nicht die Ausgangslage. Um vom Product Backlog zur „fertigen" User Story Map[5] zu kommen, werden Sie folgende vier Phasen durchlaufen:

---

[5] Sie ist natürlich nie fertig, sondern verändert sich im Laufe der Sprints wieder.

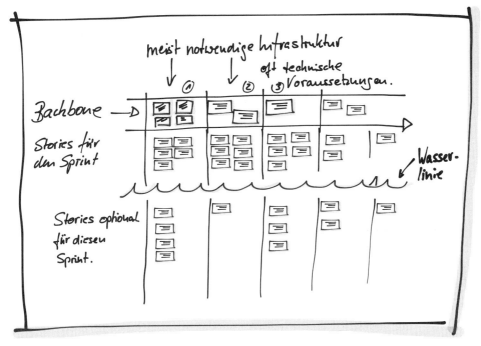

Bild 6.3 Die User Story Map

1. **Phase 1:** In dieser Phase werden die User Storys zunächst vom Product Owner oder vom Entwicklungsteam – oder gemeinsam – aufgeschrieben. Allerdings sind diese User Storys in der Regel zu Anfang noch sehr wenig detailliert. Das macht aber nichts. Es geht in dieser Phase nicht darum, schon jedes Detail anzuführen. Dann bringt der Product Owner diese High Level User Storys (Jeff Patton nennt sie „Activities", Mike Cohn würde sie vielleicht „Themes" nennen) in jene Reihenfolge, in der er die Funktionalitäten aus heutiger Sicht für sein Produkt benötigt.

2. **Phase 2:** Dann bemerkt das Entwicklungsteam in der Regel sofort, dass die High Level User Storys (Activities) zu groß sind, als dass sie für das Entwicklungsteam

    a) verständlich genug oder

    b) innerhalb eines Sprints entwickelbar wären.

    Deshalb werden nun diese High Level User Storys aufgesplittet. Jeff Patton lässt dabei die High Level User Story (Activity) bestehen. Einige Beispiele:

    a) **Activity:** Um mich im Auto während der Fahrt nicht zu langweilen, will ich als Autofahrer Musik hören können.

        I) will ich die Lautstärke regeln.

        II) den Verkehrsfunk hören, auch wenn die CD läuft.

        III) den Sender suchen (auswählen) können.

b) **Activity:** Um den Versicherungsvertrag mit dem Kunden besprechen zu können, möchte ich als Call Center Agent (Sachbearbeiter) den Kundenvertrag anzeigen können.

I) will ich den Vertrag suchen können.

II) will ich den Vertrag anhand des Namens finden.

III) will ich den Vertrag des Namens trotz Schreibfehlers finden.

IV) will ich den Vertrag nicht als Dokument angezeigt bekommen, sondern alle Informationen des Vertrags übersichtlich angezeigt bekommen.

3. **Phase 3:** Sind die User Storys auf diese Weise zerlegt, bemerken der Product Owner und das Entwicklungsteam schnell, welche dieser User Storys tatsächlich von Anfang an benötigt wird, um den Customer (User) zufrieden zu stellen. Es kann nun also eine **Customer Journey**[6] erstellt werden, basierend auf unterschiedlichen Schwerpunkten. Im Grunde ist die Customer Journey nichts anderes als ein „Draufschauen" auf die Map und ein Identifizieren der Storys, die zu einer Kundengruppe gehören. Diese werden dann möglicherweise zusammengezogen oder sie bleiben an Ort und Stelle. Sie können das Produkt zum Beispiel so schnell wie möglich für eine bestimmte „Persona" bauen. Dann werden Sie all jene User Storys bevorzugt entwickeln lassen, die für diese Persona wichtig sind. Es kann aber auch sein, dass Ihnen ein erster Prototyp wichtig ist, der alle kritischen Elemente des Systems beleuchtet. In diesem Fall werden Sie möglicherweise Funktionalitäten entwickeln lassen, die Ihnen zeigen, ob die ausgewählte Technologie korrekt war.

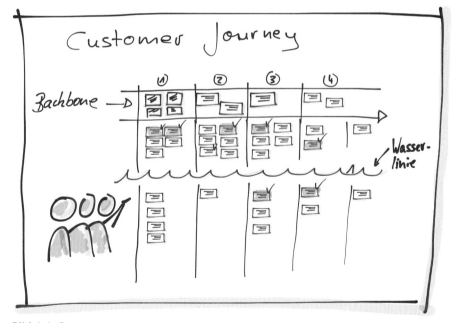

Bild 6.4 Customer Journey

---

[6] Jeff Patton hat den Begriff Customer Journey benutzt. User Journey wäre der bessere Begriff. Ich führe ihn aber nicht ein, damit wir begriffskonform bleiben.

Best Practice Tipp

Die Customer Journey sollten Sie gemeinsam mit den Usern selbst, also zum Beispiel mit den Fachbereichsvertretern, erstellen. So fühlt sich der Customer (Fachbereich) zum einen anerkannt. Er muss nun aber auch selbst dazu beitragen, die Journey erfolgreich zu machen.

4. **Phase 4:** Wenn der Product Owner die Customer Journey erstellt hat, weiß er also, welche Storys für den User relevant sind. So kann er nun zum Beispiel erkennen, welche dieser User Storys das sogenannte *Minimum Viable Product (MVP)*[7] darstellen. Hier die Definition von Eric Ries für das MVP:

"First, a definition: the minimum viable product is that version of a new product which allows a team to collect the maximum amount of validated learning about customers with the least effort."[8]

Er kann aber auch bestimmen, welche User Storys er für das nächste Release des Produkts unbedingt benötigt. Das muss nicht unbedingt das MVP sein. Es kann sein, dass aus historischen, gesetzlichen, politischen oder auch technischen Gründen andere Funktionalitäten unbedingt geliefert werden müssen. Auf diese Weise hat der Product Owner ein klares Bild erzeugt, welche der User Storys unbedingt notwendig sind.

Entscheidend ist auch für diese Arbeit mit den User Storys, nur das Notwendige, das Minimale zu erstellen und dann so schnell wie möglich Feedback vom User zu bekommen. Product Owner machen oft den Fehler, das Produkt vollständig definieren zu wollen. Damit erliegen sie aber wieder der traditionellen Vorstellung, das gesamte Backlog aufbauen zu müssen. Es gilt immer die Ansage: Nur das machen, was unbedingt notwendig ist.

6.4.3 Impact-Mapping vs. Story-Mapping

Wann setzen Sie das Story-Mapping und wann das Impact-Mapping ein? Beide gehören in meinen Augen in den Werkzeugkasten des Product Owners.

Das **Impact-Mapping** ist gut geeignet, um vom Scrum-Team während der Exploration verwendet zu werden.

a) Es werden User-Rollen (Personas) und die (Beweg-)Gründe für bestimmte Funktionalitäten erkannt und definiert. Auf diese Weise entsteht eine erste Priorisierung, aber anders als die Customer Journey ist diese eine Priorisierung nach der Wichtigkeit für das Geschäft des Kunden.

b) Wenn der Product Owner gemeinsam mit dem Entwicklungsteam mit dem Impact-Mapping die Hauptfunktionalitäten (Activities) herausgefunden hat, geht es anschlie-

---

[7] http://en.wikipedia.org/wiki/Minimum_viable_product
[8] http://bit.ly/KAfCGY

ßend an die (operative) Umsetzung. Diese wiederum folgt nicht ausschließlich der Priorisierung aus Sicht des Business Value (etwas anderes zu behaupten wäre naiv). Sie muss auch berücksichtigen, dass es in einem Entwicklungsteam wechselnde Skills gibt, dass oft zunächst technische und technologische Voraussetzungen geschaffen werden müssen, dass es Abhängigkeiten zu anderen Entwicklungsteams gibt u. v. m. All das hat Auswirkungen auf die Umsetzungsfolge der User Storys.

Für die Umsetzungsfolge der User Storys hat sich das **Story-Mapping** zur Darstellung bewährt.

a) Mit Hilfe der Story Map kann der Product Owner mit Vertretern aus den Fachbereichen genau besprechen, in welcher Reihenfolge die User Storys bearbeitet und geliefert werden sollen.

b) Der Product Owner kann für sich und die übrigen Projektteilnehmer transparent darstellen, welche Beweggründe er dabei hatte. Implizit werden auf diese Weise seine Kriterien für die Reihenfolge deutlich gemacht. So können sie diskutiert werden und man kann mit diesem Hintergrundwissen die Reihenfolge besser verstehen.

Meine eigentliche Empfehlung ist aber: Probieren Sie es für sich aus. Schließlich hängt von Ihrem eigenen Umfeld ab, welche Darstellungsform die geeignete ist. Beide Methoden sind nur Hilfsmittel, um Ihr Produkt visuell darzustellen.

7 Entscheidungsgrundlagen schaffen – schätzen

Die User Story Map hat einen guten Überblick darüber geschaffen, wie das Backlog abgearbeitet werden soll. Und natürlich drängt sich sofort die eine Frage auf: „Wann sind wir fertig?" Diese Frage ist es, die angefangen vom Projektmanager über den Kunden bis hin zum Entwicklungsteam alle im Projekt immer wieder beschäftigt. Um sie zu beantworten, brauchen wir eine Vorstellung davon, wie groß das Product Backlog – also eigentlich das Produkt – ist. Es ist daher an der Zeit, die *Größe* des Product Backlogs zu schätzen.

> „Wir schätzen also noch nicht, wie lange es dauern wird, das Produkt zu liefern? Wir schätzen die Produktgröße und nicht die Aufwände?"

Möglicherweise sind Sie genauso verwirrt, wenn Sie diese Zeilen lesen, wie es meine Trainingsteilnehmer immer sind. Jedes Mal dreht sich alles um die Frage „Wie lange dauert es?" So gut wie alle, die einmal in einem Projekt mitgearbeitet haben, haben gelernt, dass sie den Entwicklungsaufwand kennen müssen, wenn sie die Frage nach der Dauer des Projekts beantworten wollen. Auch Sie stehen vielleicht am Anfang einer Produktentwicklung und wollen oder sollen nun entscheiden, ob Sie dieses Projekt überhaupt in Auftrag geben wollen. Sie denken vielleicht, dass Sie dazu die Kosten des Projekts benötigen. Vorsichtshalber verspreche ich Ihnen an dieser Stelle: Wenn Sie weiterlesen, werden Sie erfahren, wie man die Kosten für ein Projekt bestimmt, ohne Aufwände schätzen zu müssen. Der Weg dorthin führt uns aber über die Frage: Wie groß ist Ihr Projekt? Oder anders ausgedrückt: Wie viel Funktionalität hat Ihr Produkt?

Während eines Projekts sind viele Entscheidungen zu treffen – und um diese Fragen beantworten zu können, ist es oftmals sehr sinnvoll, eine Ahnung von der Größe des Projekts zu haben. Das Schätzen eines Projekts dient also dazu, Fragen zu beantworten – oder besser gesagt Annahmen zu treffen, die uns bei der Beantwortung dieser Fragen anleiten. Neben der Frage, was die Produktentwicklung kosten wird, gibt es weitere Fragen, die Sie basierend auf der Einschätzung der Größe entscheiden können:

1. **Auf Produktebene**
   a) Ein erster Überblick zeigt Ihnen, ob Sie es mit einem kleinen oder sehr großen Projekt zu tun haben.
   b) Sie bekommen sofort einen Einblick in die notwendige Technologie.

c) Sie erhalten einen ersten Eindruck davon, mit welchen Beteiligten Sie es während der Entwicklung zu tun haben werden.

d) Durch die Einschätzung zeigen sich erste Abhängigkeiten von Funktionalitäten untereinander oder zu Lieferanten.

e) Sie gewinnen ein Gefühl für die zeitlichen Dimensionen eines solchen Projekts.

2. **Auf der Entwicklungsteam- und Sprint-Ebene**

a) Sie erkennen, ob die Skills des Entwicklungsteams reichen, um das Projekt zu meistern.

b) Sie sehen, ob eine User Story in einem Sprint Platz findet, oder ob sie für einen Sprint „zu groß" ist.

c) Das Entwicklungsteam erkennt genauer, worum es bei einzelnen Storys geht.

d) Sie erkennen die Abhängigkeiten zu anderen Entwicklungsteams.

e) Sie können sich eine Vorstellung von der nötigen Architektur machen.

Fazit: Schätzungen sollen helfen, wichtige Fragen zu beantworten. Bei jeder Methode bleibt ein Restrisiko, auch bei dieser. Aber Sie bekommen auf jeden Fall Antworten, die das Risiko gravierender Fehlentscheidungen minimieren.

Nicht Aufwand, sondern Funktionalität

Wie viele Funktionen hat Ihr Auto? Ist es ein kleines Stadtauto oder eine große Familienkutsche? Was kann Ihr Auto alles? Was kann Ihr Fernseher, was kann Ihre Kamera? Wie viele Funktionalitäten können Sie erkennen oder auch nur erahnen – also Funktionalitäten, die Sie nicht auf den ersten Blick sehen, wie zum Beispiel den Autofokus Ihrer Kamera?

Wenn Sie Kinder haben, machen Sie bei der nächsten Autofahrt doch mal ein Spiel daraus: Statt „Ich sehe was, das Du nicht siehst" versuchen Sie „Wer findet die meisten Dinge, die das Auto kann?" Ich bin sicher, Ihre Kinder werden Sie übertreffen. Seien Sie dabei detailverliebt: Ein Außenspiegel kann sehr viel mehr als nur den nachkommenden Verkehr zu zeigen. Ganz nebenbei schulen Sie bei diesem Spiel die Beobachtungsgabe Ihrer Kinder und natürlich Ihre eigene.

Was Sie mit diesem Spiel instinktiv machen: Sie finden heraus, welcher Apparat in Ihrem Auto mehr kann als ein anderer. Das Autoradio kann sicher mehr als der Außenspiegel. Oft können sogar Sitze viel mehr als der Außenspiegel. Wenn Sie diese Denkweise ein wenig anhand des Autos, des Fernsehers, der Kaffeemaschine, des Liegestuhls, des Kühlschranks oder anhand was auch immer geschult haben, dann verstehen Sie auch, dass man aus dieser Sicht eine User Story einschätzen kann, bevor diese User Story existiert. Es ist möglich, sich vorzustellen, wie viele Eigenschaften (= Funktionalitäten) ein bestimmtes Produkt, eine entwickelte Apparatur haben wird.

Wenn Sie nun die Funktionalitäten, also das „Was macht ein Ding?", in eine auf- oder absteigende Größenrelation bringen, haben Sie das Prinzip der Einschätzung nach Funktionalität verstanden. Das ist übrigens ganz einfach: Stellen Sie sich vor, Sie hätten drei unterschiedlich große Körbe. In jeden dieser Körbe stellen Sie wieder drei unterschiedlich große Körbe. Auf diese Weise erhalten Sie neun unterschiedlich große Körbe.

Diese können Sie nun mit einer Skala belegen, zum Beispiel geben Sie jedem Korb eine Zahl (siehe Bild 7.1). In der agilen Szene werden folgende Zahlen in aufsteigender Reihenfolge für die Nummerierung der Körbe verwendet[1]:

1, 2, 3, 5, 8, 13, 20, 40, 100

Sie können aber auch jede andere Zahlenfolge nutzen, die für Sie sinnvoll ist. Es spielt keine Rolle, solange Sie eine Zahlenreihe nutzen, die Größenordnungen symbolisiert: 2, 4, 8, 16, 32, 64, 128, 256 würde genau so gut funktionieren.

Bild 7.1
Zahlenreihe zum Einschätzen der Größe von Funktionalität

Wenn Sie nun Ihre User Storys untereinander nach dem Umfang der Funktionalitäten vergleichen, bemerken Sie schnell, ob eine User Story klein, mittelgroß oder groß ist. Sie können sie also schon einmal nach S, M, oder L gruppieren. Innerhalb von S, M, oder L können Sie wieder nach S, M, oder L einsortieren. Dann liegen die User Storys im richtigen „Korb". Nummeriert werden diese Körbe von 1 bis 100 und schon haben Sie die User Storypoints für jede Story ermittelt.

---

[1] Diese Zahlenreihe hat Mike Cohn für das Schätzen populär gemacht.

7.1 Schätzmethoden

So einfach die Idee der User Storypoints (auch einfach nur „Storypoints" genannt) ist und so einfach es ist, auf die Storypoints zu kommen, so schwierig ist oft die Umsetzung in den Teams. Es fehlt einfach das Verständnis dafür, dass Funktionalitätsgrößen und nicht Aufwände geschätzt werden sollen. Das nächste Problem, das es zu lösen gilt: Wie kann man bei vielen dutzend User Storys die Storypoints schnell ermitteln? Daher sind im Laufe der letzten zehn Jahre einige Verfahren entstanden, die das Schätzen der Storypoints vereinfachen sollen.

7.1.1 Magic Estimation

Die auf die oben beschriebene Weise erzeugte Skala nutzen Sie bei einem Schätzspiel namens Magic Estimation[2], das im Rahmen des Estimation Meetings durchgeführt wird. Magic Estimation ist nicht nur schneller als alle anderen mir bekannten Schätzspiele, es kann auch in großen Gruppen (mit mehr als 20 Personen) und mit mehr als 100 User Storys gespielt werden. Ein Backlog mit 70 Einträgen kann von einer zehnköpfigen Gruppe in etwa 20 Minuten ausreichend genau eingeschätzt werden. Das ist der eigentliche Vorteil: Sie können mit Magic Estimation jede Woche im Estimation Meeting das gesamte Product Backlog neu bewerten.

Ziel der Magic Estimation ist es, die Größe der Funktionalität einzuschätzen. Gleichzeitig unterstützt dieses Spiel das Entwicklungsteam dabei, sich mit den User Storys vertraut zu machen, wenn es diese nicht selbst geschrieben hat. Wie läuft Magic Estimation ab?

1. Der Product Owner bereitet alle User Storys auf Blättern des Formats DIN A4 vor. Bewährt hat es sich, die User Storys in einer PowerPoint-Datei aufzubewahren. Die Schrift auf den Blättern sollte so gewählt werden, dass eine User Story auch noch aus einer Entfernung von drei bis vier Metern gut lesbar ist.

2. Der Product Owner hat die User Storys selbstverständlich mit einer Nummerierung versehen, aus der das Ranking der User Story eindeutig hervorgeht (sollten Sie die PowerPoint-Lösung gewählt haben, können sie dazu die Seitennummern der Slides nutzen).

3. Oft hilft der ScrumMaster dem Product Owner, er bereitet zum Beispiel die Schätzskala vor (siehe oben).

   Mein Tipp: Bringen Sie etwas Spaß in dieses Spiel, indem Sie die Zahlen durch Symbole (Tiere, Häuser, Blumensträuße, Vögel, Autos, ...) ersetzen. Die einzelnen Symbole stehen dabei für die Größe der Funktionalität. Bitte bedenken Sie: Wenn Sie

---

[2] Den Namen „Magic Estimation" habe ich selbst vor einigen Jahren basierend auf der grundlegenden Idee von Lowell Lindstroms „Affinity Estimation" entwickelt. Lowell hat diese Technik beim Scrum Trainer Retreat in Boston 2008 vorgestellt. Siehe dazu: *http://bit.ly/1eb9axB*

diese Skala auf den Boden legen, brauchen Sie viel Platz davor, damit die Mitglieder des Entwicklungsteams die User Storys entsprechend platzieren können.

4. Der Product Owner verteilt nun die ausgedruckten User Storys an das Entwicklungsteam. Jeder bekommt ungefähr gleich viele User Storys in die Hand.
5. **Die wichtige Regel:** Das Spiel wird ab jetzt vollkommen schweigend gespielt. Die Mitglieder des Entwicklungsteams dürfen sich mit niemandem verbal oder nonverbal austauschen.
6. Jedes Teammitglied liest nun seine User Storys durch und legt sie zu der Zahl, die seiner Meinung nach die Größe der jeweiligen User Story repräsentiert. Es gelten nur die Werte der Skala, keine Zwischenwerte.
7. Sobald ein Teammitglied seine „eigenen" User Storys verteilt hat, liest es die User Storys, die von den anderen Teammitgliedern ausgelegt wurden. Fällt dem Teammitglied dabei auf, dass eine User Story an der „falschen" Stelle liegt, darf es diese User Story an die Stelle legen, an die sie seiner Meinung nach gehört. Dieses Lesen und „Verschieben" machen alle Entwicklungsteammitglieder parallel und ohne sich mit den anderen zu beraten.
8. Der Product Owner beobachtet das Entwicklungsteam in dieser Phase sehr genau. Wenn er sieht, dass eine User Story *springt*, markiert er diese User Story. Eine User Story springt, wenn sie von Entwicklungsteammitgliedern immer wieder auf eine andere Position gelegt wird. Daran lässt sich klar erkennen, dass es Meinungsverschiedenheiten gibt.
9. Der letzte Schritt beim Verteilen der User Storys: Wenn ein Mitglied des Entwicklungsteams nicht weiß, was eine User Story bedeutet, weil die Handschrift zu krakelig ist, er oder sie mit den Abkürzungen auf dieser Karte nichts anfangen kann und er oder sie daher keine Vorstellung von der Funktionalität entwickeln kann, so wird diese User Story auf das größte Symbol gelegt. Die Idee dahinter ist: Wenn die Story groß und wichtig ist, dann wird sie sich der Product Owner auf jeden Fall noch einmal ansehen – und dann wird diese Story sicher besser und deutlicher geschrieben.
10. Das Spiel ist beendet, wenn sich keine User Story mehr bewegt oder es nur noch „springende" User Storys gibt. Auch wenn sich mehr und mehr Entwicklungsteammitglieder abwenden und sichtlich gelangweilt sind, ist das Spiel beendet.
11. Oft frage ich das Entwicklungsteam noch einmal, ob jeder mit den ermittelten Werten leben kann, oder ob sich jemand überhaupt nicht wohl damit fühlt.
12. Zum Abschluss schreiben die Mitglieder des Entwicklungsteams die ermittelten Zahlen (die Symbole stehen ja repräsentativ für diese Zahlen) auf die User Storys.
13. Der Product Owner erhält als Ergebnis alle User Storys nach dem Verständnis bewertet = geschätzt.
14. Was bei diesem Vorgehen auffällt: Es gibt keinen Referenzwert. Er wird überflüssig, weil durch das Spiel automatisch jede User Story zur Referenz für jede andere User Story wird.

Je größer das Team ist, desto mehr Platz wird benötigt. Damit es auch in größeren Gruppen funktioniert, müssen alle User Storys so gut lesbar geschrieben werden, dass sie auch aus vier Metern Entfernung gelesen werden können (GROSSE BUCHSTABEN). Sie brauchen also einen großen Raum oder Flur, in dem Sie die vielen, manchmal bis zu 100 User Storys auf den Boden legen können.

Wie Sie wahrscheinlich schon bemerkt haben, geht es bei diesem Spiel um eine „intuitive" Schätzung des Umfangs der Funktionalität. Wie die Erfahrungen meines Consulting-Teams zeigen, ist diese Schätzung der Funktionalität wesentlich genauer als alle anderen Verfahren. Aber dieses Verfahren gehört in die Kategorie „Man muss es mal ausprobiert haben". Jedes Scrum-Team, das sich darauf eingelassen und diese Methode drei bis fünf Mal ausprobiert hat, ist nach anfänglicher Skepsis am Ende begeistert und verwendet es weiter.

 Achtung!

Wenn Sie dieses Verfahren ausprobieren wollen, werden Sie zunächst Schwierigkeiten haben, Ihren Entwicklungsteammitgliedern zu erklären, dass sie weder Aufwand noch Komplexität schätzen sollen. Es wird einige Zeit dauern, bis sich die Kollegen an diese neue Methode gewöhnt haben. Häufig gibt es auch lange Diskussionen darüber, ob denn nun richtig geschätzt worden sei.

Das ist in meinen Augen ein klarer Rückfall in die Aufwandschätzung. Machen Sie sich nichts draus. Es dauert einfach, bis sich diese neue Art zu denken einschleift. Bleiben Sie mit Ihrem Entwicklungsteam dran! Da hilft nur ständiges Wiederholen.

Weitere Ideen zur Adaption
1. Magic Estimation funktioniert am besten, wenn Sie mehr als 20 User Storys zu schätzen haben.[3]
2. Einige Scrum-Trainer geben die Skala nicht vor, sondern schreiben die Skala erst auf die „Körbe" nachdem die Teammitglieder die User Storys geschätzt haben. Es ist dabei völlig unerheblich, wie die Skala benannt ist – Sie können auch T-Shirt-Größen nehmen.
3. Nachdem die Schätzung durchgeführt worden ist, kann man einen weiteren Schritt einführen: Sie können *alle* User Storys, die mit einem Punkt versehen sind, sofort noch einmal besprechen und gegebenenfalls noch einmal schätzen. Wir werden später sehen, dass wir das im Estimation Meeting nur mit den User Storys durchführen, bei denen sich dieser Aufwand lohnt.

---

[3] *http://bit.ly/1bgk44i*

7.1.2 Das Estimation Meeting

Als Product Owner haben Sie die Pflicht, zu jedem Sprint Planning mit einem geschätzten und priorisierten Backlog zu erscheinen. Gleichzeitig sollten Sie bereits eine Vorstellung davon haben, was Sie in den nächsten Sprints von Ihrem Team erwarten können. Wie bekommen Sie aber die Information von Ihrem Team über die Größe einer User Story, wenn Sie nach einer initialen Schätzung, vielleicht mit Hilfe von Magic Estimation, eine User Story detaillieren oder sich eine neue User Story ausdenken? Nur das Entwicklungsteam darf die User Storys schätzen. Wie führen wir diese Schätzaufwände in den Sprint ein, ohne das Entwicklungsteam stark zu stören? Wie kommen Sie an die benötigten Informationen, um ihre User Story Map weiterzuentwickeln?

Über die Jahre habe ich dafür das einmal pro Woche stattfindende Estimation Meeting eingeführt. Alle Scrum-Teams führen es durch. Manche nennen es auch **Pre-Planning** oder Backlog Grooming Meeting.

Im Estimation Meeting geht es primär darum, das Product Backlog zu aktualisieren. Die initialen Schätzungen werden überprüft, neue User Storys geschätzt und alte User Storys nötigenfalls mit angepassten Schätzungen versehen. So hat das Entwicklungsteam bereits eine Idee davon, worum es bei einer bestimmten User Story geht, wenn diese schließlich im Sprint Planning auftaucht. Der zweite, oft unterschätzte, aber wesentliche Aspekt ist, dass Storys durch das Entwicklungsteam aufgebrochen werden und auf diese Weise mehrere neue Storys entstehen.

Es hat sich bewährt, das Estimation Meeting mindestens einmal, idealerweise aber zweimal pro Sprint durchzuführen. Vor allem zu Beginn eines Projekts ist zweimal oder noch öfter sinnvoll, weil die Anforderungen in der Anfangsphase eines Projekts extrem volatil sind. Dann ist es für alle Beteiligten gut, die neuen Anforderungen in Form von User Storys sofort einzuarbeiten.

Das Estimation Meeting darf **nicht länger als 35 Minuten** dauern. Der einfache Grund dafür ist, dass wir versuchen müssen, die Arbeit des Entwicklungsteams möglichst auf den gerade aktuellen Sprint zu fokussieren. Längere Meetings wären extrem kostspielig und sind daher zu vermeiden. Rechnen Sie mal mit: Wenn wir davon ausgehen, dass das gesamte Team in diesem Meeting sitzt und wir das Meeting zweimal pro Sprint durchführen wollen, wenden wir nur für dieses Meeting bereits 7 bis 10 Stunden Arbeitszeit pro Sprint auf. Rechnet man hinzu, dass sich das Team während eines Sprints auch um Grundsätzliches für die Vorbereitung der nächsten Sprints kümmern muss, wird schnell klar, dass wir diese „Planungsaufwände" so gering wie möglich halten müssen.

Das Estimation Meeting dient Ihnen als Product Owner auch dazu, neue Storys offiziell an das Entwicklungsteam zu kommunizieren. Im Estimation Meeting wird dann gemeinsam besprochen, wie die neuen Funktionalitäten zum Gesamtprodukt passen. Hauptaufgabe des Estimation Meetings ist es aber, die User Storys des gesamten Product Backlogs zu schätzen. Daher nimmt an diesem Meeting das gesamte Scrum-Team teil. In Einzelfällen kann es hilfreich sein, externe Spezialisten zum Estimation Meeting hinzuzuziehen.

Die Rollen, das heißt die Verantwortlichkeiten, sind im Estimation Meeting klar verteilt:

- Der Product Owner hat die Aufgabe, dieses Meeting einzuberufen und es gegebenenfalls durchzuführen.
- Das Entwicklungsteam hat die Aufgabe, sich mit jeder User Story auseinanderzusetzen.

Der Ablauf des Estimation Meetings ist sehr einfach:

1. Nach einer kurzen Begrüßung wird das gesamte Backlog, wie oben beschrieben mit Magic Estimation geschätzt.
2. Dann prüft der Product Owner das Backlog. Findet er unter den ersten zehn User Storys eine Zahl für die Größe einer User Story, die den Wert 3 übersteigt, wird diese User Story sofort vom Team in kleinere und damit besser verstandene User Storys zerlegt. Oft fragen mich Teams: „Warum gerade der Wert 3?" Nun, wie oben erläutert, sind nur Storys, die grundsätzlich klein sind, auch User Storys. Erkennen kann man sie, indem man ermittelt, ob sie den Wert 1, 2 oder 3 verdienen. Alle anderen Zahlen weisen auf Storys hin, die zu groß sind, um noch Storys im klassischen Sinne zu sein. Sie sind zwar als Story geschrieben, erreichen aber die Unklarheit von Epics oder Themes. Damit der Product Owner auf der sicheren Seite ist, sollte er daher nur Storys mit dem Wert 3 als für seinen Sprint gültig sehen. Sollte das Team aber pro Sprint nur zwei oder drei User Storys mit dem Wert 1 bis 3 auswählen, dann ist das ein Indiz dafür, dass die Skala noch „verrutscht" ist. Ein Team sollte zwischen 5 bis 10 User Storys pro Sprint abarbeiten.
3. Findet der Product Owner innerhalb der ersten zehn User Storys eine User Story mit einem Punkt darauf, wird diese User Story ebenfalls jetzt sofort besprochen und diskutiert. Erst dann wird ihr ein neuer Wert zugewiesen.
4. Der Product Owner entscheidet dann neu über die Stellung der neu entstandenen User Storys. Möglicherweise sind diese kleineren User Storys so wichtig, dass sie im nächsten Sprint erarbeitet werden sollen.
5. Es kommt vor, dass Teammitglieder während des Meetings erwähnen, dass sie in einer der *niedriger priorisierten* Storys unklare technologische Aspekte vermuten. Diese Informationen können dazu führen, dass der Product Owner für den nächsten Sprint eine Evaluierungsstory durch das Team aufnehmen lässt, um diese Frage zu klären.

DAS ESTIMATION MEETING IM ÜBERBLICK

1. Das Meeting startet mit einer Agenda, einem Ziel und einem ersten Überblick.
2. Das Estimation Meeting findet während des Sprints statt, um die nächsten Sprints vorzubereiten.
3. Der Product Owner stellt die User Storys vor, die er schätzen lassen will. Er moderiert das Meeting.
4. Alle Teammitglieder schätzen mit Hilfe der Methode Magic Estimation die User Storys.

5. Unklare User Storys werden besprochen.
6. User Storys, die für den nächsten Sprint zu groß sind, werden identifiziert und aufgeteilt.
7. Die Teammitglieder entwerfen, wenn nötig, durch das anschließende Miteinanderreden bereits eine Vorstellung möglicher Lösungsansätze.
8. Das Meeting darf nicht länger als 35 Minuten dauern.
9. Es endet mit der Festlegung des Termins für das nächste Meeting.

7.1.3 Planning Poker

Die vielleicht populärste und bekannteste Variante für das Schätzen von User Storys wurde von Mike Cohn entwickelt: Planning Poker. Das war damals ein Durchbruch für die agile Community, hat es doch dazu geführt, dass sich das Schätzen in User Storys durchgesetzt hat. Heute nutze ich Planning Poker nur noch in Ausnahmefällen, da Magic Estimation um einiges schneller ist.

Das Grundprinzip von Planning Poker ist, dass das gesamte Entwicklungsteam einen Konsens darüber erzielt, wie groß eine User Story, ausgedrückt in Storypoints, ist. Dabei spielt es im Grunde überhaupt keine Rolle, ob die Storypoints als Schätzung der Funktionalität verstanden werden, wie ich es oben dargestellt habe, oder ob sie weiterhin als eine andere Form von Aufwand verstanden werden.[4] Die Idee hinter Planning Poker ist, die User Storys in einer kreativen Atmosphäre, mit Hilfe eines Spiels, also mit Spaß an der Sache, abzuarbeiten. Folgende Schritte werden dabei vom Entwicklungsteam durchgeführt:

Schritt 1: Der Product Owner oder ein Kunde präsentiert die User Story. Wenn der Kunde keine User Story geschrieben hat, soll er in eigenen Worten die Funktionalität beschreiben.

Schritt 2: Jedes Mitglied des Entwicklungsteams hat vor sich ein Deck Planning Poker Karten liegen. Jeder Mitspieler hat also auf der Hand ein Kartendeck, bestehend aus 9 Karten mit den Werten: 0, 1, 2, 3, 5, 8, 13, 20, 40, 100. Der Wert repräsentiert die Anzahl der Storypoints oder der Einheit, in der das Scrum-Team schätzen will.

Schritt 3: Die Mitglieder des Entwicklungsteams besprechen nun kurz die Story, bis sie verstanden haben, worum es in der Story geht.[5] Dann geben die Teammitglieder ihre Schätzung ab, indem sie die entsprechende Karte, die den ihrer Meinung nach gültigen Wert repräsentiert, hochhalten. Entscheidend ist: alle Karten werden *gleichzeitig hochge-*

---

[4] Das führt in vielen Teams zu Schwierigkeiten, u. a. wenn der Tester sich weigert zu schätzen, wie viel Aufwand es ist, diese User Story zu entwickeln. Dieser Nachteil ist aber vernachlässigbar, weil es beim Planning Poker um das gemeinsame Verstehen der User Story und der Implementierung geht.

[5] In der Praxis liegt hier das Problem begraben: Oft entstehen lange Diskussionen darüber, worum es in der Story wirklich geht.

halten. Die Idee dahinter ist, dass niemand von einem anderen Kollegen beeinflusst werden soll.

Schritt 4 a: Haben alle hochgehaltenen Karten den gleichen Wert, zum Beispiel „13", so notiert der Product Owner diesen Wert für diese User Story. Dann wird mit der nächsten Story in der gleichen Weise verfahren.

Schritt 4 b: Haben die Mitspieler unterschiedliche Karten hochgehalten, muss der Prozess geändert werden. Der ScrumMaster fragt einen Mitspieler, der eine Karte mit dem niedrigsten Wert gewählt hat, nach einer Begründung für seine Entscheidung. Dieser Mitspieler erklärt nun kurz in einem oder zwei Sätzen, wieso er zu dieser Einschätzung gelangt ist. Hat der Mitspieler die Frage beantwortet, wendet sich der ScrumMaster einem Mitspieler zu, der den höchsten Kartenwert hochgehalten hat. Auch dieser Mitspieler erklärt kurz seine Gründe in ein oder zwei Sätzen. Nachdem sich der zweite Mitspieler geäußert hat, beginnt wieder das Pokern. Der ScrumMaster sagt kurz etwas wie: „Ok, ihr habt zwei unterschiedliche Begründungen gehört. Bitte berücksichtigt diese neuen Informationen für eure Einschätzung." Dann zählt er bis drei und wieder zeigen alle Mitspieler ihre Einschätzung durch Aufzeigen der entsprechenden Spielkarte.

Gibt es einen Konsens, zeigen also alle Mitspieler die gleiche Zahl, geht es weiter wie in Schritt 3. Der Product Owner notiert sich die Zahl und weiter geht es mit der nächsten User Story. Gibt es keinen Konsens, wird Schritt 4b wiederholt.

 Tipp

Wiederholen Sie diesen Ablauf maximal ein drittes Mal. An der User Story ist etwas faul, wenn das Entwicklungsteam bis dahin nicht zu einer Einigung gekommen ist. In diesem Fall sollte die Story an anderer Stelle neu bedacht und besprochen werden.

Schritt 5: Das Spiel wird so lange fortgesetzt, bis alle User Storys geschätzt sind.

Mit Planning Poker ist es möglich, zehn bis fünfzehn User Storys in einer Sitzung von ca. einer Stunde durchzusprechen und zu schätzen. Sie sollten nach dieser Zeit die Sitzung auf jeden Fall abbrechen. Planning Poker ist extrem anstrengend und sollte nur für kurze Zeit gespielt werden.

Planning Poker hat gegenüber Magic Estimation entscheidende Nachteile:

1. Die Mitglieder des Entwicklungsteams kommen in Versuchung, über die einzelnen Storys zu reden.
2. Es dauert wesentlich länger und es ist nicht möglich, immer alle User Storys des Product Backlogs anzuschauen.
3. Es ist sehr leicht möglich, das Entwicklungsteam zu beeinflussen.

Auf den ersten Blick gibt es jedoch gegenüber Magic Estimation einen entscheidenden Vorteil: *Planning Poker suggeriert Sicherheit.* Weil sich das Entwicklungsteam über die User Storys austauschen kann, fühlen sich einige Teammitglieder beim Schätzen sehr sicher. Die Gefahr ist aber, dass sich das Entwicklungsteam über Implementierungsdetails und nicht über die Funktionalitäten austauscht.

Planning Poker ist, wie jedes Tool, in manchen Situationen hilfreich. Es kommt immer darauf an, wie es verwendet wird.

7.1.4 Team Estimation Game

Ein ähnliches Verfahren wie Magic Estimation hat Steve Bockmann mit dem „Team Estimation Game" entwickelt. Dieses Verfahren involviert jedes einzelne Teammitglied explizit und arbeitet User Story für User Story sequenziell ab.

1. Alle User Storys liegen auf einem Tisch.
2. Ein Mitglied des Entwicklungsteams nimmt die oberste User Story, liest sie laut vor, hängt sie an die Wand oder legt sie auf den Boden.
3. Dann nimmt das nächste Teammitglied die nächste Story, liest sie wieder vor und hängt sie an die Wand. Allerdings hat das Teammitglied nun drei Möglichkeiten:
   a) Die User Story hat (seiner Meinung nach) gleich viel Funktionalität wie die erste. Dann hängt er oder sie die User Story **neben** die bereits an der Wand hängende User Story.
   b) Die User Story hat (seiner Meinung nach) weniger Funktionalität als die bereits hängende, dann hängt er oder sie die neue User Story **über** die bereits an der Wand hängende.
   c) Die User Story ist (seiner Meinung nach) größer als die bereits hängende, dann hängt er oder sie die User Story **unter** die bereits hängende User Story.
4. Nun wird es ein wenig komplizierter, denn ab der dritten User Story gibt es die folgenden Optionen:
   a) Ausspielen der obersten User Story wie oben beschrieben
   b) Umhängen einer bereits gespielten Karte, verbunden mit einer (kurzen!) Erklärung, ohne Diskussion
   c) Aussetzen: Wenn das Teammitglied keine Idee hat, wie groß diese User Story aus dem Stapel ist, darf er oder sie aussetzen. Das Teammitglied hängt dann die User Story an die Wand und das nächste Teammitglied in der Reihe kann sich aussuchen, ob er diese „freie" User Story einordnet oder lieber eine vom Stapel nimmt.
   d) Das Spiel ist beendet, wenn keine Story Cards mehr auf dem Tisch liegen und alle Spieler aussetzen.

In der Praxis zeigt sich, dass ab und zu die eine oder andere User Story mehrfach umgehängt wird. In diesem Fall markiert sie der ScrumMaster mit einem Punkt, um deutlich zu machen, dass diese Karte für das Team noch unklar ist und Klärungsbedarf besteht.

Kritik. Diese Methode ist nicht ganz so schnell wie Magic Estimation, denn sie geht sequenziell vor. Sie hat aber den Vorteil, dass sie ganz ohne Skala auskommt. Zumindest in der eigentlichen Schätzphase. Erst am Schluss kann dann der Product Owner wieder die Fibonacci-Skala von oben nach unten beginnend nutzen, um die User Storys mit

Zahlen zu versehen. Sollten mehr als neun Werte gebraucht werden, kann der Product Owner das Team fragen, ob er einige Werte clustern kann, oder der Product Owner akzeptiert für diesen Moment einfach, dass einige Werte größer als 100 sind.

Was mir an dieser Methode gut gefällt: Die Teammitglieder haben die Chance, ihre Einschätzung zu erklären, wenn sie eine User Story umhängen. Dieses Verfahren zwingt im Gegensatz zum Magic Estimation indirekt alle Teammitglieder, sich aktiv zu beteiligen. Was ebenfalls nicht zu unterschätzen ist: Die Teammitglieder können sich untereinander über die Art und Weise austauschen, wie sie schätzen. Wir finden hier also eine sich selbst-kalibrierende Schätzmethode vor.

Der einzige Nachteil im Vergleich zu Magic Estimation: Sie ist, da sequenziell, etwas langsamer. Bei großen Product Backlogs vergeht schnell eine ganze Stunde und das Estimation Meeting kann nicht mehr in kurzer Zeit durchgeführt werden.

7.1.5 Mini-Schätzspiele

Die oben vorgestellten Schätzspiele dienen dazu, das **gesamte** Backlog vollständig zu schätzen. Oft ist es aber gar nicht notwendig, das Product Backlog komplett zu schätzen. Vielleicht wollen Sie nur mal bei einer Story kurz wissen, wie groß diese in etwa ist.

Relativer Vergleich

In diesem Fall können Sie sich u.a. mit dem relativen Vergleich der User Storys behelfen. Hier wird eine neue User Story im Vergleich zu einer bereits bekannten (am besten schon fix und fertig entwickelten) User Story bewertet. Das erleichtert die erste Einschätzung. Danach geht diese User Story ganz einfach ins nächste Estimation Meeting. Dort wird wieder mit Hilfe von Magic Estimation das gesamte Backlog geschätzt.

Knobeln

Die vielleicht älteste Methode, die Storypoints zu schätzen, ist das Story-Knobeln. Sie funktioniert als Variante zum Planning Poker: Die User Story wird vorgelesen. Dann zählt der ScrumMaster bis drei und alle Mitglieder des Entwicklungsteams zeigen entweder die Faust (zählt als 0) oder einen bis fünf Finger der Hand. Die Anzahl der gezeigten Finger steht wiederum für „1, 2, 3, 5, 8". Wie beim Planning Poker spielt das Entwicklungsteam maximal drei Runden, bis zum Konsens.

Talking Board

Eine weitere Variante des Planning Pokers ist etwas für Entwicklungsteams, die Abwechslung brauchen oder wollen: Das Ouija Board. Mit den Fibonacci Zahlen/Symbolen basteln sie ein Talking Board (Ouija Board). Dazu legen sie Symbole für die Zahlen (zum Beispiel die Karten mit den oben beschriebenen Werten) im Kreis auf einen Tisch. Dann legen sie die User Story in die Mitte. Alle Teammitglieder legen den Finger auf die User Story. Und nun sollen die Mitglieder die User Story miteinander zum „richtigen" Symbol bewegen. Der Product Owner beobachtet, in welche Richtung sich die User Story bewegt. Kann der Product Owner das nicht eindeutig erkennen, bricht er ab und redet mit dem Entwicklungsteam kurz über die Story. Dann befragt das Entwicklungsteam das Talking Board noch einmal für diese User Story.

7.2 Aufwand, Komplexität oder Funktionalität?

Auf den letzten Seiten habe ich vom Schätzen der Funktionalität gesprochen. Es war mir wichtig, Ihnen eine Alternative zu traditionellen Schätzverfahren zu zeigen. Diese sind übrigens wunderbar in dem Buch „Software Estimation: Demystifying the Black Art" (McConnell 2006) erklärt.

An dieser Stelle möchte ich dennoch kurz darauf eingehen, wieso wir über Funktionalität statt Aufwände sprechen. Gerade in dieser Hinsicht gibt es meiner Meinung nach sehr viele Missverständnisse, die zum Thema Schätzungen aufgeklärt werden müssen.

7.2.1 Warum schätzen wir in Funktionalität?

Der erste Grund. Die Funktionalität – „Was das Ding tut" – ändert sich nicht über die Zeit. Es ist eine Konstante. Das einzige, was passieren kann: Man bemerkt, dass die Funktionalität nicht detailliert genug beschrieben wurde. Daher konnten Teile der „Funktionalität" beim Schätzen nicht berücksichtigen werden. Aus diesem Grund sind die Angaben auch immer Schätzungen und erheben keinen Anspruch darauf, hundertprozentig richtig zu sein.

Der zweite Grund. Praktisch daran ist, dass sich die Mitglieder des Entwicklungsteams mit der Funktionalität aus der Perspektive des Users – also End-To-End – auseinandersetzen müssen, wenn sie in Funktionalität schätzen wollen. Sie können nicht mehr in ihrer Komfortzone als Entwickler bleiben. Diese Auseinandersetzung mit der Funktionalität führt zu einem besseren Verständnis des Produktes. Das wiederum führt dazu, dass die Teammitglieder viel früher verstehen, worum es bei einem Produkt tatsächlich geht. Das wiederum erfordert eine verbesserte und detailreichere Kommunikation mit dem Product Owner.

Der dritte Grund. Die Schätzungen sind auch für die Mitarbeiter aus den nicht technischen Bereichen der Firma verständlich und transparent. Mit diesem auf der Funktionalität basierenden Verfahren ist für alle Beteiligten im Projekt nachvollziehbar, wie das Entwicklungsteam zu seinen Einschätzungen kommt. Das Entwicklungsteam braucht nicht zu erklären, weshalb es zu einer gewissen Anzahl an Storypoints kommt, denn diese Anzahl müsste deckungsgleich mit der Anzahl sein, die von den Fachabteilungen vergeben werden würde. Es sei denn, beide Gruppen stellen sich unterschiedliche Funktionalitäten vor. Aber das ist leicht erklärbar und führt nicht zu Konflikten, sondern bestenfalls zu einem Gespräch über unterschiedliche Vorstellungen.

Wir wollen aber in Aufwänden schätzen!

Was ist aber, wenn das Entwicklungsteam unbedingt in Aufwänden schätzen will? Auch das kommt immer wieder vor. Dann sollten Sie sich einmal anschauen, was das wirklich bedeutet. Was will das einzelne Teammitglied schätzen? Meine erste Vermutung: Dieses Teammitglied möchte genau wissen, was es selbst zu tun hat, und möchte im Grunde nur die auf es selbst entfallenden Aufgabenumfänge einschätzen. Würden Sie darauf eingehen, müssten Sie schon beim Schätzen der User Story wissen, wer diese bearbeiten wird. Genauso müssten Sie auch schon zu diesem Zeitpunkt wissen, was für die Umsetzung konkret zu tun ist. Aufwandschätzungen auf diesem Granularitätslevel sind sehr zeitintensiv und sagen leider nichts über die Durchlaufzeit einer User Story aus – also die Zeit, bis die Story tatsächlich geliefert ist. Sie wissen dann nur, was alles zu tun ist und wie viel Arbeit das sein wird.

Gesetzt den Fall, Sie haben bei der Analyse nichts vergessen – wir könnten also wirklich wunderbar schätzen. Doch was passiert jetzt: Die Realität zeigt, dass die meisten Menschen, die eine Aufgabe schätzen, bereits Risikozuschläge für die Durchführung einkalkulieren und daran denken, dass sie nicht alle Informationen sofort haben. Was Sie bekommen, ist also ein Gemisch aus anfallender Arbeit und möglichen Störungen. Im Anschluss daran müssen Sie noch alle Aktivitäten addieren und haben dann den potenziellen Gesamtaufwand. Doch das hilft Ihnen gar nicht weiter, denn es fehlt noch immer die Bearbeitungszeit. Diese hängt wiederum von oft nicht zu beeinflussenden Umgebungsfaktoren ab.

Wann sind Aufwandschätzungen sinnvoll? Aufwandschätzungen machen auf einem sehr hohen Abstraktionsgrad dennoch Sinn – also auf der Ebene des Projekts selbst. Verglichen wird dabei ein Gesamtprojekt: Ein in der Vergangenheit bereits durchgeführtes ähnliches Projekt ist der Maßstab für das neue Projekt, also zum Beispiel der Bau eines Hauses oder die Entwicklung eines Navigationssystems für das nächste Modell eines Wagens. In solchen Fällen kann man davon ausgehen, dass dieses Projekt ähnlich viel Aufwand verschlingen wird wie das vorherige, plus einer Teuerung von ca. 20 Prozent (nennen Sie es Inflationskosten – Projekte werden über die Jahre immer teurer).

Ich habe gar nichts gegen eine solche Aufwandsbetrachtung. Ich würde genauso wissen wollen, was es kostet, ein Haus zu bauen, bevor ich damit loslege. Der Architekt wird mich fragen, was ich mir ungefähr vorstelle und mir dann sagen, dass so etwas in einer Preisspanne von X bis Y Euro liegt. Das kann er, weil er schon einige Häuser gebaut hat. Wie viel die Entwicklung eines neuen Wagens verschlingt, ist auch bekannt. Jedes Mal gibt es dazu die Forderung „Es muss billiger sein als beim letzten Mal" und jedes Mal wird es dann doch teurer – das ist der Lauf der Dinge. Keinen Sinn macht aber die Betrachtung, wie lange es dauert, eine einzige bestimmte Mini-Funktionalität umzusetzen. Das Team mag dafür zwei Tage brauchen, aber vielleicht nur zwei Stunden effektiv daran arbeiten. Oder es dauert zwei Tage, aber acht Menschen haben daran jeweils 14 Stunden am Tag gearbeitet, um es fertig zu stellen.

Wenn ich die oben beschriebenen Schätzmethoden nach Funktionalität bei Entwicklungsteams einführe, gibt es häufig Diskussionen mit den Teammitgliedern. Sie versichern mir dabei immer wieder, dass sie sehr wohl richtig schätzen können. Das glaube ich sofort. Für aktuelle Projektmanagementmethoden wird den Entwicklern diese

Fähigkeit abverlangt und sie wird hoch geschätzt. Aus den oben genannten Gründen spielt sie in einem Scrum-Umfeld aber keine Rolle mehr. Dort wird die Planung durch Statistiken ersetzt.

Schätzen von Komplexität

Wenn auf alternative Schätzmethoden umgestellt wird, die auf Storypoints (Funktionalität) basieren, sagen die Teammitglieder oft: „Aha! Du willst also wissen, wie schwer es ist. Du meinst, wir sollen Komplexität schätzen." Offensichtlich haben alle verstanden, dass wir keine Aufwände schätzen wollen. Also liegt es nahe zu schätzen, wie schwierig es sein wird, etwas zu entwickeln. Storypoints werden daher als Maß für Schwierigkeit angesehen. Ich persönlich finde allerdings den Begriff der Komplexität vollkommen ungeeignet für das Schätzen von User Storys.

Ich frage mich und die Entwickler immer: „Was ist Komplexität?" Inwieweit hängt die Komplexität vom Kenntnisstand der Teammitglieder oder von der „Schwierigkeit" der Aufgabe selbst ab? Welche Faktoren sollen bei der Bewertung der Komplexität berücksichtigt werden?

Sven Röpstorff und Robert Wiechmann versuchen in ihrem großartigen Buch „Scrum in der Praxis: Erfahrungen, Problemfelder und Erfolgsfaktoren" (Röpstorff, Wiechmann 2012), die Faktoren zu bewerten, die „Komplexität" beeinflussen. Die beiden Autoren zeigen, wie man jede User Story in ihre Komponenten und notwendigen Aktivitäten zerlegen kann. Dadurch entsteht eine sogenannte „Things-That-Matter-Matrix" (Bild 7.2). Diese Matrix wird dem Entwicklungsteam nicht als gegeben vorgesetzt, sondern vom Entwicklungsteam selbst erarbeitet. Ist diese Matrix erstellt und die Faktoren – die Things That Matter – klar herausgearbeitet, können mit Hilfe dieser Matrix Einschätzungen verbessert werden.

Mit Hilfe dieser Matrix bewerten die Mitglieder des Entwicklungsteams für jede User Story, welche der in der Matrix aufgeführten Aktivitäten von ihnen ausgeführt werden muss. Für jede der Aktivitäten wird dann festgelegt, *wie intensiv* sie betroffen sind. Ich finde das sehr hilfreich. Es bringt Klarheit in die Idee der Komplexität, ist aber sehr zeitaufwändig.

Natürlich hat es aber einen Grund, warum ich von der Verbindung zwischen Komplexität und Schätzen nicht viel halte. Auch mit dieser Matrix wird nicht deutlich, was „schwierig" denn eigentlich heißt. Etwas, das mir leicht fällt, muss meinem Kollegen noch lange nicht leicht fallen. Wenn ich ein ScrumMaster-Training halten soll, würde ich diesem eine Komplexität von 1 geben. Mir ist ja alles klar! Ich habe mehr als 200 Trainings gehalten, etliche Vorträge dazu gehalten und tausende von Diskussionen geführt. Ich kenne jeden Handgriff, jedes Argument, ich kann sogar während des Trainings andere Dinge erledigen. Ich gehe aus einem Training raus und kann mich noch um andere Themen kümmern. Für mich ist ein Training wie eine Fingerübung – mehr nicht.

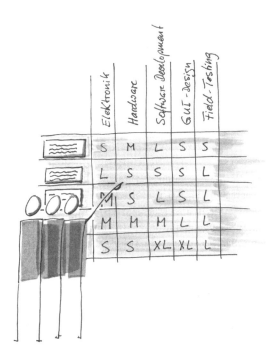

Bild 7.2
Things-That-Matter-Matrix

Meinen Mitarbeitern fällt es wesentlich schwerer, das gleiche Training zu geben. Das ist auch logisch. Aber wird das Training deshalb komplexer? Oder ist meine Einschätzung falsch: Ist das Training vom Standpunkt der Komplexität[6] betrachtet eigentlich eine 20 und meine Velocity nur viel besser, äh ... ein Training dauert immer zwei Tage ... also ist meine Velocity immer 20 pro zwei Tage? Hm, aber dann wäre das auch bei einem Neuling so ... aber der muss sich doch vorbereiten, und die Nachbereitung dauert länger und er erzählt nicht annähernd so viele Dinge zum Thema Scrum wie ich selbst, und selbst wenn er das tut – seine Ausstrahlung, sein Auftreten, die Art, wie er das Training hält, sind nicht vergleichbar ... aus ... ich bin verloren. Das ist mir zu komplex.

Mein Fazit

Ganz ehrlich: Ich will mich als Scrum Consultant nicht mit Fragen beschäftigen, die nicht lösbar sind. Ich habe als Physiker, Philosoph und Soziologe schon während meines Studiums gelernt, dass es unter anderem auf die richtigen Fragen ankommt, wenn man Erkenntnisse gewinnen will. Der Physiker in mir sagt: „Eine physikalische Größe ist eine quantitativ bestimmbare Eigenschaft eines physikalischen Objektes, Vorgangs oder Zustands." Daher gilt: Größen müssen zweifelsfrei definiert werden können. Sie dürfen nicht mit anderen Größen vermischt werden, es sei denn, sie können abgeleitet werden. Weder die Aufwandschätzung noch die Komplexitätsschätzung erfüllt diese Akzeptanzkriterien für das Definieren von Größen. Die Idee, Funktionalitätsumfänge zu schätzen, ist sicherlich auch nicht perfekt, sie kommt aber doch der Forderung nach Quantität am nächsten.

---

[6] Auch das ist der Fall: Ich bringe wesentlich mehr Stoff als andere Trainer in der gleichen Zeit unter.

7.2.2 Die Velocity ermitteln – das Schätzen überflüssig machen

Wie wäre es, wenn es für den Product Owner eine Methode gäbe, die ihn und das gesamte Entwicklungsteam endlich von der Bürde der Schätzungen vollständig befreien würde? Was wäre, wenn wir Schätzungen gegen handfeste Daten ersetzen können? Was wäre, wenn es also gelänge, den berühmten Irrtum der Schätzung durch eine errechenbare Wahrscheinlichkeit zu ersetzen?

Zu schön, um wahr zu sein? Nicht machbar? Die frohe Botschaft ist: „Es ist machbar und es funktioniert tatsächlich!" Allerdings hat diese neue Methode einen Preis: Sie müssen etwas verlernen und sich auf eine neue Denkweise einlassen. Diese Methode ist der nächste Paradigmenwechsel, den ich Ihnen zumute. Die traditionelle Denkschule will wissen, wie lange ein bestimmtes Element benötigt, um verarbeitet zu werden. Die posttraditionelle Denkweise will nur wissen, wie lange das Erarbeiten einer Funktionalität *in der Regel* dauert. Wir wollen also den *Trend* erkennen. Ein Trend ist nichts Exaktes, führt aber zu einem hohen Wahrscheinlichkeitswert.

Jetzt werden Sie sagen: „So etwas gibt es für die Fertigung von Produkten schon lange, aber das kann ja nicht für die Produktentwicklung gelten. Dort wird ja immer etwas absolut Neues entwickelt." Stimmt, deshalb sind klassische Aufwandschätzungen bei Produktentwicklungsprojekten nicht wirklich korrekt. Wir wissen ja nicht, was alles nötig sein wird, um etwas völlig Neues zu entwickeln. Aber wie ist das nun bei diesem System?

Im Gegensatz zur Fertigung gibt es bei der Produktentwicklung zwei Aspekte, die eine „Produktionskette" und damit die Lieferzeit empfindlich beeinflussen:

1. Wir kennen die Rate des Eintreffens von neuen Funktionalitäten nicht, und
2. wir wissen nicht, wie viel Zeit für das Erarbeiten eines dieser Elemente benötigt werden wird.

Diese beiden Umstände zusammen nennen wir **Varianz**. Die ureigenste Eigenschaft der Produktentwicklung ist, dass sie eine *hohe Varianz* hat. Das ist in der Fertigung anders:

1. In der Fertigung ist nach einiger Zeit immer bekannt, wie lange es dauert, ein Werkstück zu erzeugen.
2. Die Rate des Eintreffens von Aufträgen ist zwar variabel, aber nicht vollkommen unvorhersehbar.

Daher gilt für Prozesse in der Fertigung: Varianz reduzieren und Stabilität erzeugen. Für die Produktentwicklung macht das aber keinen Sinn: Hier wollen wir Varianz zulassen und werden daher nie Stabilität erzeugen können.

Cycle-Time – der Ausweg

Was wir allerdings aus der Fertigungsindustrie übernehmen können, ist das Denken in „Cycle-Time" - also aus der Erfahrung abzuleiten, wie lange es gedauert hat, etwas zu liefern. Aus der Summe der Datenpunkte ist es möglich, einen Trend zu bestimmen.

Wie lange etwas dauert? Das ist doch das Problem? Wir wissen ja nicht, wie lange es dauert, etwas zu *tun*? Stopp! Genau hier liegen die Missverständnisse: Es geht nicht darum zu wissen, wie lange eine *Tätigkeit* dauert, das interessiert in gruppenarbeitsorganisierten Fertigungsteams auch nicht. Nein, wir wollen wissen, wie lange es dauert, ein Werkstück, ein Stück Produkt, *vollständig zu liefern.* Unsere Entsprechung in der Produktentwicklung ist die User Story. Wir müssen also „messen", wie lange es dauert, eine User Story vollständig zu liefern.

Das stellt uns sofort vor die Frage: „Ab wo messen wir denn?" Mein Vorschlag: Wir messen von dem Moment an, wenn der Product Owner die User Story ins „Committed Product Backlog" aufnimmt (Bild 7.3).

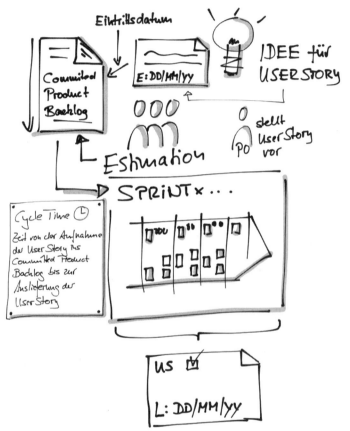

Bild 7.3
Die Cycle-Time messen

Ich führe hier einen neuen Begriff ein: Das „Committed Product Backlog". Im Gegensatz zum Product Backlog ist das Committed Product Backlog nicht die Liste aller User Storys, sondern „nur" ein Subset. Das Committed Product Backlog beinhaltet also jene User Storys, von denen der Product Owner will, dass sie *auf jeden Fall geliefert werden.* Es sind zum Beispiel die User Storys für das „Minimum Viable Product".

Welche Schritte müssen Sie also machen, um zu einer Messung der Cycle-Time zu kommen?

1. Zunächst definieren Sie ein *„Committed Product Backlog"*.
2. In dem Moment, in dem Sie eine User Story in dieses Committed Product Backlog geben, schreiben Sie auf die User Story ein *„Eintrittsdatum"*. Diesen Wert halten Sie auch noch einmal in einer Tabelle fest. Sie notieren außerdem, wie viele User Storys zu diesem Zeitpunkt im Committed Product Backlog sind.
3. Dann läuft die User Story wie gewohnt durch den Scrum-Prozess und wird also vom Team im Estimation Meeting mit Storypoints versehen. Sie erinnern sich: Es ging u. a. darum, dass sich das Team durch die Storypoint-Schätzung mit der User Story vertraut macht. Anschließend wird die User Story aus dem Committed Product Backlog durch die Arbeit im Sprint Planning 1 entnommen und im Sprint erarbeitet.
4. Wenn die User Story auf dem entsprechend definierten Level auf Done am Ende des Sprints oder Release geliefert worden ist, schreiben Sie das *„Lieferdatum"* auf die User Story. Auch diesen Wert übertragen Sie in Ihre Tabelle.
5. Diesen Prozess wiederholen Sie für jede User Story.
6. Nach einiger Zeit – sagen wir, nach etwa drei Monaten – sehen Sie sich die Tabelle mit den erhobenen User-Story-Daten wieder an. Dann lassen Sie das Tabellenkalkulationsprogramm für jede User Story die Zeitdifferenz zwischen Eingangs- und Lieferdatum berechnen. Anschließend sortieren Sie diese Tabelle nach der Zeitdifferenz: längste Differenz oben, kürzeste unten. Nun wissen Sie, was in den letzten drei Monaten die längste Durchlaufzeit für eine User Story war. Die *„Durchlaufzeit"* (Cycle-Time) selbst ist ein sogenannter „Lagging Indicator"[7].

Was Sie auch wissen: Wie hoch der maximale *„Füllstand"* des Committed Product Backlog während dieser Zeit gewesen ist. Diesen maximalen Füllstand halten Sie ab sofort als gegeben fest. Der Füllstand wird der sogenannte „Leading Indicator".

Nun können Sie folgende Aussage treffen: Geht der Füllstand des Committed Product Backlogs nicht über den Wert der letzten drei Monate, können wir annehmen, dass jede weitere User Story, die wir ins Committed Product Backlog legen, auch innerhalb der Durchlaufzeit unserer längsten User Story erzeugt werden wird.

Diese Aussage wird mit jedem weiteren Sprint und mit jeder Messung besser (= valider). Sie bleibt aber eine Aussage zum Trend, also eine Wahrscheinlichkeit über alle User Storys. Sie gilt nicht als *genauer* Wert für eine einzelne User Story.

Auf diese Weise haben Sie ein Verfahren erzeugt, dass Ihnen einen Leading und ein Lagging Indicator beschert. Der Leading Indicator, der Füllstand des Committed Product Backlogs, weist Sie darauf hin, dass Sie den maximalen Wert des Lagging Indicators (Durchlaufzeit pro User Story) nicht übertreffen werden, solange der Füllstand bei dem ermittelten Wert liegt. Vorsicht – ich wiederhole es noch einmal: Es kann jedoch vorkommen, dass diese eine bestimmte User Story dennoch länger brauchen wird. **Sie haben einen Trend ermittelt, keine absoluten Werte pro User Story!**

---

[7] http://en.wikipedia.org/wiki/Leading_indicator

Einer unserer Kunden konnte uns genau sagen, dass der Aufwand in der Entwicklung für eine User Story im Mittel 50 Stunden beträgt. Die Durchlaufzeit hatte er nicht, aber mit dieser Aussage konnten wir das Thema Schätzen ein für alle Mal vom Tisch bekommen. Sein Sample war 18 000 User Storys pro Jahr groß. Also wussten wir mit einer extrem hohen Sicherheit, dass der Durchschnittswert für jede weitere User Story ebenfalls wahrscheinlich 50 Stunden betragen wird. Folglich war die Aussage zutreffend, dass eine User Story 50 Stunden Aufwand verursachen wird.

Ab sofort konnte sich unser Kunde daher das Schätzen von User Storys sparen und annehmen, dass der Aufwand immer bei 50 Stunden liegt. Natürlich gibt es Ausreißer, aber bei 18.000 User Storys spielen diese Ausreißer keine Rolle. Nun gaben wir ihm noch die Idee des Leading Indicators, der Füllstandmessung, mit und somit war ihm klar, dass er tatsächlich die Kapazität seiner Organisation ausrechnen und verbessern konnte, weil nicht mehr geschätzt werden musste.

Mein letzter Vorschlag an dieser Stelle, wenn Sie in Ihrem Unternehmen gerade diese neuen Schätzmethoden einführen wollen: Überfordern Sie bitte das Management und die Fachbereiche nicht mit den neuen Methoden, sondern machen Sie es sich leicht. Liefern Sie weiterhin die akzeptierten Aufwandschätzungen, so wie bisher. Aber bringen Sie gleichzeitig Ihr Entwicklungsteam dazu, die oben beschriebenen Verfahren zusätzlich anzuwenden. Nebenbei. 25 Minuten pro Woche für Magic Estimation aufzuwenden sind verkraftbar. Sie selbst können einfach beginnen, die Anforderungen – aka User Storys – mit einem Eintrittsdatum zu versehen. Nach kurzer Zeit haben Sie alle notwendigen Informationen gesammelt und können dann entscheiden, ob Sie weiterhin Aufwandschätzungen machen lassen wollen oder nicht einfach basierend auf der Durchlaufzeit „gemittelte" Aufwände pro z. B. Change Request angeben. Sie können nicht falsch liegen, denn den Trend haben Sie ja ermittelt.

Das Verfahren, die Cycle-Time zu bestimmen und dann den Leading Indicator zu definieren, sieht auf den ersten Blick sehr langwierig aus. Denn zunächst benötigen wir die User Storys, und diese müssen geliefert werden. Erst dann können wir die Lieferzeiten ermitteln. Dabei ist es aber auch in einem „noch-nicht" agilen Umfeld möglich, dieses Verfahren sofort anzuwenden. In fast allen Unternehmen, die ich bisher gesehen habe, gibt es das Werkzeug des Change Requests, oder irgendeine andere Form von Liste, in der alle Elemente, die in einem Produkt entwickelt werden, bereits gespeichert werden. Elektronische Tools geben einem sehr oft, quasi „for free", das „Creation Date" durch eine einfache Abfrage heraus. Nun kann man noch herausfinden, wann die Change Requests oder Funktionalitäten aus dieser Liste geliefert wurden. Vielleicht immer im übernächsten Release. Schon kennen wir die derzeit gültige Durchlaufzeit. Sie ist noch nicht sehr akkurat, aber sie ist ein erster Hinweis darauf, wie lange es in einem Unternehmen im Moment dauert, eine bestimmte Funktionalität zu liefern.

8 Planung und Durchführung größerer Projekte

In diesem Kapitel geht es um das Planen und Durchführen von größeren Projekten und Produktentwicklungen. Wir werden aus der User Story Map für ein Produktentwicklungsteam mit Hilfe von Swimlanes eine Übersicht über mehrere Teams bauen. Auf diese Weise erhalten Sie ein Tool, mit dem Sie die Aktivitäten mehrerer Teams koordinieren können (Bild 8.1).

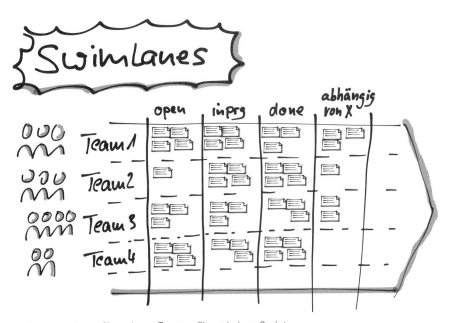

Bild 8.1 Swimlanes für mehrere Teams während eines Sprints

8.1 Scrum-Teams sind klein

Scrum-Teams bestehen aus maximal 11 Personen (ScrumMaster, Product Owner und bis zu 9 Developer). Das Entwicklungsteam sollte nicht kleiner als 4 und nicht größer als 9 Personen werden. Die ideale Größe eines Entwicklungsteams (ohne ScrumMaster und Product Owner) liegt bei fünf Personen. Diese fünf Personen sollten gemeinsam in der Lage sein, die auf das Team treffenden User Storys komplett und autark abzuarbeiten. So weit das Ideal. Aus vielen Gründen ist das in den wenigsten Unternehmen von Anfang an umsetzbar. Möglicherweise können Sie zunächst den Umstand nicht ändern, ein größeres Team in Ihrem Projekt zu haben, als Sie tatsächlich brauchen.

Sie benötigen also eine Methode, um Ihr Projekt mit wesentlich mehr als 11 Personen durchführen zu können, die noch dazu in unterschiedlichen Teams sitzen. Gleichzeitig müssen Sie darauf hinarbeiten, dass

1. die Architektur des Produkts so beschaffen ist, dass ein einzelnes Scrum-Team autark seine User Storys entwickeln, testen und ausliefern kann.
2. die Infrastruktur (Tools, Entwicklungsumgebungen, Netzwerke, Kommunikationsverbindungen, u. v. m.) so beschaffen ist, dass die Entwicklungsteams tatsächlich autark entwickeln, testen und ausliefern können.

Das zu erreichen ist möglich. Es ist in einigen Unternehmen bereits Realität. Die meisten Entwicklungsteams müssen aber leider in Umgebungen arbeiten, die es nicht so einfach machen, diesen Zustand zu erreichen.

8.2 Große Teams in der Produktentwicklung

Große Teams entstehen in der Regel deshalb, weil es technische, organisatorische oder wissensbasierte Abhängigkeiten der Teams untereinander gibt. Entwicklungsteams sind meistens so aufgestellt, dass sie von einem anderen Team Spezial-Know-how benötigen. Oft haben architektonische Überlegungen der Mitarbeiter vor Jahren dazu geführt, dass nur ein bestimmtes Team an jeweils ganz bestimmten Aspekten der Applikation arbeiten kann. Über die Jahre sind aber auch organisatorische Rahmenbedingungen entstanden, die dazu geführt haben, dass wichtiges Know-how nicht mehr vor Ort existiert. In all diesen Fällen ist es grundsätzlich viel schwieriger, eine Funktionalität nach der anderen von einem Scrum-Team liefern zu lassen. Es ist möglich und auch zu erreichen, allerdings sind dabei immer mehrere Teams involviert und das macht die Durchführung eines Projekts schwieriger, aber nicht unlösbar. Der Product Owner kann unter diesen Voraussetzungen erfolgreich sein, wenn er drei Grundsätze unter allen Umständen durchsetzt und einhält:

1. **Alle Scrum-Teams und Nicht-Scrum-Teams werden auf die gleiche Zeitfolge synchronisiert.** Es gibt also nur einen Puls im Projekt-Team. Dieser Puls kann vier, er kann drei Wochen umfassen. Meine Empfehlung: zwei Wochen. Im Klartext: Alle involvierten Parteien müssen ihre Lieferung nach zwei Wochen präsentieren. Dabei ist es belanglos, ob ein Entwicklungsteam nach Scrum arbeitet oder nicht. Es spielt auch keine Rolle, ob dieses Team innerhalb der Organisation angesiedelt ist, oder ob es als Lieferant außerhalb der Organisation liegt.
2. **Am Ende der zwei Wochen wird immer ein integriertes Produkt geliefert.** Regel Nr. 1 in allen Scrum-Implementierungen ist, dass am Ende einer Iteration das Zugesagte geliefert werden soll. Es soll fertig sein. Diese Forderung bleibt auch bei verteilten Teams bestehen. Alle Teams müssen also miteinander dafür sorgen, dass am Ende der Iteration das Produkt fertig geliefert wird. Diese Forderung ist für beginnende Entwicklungsteams sehr schwer umsetzbar. Sie braucht eine entsprechende Infrastruktur und den Willen aller beteiligten Teams, sich an diese Vorgabe zu halten.
3. **Die Entwicklungsteams entwickeln gemeinsam eine Architektur, mit der sie voneinander unabhängig User Storys liefern können.** Diese Forderung bedeutet, dass es keine Core-Teams gibt, dass es so etwas wie Komponenten-Teams nicht gibt. Diese Forderung ist häufig dann nicht umsetzbar, wenn man mit externen Dienstleistern oder mit „Software von der Stange" von Drittanbietern arbeiten muss.

Besteht Ihr Produktentwicklungsteam also aus mehr als einem Scrum-Team, so genügt es nicht, alle handelnden Personen in einen Raum zu setzen, ihnen einen ScrumMaster und einen Product Owner zur Verfügung zu stellen. Ich gebe eine ganz klare Empfehlung: Teilen Sie als Product Owner gemeinsam mit dem ScrumMaster die Teams in jeweils maximal elfköpfige Scrum-Teams. Jedes Scrum-Team bekommt natürlich einen ScrumMaster und einen Product Owner.

> In einem Kundenprojekt war dieses Vorgehen zwar theoretisch möglich, aber praktisch nicht umsetzbar. Zum einen gab es keine geeigneten Mitarbeiter für die Rollen des Product Owners und ScrumMasters. Was aber erschwerend hinzukam: Das Management verstand meinen Rat nicht und glaubte, dass es grundsätzlich gar nicht machbar sei, für jedes Teams sowohl einen ScrumMaster als auch einen Product Owner einzusetzen. Die Folge war, dass wir einen ScrumMaster und einen Product Owner für vier Teams hatten, die zwar alle gemeinsam in einem Raum saßen, aber noch keine eigentliche Führung pro Team hatten.
>
> Plötzlich setzten sich aber die ehemaligen Teamleiter, die als Know-how-Träger des Unternehmens sowieso die wichtigen Kernaspekte bei diesem Projekt unterstützen mussten, als Quelle für technische Fragestellungen ein. So stellten sich die Product Owner für die Teams fast von selbst auf. Als mir das auffiel, informierte ich den Geschäftsführer darüber. Er war erstaunt, gab mir dann aber recht und ließ die Teamleiter zu Product Ownern in diesem Projekt werden.

Gibt es den richtigen Teamschnitt?

Wie Sie zum *richtigen* Teamschnitt kommen, kann Ihnen niemand sagen. Der Teamschnitt richtet sich danach, welche fachliche Kompetenz von den Teams gefordert ist. Genau das wissen Sie aber am Beginn der Entwicklung meist noch nicht. Der beste Ansatz, der sich für mich bei der Teamzusammenstellung immer wieder bewahrheitet hat: Einfach mit irgendeinem Teamschnitt anfangen. Diskutieren Sie nicht lange darüber, das ist nur verschwendete Zeit. Wenn die Teams gefunden sind, lassen Sie als Product Owner oder als beobachtender Manager zu, dass sich die Teams neu gruppieren – *so wie es die Teams für richtig halten*. Sie werden feststellen, dass sich die Teams so lange umgruppieren, bis das optimale Team gefunden ist. Wichtig ist nur: Sie dürfen den Teams nicht erlauben, während der ersten Sprints unproduktiv zu sein – das ist die Maßgabe für jede neue Teamkonstellation. Sie muss einen höheren Output an User Storys ermöglichen.

Eine weitere Methode für die Zusammenstellung der Teams ist mit dem Ansatz von Harrison Owen, dem Vater der Open Space Technologie, vergleichbar: Als Product Owner haben Sie die Produktvision, die Constraints und die User Storys definiert. Alle diese Informationen haben Sie mit den Entwicklungsteams gemeinsam erstellt, oder sie sehr gut darüber informiert. Alle Teammitglieder wissen also, worum es in Ihrem Projekt geht. Lassen Sie die Entwicklungsteams daher einfach selbst entscheiden, wie sie sich optimal zusammensetzen. Die Maßgabe ist wieder: Die Teams müssen das so tun, dass jedes Scrum-Team am Ende des Sprints, im Idealfall nach wenigen Tagen, eine fertige User Story liefern kann. Dieser Ansatz ist gar nicht so revolutionär. Viele Unternehmen lassen das zu, wenn sie eine „Taskforce" gründen.

Wie Sie als Product Owner Ihre Entwicklungsteams strukturieren, hängt am Ende wesentlich von Ihrer Organisation ab. Wenn Sie zum Beispiel damit konfrontiert sind, dass beinahe die Hälfte der Entwicklungsmannschaft in Indien sitzen wird oder schon sitzt, das Produktwissen aber in Deutschland beheimatet ist, dann helfen Ihnen Best Practices nicht viel, die zu weit an Ihrer Realität vorbeigehen. In diesem Fall beherzigen Sie am besten meinen ersten Ratschlag: Sie nehmen das Team so wie es ist und beginnen zu arbeiten. Halten Sie sich in diesem Fall bitte an die drei Grundsätze von oben und versuchen Sie, diese über die Zeit einzuhalten. Einige Planungs- und Entscheidungstools, die ich Ihnen im folgenden Abschnitt vorstelle, werden Ihnen dabei helfen.

8.2.1 Planung im skalierten Umfeld – die Product Roadmap

In einem skalierten Umfeld beginnt die Arbeit am Produkt mit dem Product Backlog. Dieses haben Sie mit Hilfe der Impact Map erstellt. Das Product Backlog haben Sie in die Form einer User Story Map gebracht. Damit haben Sie als Product Owner wahrscheinlich eine deutlichere Vorstellung davon bekommen, was für Sie in diesem Release wichtig ist.

In diesem Release? Bedeutet das, es wird mehr als ein Release geben? Bei vielen Produktentwicklungsprojekten ist das tatsächlich so. Produkte werden immer weiter entwickelt. Sie wachsen im Umfang und werden an die aktuellen Bedürfnisse der Kunden angepasst. Gibt es also mehr als ein Release, dann weist das darauf hin, dass wir einen weiteren Level in der Produktplanung benötigen, wenn wir es mit mehr als einem Team zu tun haben. Exakt so ist es. Ist bei einem Produkt, selbst wenn es über einige Jahre weiterentwickelt werden soll, nur von einem Scrum-Team die Rede, dann genügt es meiner Erfahrung nach, auf der Ebene des Product Backlogs zu bleiben. Jede weitere Planungsebene wird vielleicht vom Management verlangt, weil es von einer Product Roadmap gelesen hat, aber in der Realität braucht das niemand, um die Produktentwicklung des Produkts zu lenken.

Ganz anders sieht die Sache aber aus, wenn Sie mehrere Produkte entwickeln, die miteinander gekoppelt sind, oder wenn Scrum-Teams synchronisiert werden sollen, die gemeinsam an einem Produkt arbeiten, aber unterschiedliche Komponenten oder User Storys entwickeln. Noch komplizierter wird es, wenn diese Komponenten aufeinander aufbauen. Dazu kommt, dass Scrum-Teams in solchen Umfeldern nicht die notwendige Infrastruktur vorfinden, um ständig gemeinsam integrieren zu können. Leider ist es in der Realität oft so, dass die Infrastruktur sogar da wäre, aber die Teammitglieder nicht damit umgehen können. Egal, wie die Umstände anfangs sind: Der Product Owner braucht neben der Story Map noch zwei weitere Ansichten, um die Produktentwicklung erfolgreich zu steuern: Den Releaseplan und die Product Roadmap.

Die Product Roadmap ist im Grunde eine Aggregation aus

1. den High Level Storys, die Sie aus der Impact Map gewonnen haben,
2. der Kenntnis der eigenen Scrum-Teams,
3. der Kenntnis der Dienstleister-Teams und
4. den Abhängigkeiten von anderen Projekten, wenn diese Ihnen etwas zuliefern müssen und
5. den Abhängigkeiten anderer Projekte, wenn Sie mit Ihren Teams etwas in ein anderes Projekt liefern müssen.

Die High Level Storys werden also zunächst in die von Ihnen gewünschte Reihenfolge gebracht, dann aber mit Hilfe von Swimlanes auf die entsprechenden Teams aufgeteilt (Bild 8.2). Im Idealfall fragen Sie dazu die Entwicklungsteams. In so einem Verfahren kommen Sie oft nicht ohne „technische Storys" oder Infrastruktur-Storys aus.

Neben dem Nachteil, dass sich diese Storys nicht funktional schätzen lassen, ist die Sichtbarkeit der Vorteil. Durch den so entstehenden Releaseplan auf der Releaseebene und die Product Roadmap auf der Produktebene wird sowohl dem Product Owner als auch dem Entwicklungsteams auf einem Schlag deutlich, wer auf wen weshalb warten muss. So wird deutlich, was alles zu tun ist, damit man eine Story liefern kann. In diesem Fall können die Entwicklungsteams entscheiden, ob es nicht doch sinnvoll ist, die Zusammensetzung der Scrum-Teams noch einmal zu verändern. Es kann sein, dass die Organisation entscheidet, mehr Ressourcen in ein bestimmtes Thema zu investieren, damit nicht ständig ein Entwicklungsteam auf ein bestimmtes anderes Entwicklungsteam warten muss.

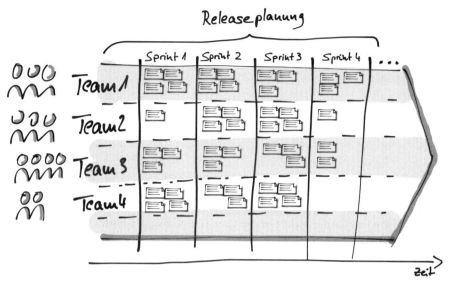

Bild 8.2 Releaseplan mit mehr als einem Team

Nachdem die User Storys an der Wand und damit auf Scrum-Teams aufgeteilt sind, kann der Product Owner noch Puffer einbauen, um mehr Sicherheit – also eine höhere Liefergenauigkeit – in seinen Releaseplan zu bringen. Zum Beispiel ist der Fall eingetreten, dass Scrum-Team B eine Komponente X entwickelt, die das Scrum-Team A in Sprint 5 benötigt, um die User Story Z entwickeln zu können. Das wird transparent, weil wir alle User Storys in die jeweiligen Sprints und Scrum-Team-Zeilen gelegt haben. In diesem Fall ist es sicherlich sinnvoll, dass wir die Komponente X von Scrum-Team B im Sprint 3 an oberster Stelle erstellen lassen wollen. Dann ist die Wahrscheinlichkeit sehr hoch, dass Komponente X für das Scrum-Team A im Sprint zur Verfügung stehen wird.

Hinweis: In Sprint 5 sollte sich dann Scrum-Team B Zeit einplanen, um Scrum-Team A unterstützen zu können.

8.2.2 Vom Product Owner zum Product-Owner-Team: Synchronisation während des Sprints

Wir haben nun eine Idee davon, wie wir mit mehr als einem Team arbeiten und dabei die Übersicht behalten können. Wer ist das aber, der die Übersicht behalten muss? Auf jeden Fall der Product Owner, das ist klar. Es gibt aber die eindeutige Regel: „Jedes Scrum-Team besteht *immer* aus ScrumMaster, Product Owner und Entwicklungsteam." Also haben wir es im Falle des Falles immer mit mehr als einem Product Owner zu tun. Wie koordinieren sich diese nun? Bei zwei Product Ownern ist das noch ganz einfach. Sie sprechen sich bilateral ein bis zwei Mal pro Woche über ihre verschiedenen Product Backlogs ab. Sie können sich gegenseitig bei den Estimation Meetings ihrer Teams vertreten oder besuchen, um so zu verstehen, was gerade im anderen Team ansteht und dort vorgeht.

Die Erfahrung zeigt nun, dass diese Absprachen ab einer Größe von drei Product Ownern nicht mehr ausreichend gut funktionieren. Wenn Sie in dieser Situation sind, rate ich Ihnen dazu, ein sogenanntes Product-Owner-Team zu etablieren. Ob dann einer der Product Owner zum Primus inter Pares gemacht wird, oder ob das Management einen weiteren Product Owner zum „Chef" des Product-Owner-Teams macht, ist eine Frage, die von Fall zu Fall entschieden werden muss. Wichtig ist nur, dass Sie dieses Team etablieren und auf die gleiche Weise managen wie jedes andere Scrum-Team auch. In einer ersten Näherung heißt das, dass es sich mit Hilfe von Scrum-Boards selbst organisiert. Die tägliche Synchronisation findet, wie bei jedem anderen Scrum-Team, über das Daily Scrum, in diesem Fall das Product Owner Daily Scrum (PODS), statt. Innerhalb des Sprints wird auf diese Weise durch das Scrum-Board und das PODS klar und absolut transparent, an welchen Storys die jeweiligen Scrum-Teams gerade arbeiten. Die Product Owner haben so die größtmögliche Sichtbarkeit über alle Scrum-Teams hergestellt. Geben die Product Owner nicht nur die User Storys, sondern auch noch ihre eigenen Tasks auf das Scrum-Board, dann entsteht schnell eine Gesamtübersicht über alle Aktivitäten während des Sprints. Sowohl auf der Ebene des Scrum-Teams als auch auf der Ebene des Product-Owner-Teams.

Synchronisation über die Sprints hinweg

Wie synchronisieren sich die Product Owner über die Sprints hinweg? Dazu müssen sich die Product Owner ein- bis zweimal pro Sprint gemeinsam das Gesamt-Product-Backlog ansehen und über die Priorität der User Storys auf Gesamtbacklogebene sprechen. Nicht der einzelne Product Owner arbeitet also alleine am Releaseplan, sondern er arbeitet gemeinsam mit seinen Product Owner-Kollegen am nächsten Release. Den Product Ownern wird dabei sicher helfen, den Releaseplan in Form einer User Story Map aufgebaut zu haben. Die Prioritäten können sich jederzeit ändern, denn die Product Owner werden sehen, dass ihre Entwicklungsteams das ein oder andere Mal eine User Story nicht liefern können. Es mag bei dieser Betrachtung auch deutlich werden, dass es zwischen den Teams zu Abhängigkeiten kommen kann, die nur übergreifend miteinander gelöst werden können. Wieder aber gilt bei der Synchronisation über viele Sprints hinweg: Die User Storys im oberen Teil des Backlogs (oder bei einer User Story Map am Anfang der Map) sollten so geschnitten sein, dass es sich um kleine User Storys handelt. Auf jeden Fall wollen wir erreichen, dass die Entwicklungsteams immer wieder nur mit kleinen User Storys pro Sprint konfrontiert werden.

Technische Vorausschau über die Sprints hinweg

Die Entwicklungsteams haben bei einem skalierten Umfeld eine besondere Verantwortung. Ihre Aufgabe ist es, das Produkt so miteinander zu entwickeln, dass es am Ende stabil und lauffähig ist. Deshalb ist es die Aufgabe der Entwicklungsteams, eine Architektur zu erstellen, mit der die Entwicklungsteams möglichst entkoppelt voneinander entwickeln können. Gleichzeitig ist es ihre Aufgabe, dafür zu sorgen, dass die technischen Risiken oder die möglichen Fallstricke in der Entwicklung frühzeitig gefunden und gelöst werden können. Die Entwicklungsteams müssen das Gesamt-Product-Backlog ständig möglichst vollständig vor Augen haben. So können sich die Teams bewusst machen, welche User Storys in der Zukunft liegen. Je wahrscheinlicher es wird, dass eine Funktionalität gebaut werden wird, desto eher ...

1. ... können die Entwicklungsteams bereits in den gerade umgesetzten User Storys architektonisch darauf eingehen. Sie können Vorkehrungen dafür treffen (noch nicht einbauen), dass später noch eine weitere Funktionalität, die mit der gerade entwickelten zusammenhängt, angeschlossen wird. Die Chance dazu hat das Entwicklungsteam, weil es die User Storys für die Zukunft bereits kennt und daher identifizieren kann, ob sich in diesen User Storys möglicherweise technische Probleme ergeben könnten. Diese Probleme können sie im Voraus adressieren, indem sie sich auf diese Funktionalitäten vorbereiten, sich mit der zugrundeliegenden Technik auseinandersetzen, oder dem Product Owner ganz einfach sagen, dass es sehr unklar ist, ob diese neue Funktionalität überhaupt umsetzbar ist.
2. ... können die Entwicklungsteams auch erkennen, ob in einer nachfolgenden User Story eine technische Hürde liegt, die die Arbeit zu einem späteren Zeitpunkt blockieren könnte. In diesem Fall bespricht das betroffene Entwicklungsteam seine Befürchtung mit seinem Product Owner, um den Releaseplan entsprechend anzupassen.

Alles das kann entweder im Estimation Meeting des jeweiligen Teams zur Sprache kommen, oder es wird in einem gesonderten Meeting mit dem Product Owner diskutiert.

Technische Abstimmung auf täglicher Basis

Entwicklungsteams sprechen sich täglich im Scrum of Scrums (SoS) über folgende Aspekte ab:

1. Sie wollen synchronisieren und informieren sich daher darüber, welches Team gerade an welcher User Story arbeitet.
2. Sie fragen sich gegenseitig, ob sie einander helfen können. Vielleicht ist aufgefallen, dass ein Entwicklungsteam wesentlich schneller vorankommen würde, wenn es von jemandem aus einem anderen Entwicklungsteam Unterstützung bekäme.
3. Sie finden heraus, ob es zwischen den Entwicklungsteams eine Blockade gibt. Vielleicht behindert ein Team gerade ein anderes.
4. Sie überlegen kurz, ob durch den Weg, den sie in diesem Sprint gemeinsam einschlagen, am Ende alle Entwicklungsteams ihre Zusagen einhalten können.
5. Sie prüfen, ob es gegenwärtig irgendwelche Integrationsprobleme gibt. Wenn das der Fall ist, gründen sie spontan eine Taskforce. Das kann ein kurzes Meeting von 20 Minuten sein, in dem besprochen wird, wie man diesen Defekt heute beheben kann. Manchmal wird dieses Taskforce-Team den ganzen Tag damit zubringen, den Integrationsdefekt mit Hilfe der Entwicklungsteams zu lösen.

Allgemein gilt für die Arbeit im Scrum of Scrums: Die Teams müssen einen Mehrwert durch dieses Treffen haben oder zumindest spüren: „Es bringt etwas." Die oben genannten Punkte sind ein erster Hinweis darauf, welche Aspekte in diesem Treffen sinnvollerweise besprochen werden können. Gelingt das nicht, schaut der ScrumMaster des SoS, weshalb die Entwicklungsteams kein Interesse daran haben, dieses Meeting durchzuführen. Oft erkennt der ScrumMaster dann schnell einen der folgenden Gründe:

1. Die User Storys sind so geschnitten, dass die Entwicklungsteams keine Veranlassung sehen, gemeinsam zu liefern. Es gibt keine gemeinsamen Ziele. Wenn die Architektur entsprechend ausgebaut ist, kann das funktionieren – dann müssen die Entwicklungsteams möglicherweise tatsächlich nicht miteinander arbeiten.
2. Die Entwicklungsteams integrieren erst am Ende des Sprints, oder integrieren erst in einem Releasesprint. In diesem Fall geben sich die Beteiligten gerne der Illusion hin, dass „sowieso alles klar ist".
3. Die Entwicklungsteams synchronisieren ihre Lieferungen nicht. Das passiert häufig, wenn die Entwicklungsteams an eine dritte Partei liefern (Dienstleister, Releasemanager), statt selbst für das fertige Produkt zuständig zu sein.

Es gibt sicher noch einige andere Gründe, die für Ihr spezielles Umfeld relevant sind. Machen Sie sich als Product Owner die Mühe, diesen Gründen nachzuforschen. Es ist Ihr Produkt, das am Ende eines Sprints fertig sein muss – über alle Teams hinweg.

8.2.3 Die Prognose ersetzt den Plan

Als Gesamt-Product-Owner eines solchen Produktentwicklungsprojekts wollen Sie natürlich wissen, wann das Produkt fertig sein wird. Wie kann ich diese Frage so beantworten, dass Sie einen Mehrwert erhalten? Die Antwort „gar nicht" hilft Ihnen nicht. Meine Antwort auf diese Frage ist ziemlich einfach: Die Velocity, also die *Durchlaufzeit* über alle Entwicklungsteams, ergibt einen Trend. Sie wissen nach einigen Sprints, wie viele User Storys von allen Teams pro Sprint im Schnitt geliefert wurden. Daraus können Sie, so wie bei *einem* Entwicklungsteam, den Trend für die Zukunft ableiten.

Für viele Projektmanager ist diese Aussage unhaltbar. Sie wollen genau wissen, wie viel Funktionalität sie zu einem bestimmten Stichtag haben werden. Diese Frage lässt sich so nicht beantworten, dennoch ist der Trend eine sehr gute Näherung. Gleichzeitig ist jedoch eine Sache wesentlich: Sie kennen Ihren Stichtag. Wenn die Entwicklungsteams so wie gefordert arbeiten und ständig integrieren, oder ihnen zumindest die Zeit eingeräumt wird, immer wieder nach zwei oder drei Sprints alle Funktionalitäten für einen „Zwischenrelease" zusammenzusetzen, dann weiß der Product Owner, dass er zum Stichtag auf jeden Fall ein Höchstmaß an Business Value erzeugt haben wird. Und das, obwohl er sicher nicht alle User Storys umgesetzt haben wird.[1]

Die Prognose ersetzt also den Plan. Diese Prognose ist aber zuverlässiger als es bis dato jeder Plan gewesen ist. Entscheidend ist jedoch, dass die Entwicklungsteams tatsächlich fertige User Storys nach den jeweiligen Sprints liefern. Sonst ist das Produkt nur halb fertig – und Sie wissen doch nicht, ob das Produkt fertig ist und ausgeliefert werden könnte.

---

[1] Warum das so ist – siehe (Gloger 2013)

8.2.4 Monitoring – Darstellung des Fortschritts

Woher wissen Sie als Product Owner, wie weit Ihr Produkt ist? Dazu gibt es drei Dinge zu sagen.

1. Bei der Umstellung von traditionellen Managementmethoden auf Scrum wird oft angenommen: „Man muss alle Storys liefern, die man zu Beginn des Projekts gesammelt hat." Diese Haltung kommt meines Erachtens aus der „traditionellen" Projektmanagement-Welt, die in Lastenheften denkt. In denen also der Gedanke herrscht, dass „(die) Gesamtheit der Forderungen an die Lieferungen und Leistungen eines Auftragnehmers innerhalb eines Auftrages" festgelegt sei.[2] Dieses Mindset hat zur Idee von Release-Burndowncharts geführt (Bild 8.3).

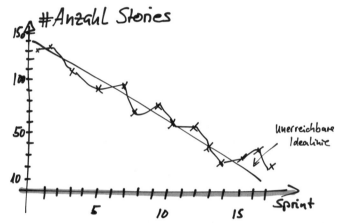

Bild 8.3 Release-Burndownchart

2. Gleichzeitig müssen wir als Scrum-Treibende immer sofort überlegen, wie wir in einem Release-Burndownchart darstellen, dass es ständig neue oder veränderte User Storys gibt. Das führt dann zu vielen unterschiedlichen Varianten der Release-Burndowncharts.

3. Womit das alles nichts zu tun hat: Man will ja in einem Scrum-Projekt so schnell wie möglich die ersten Erfolge sehen, um festzustellen, ob man in die richtige Richtung entwickelt. Das „traditionelle Mindset" hat also geradezu verhindert, dass man in Scrum den Ideen, die über das Design Thinking Einzug halten – schnelle Lieferung von Versuchen, sofortiges Umsetzen einer nicht vollständig fertigen Idee – nicht umfassend nachkommen konnte.

Aus heutiger Sicht würde ich Ihnen daher empfehlen, die Release-Burndowncharts vollständig zu lassen und das Monitoring nur über die User Story Map durchzuführen. Möglicherweise nehmen Sie auch die Impact Map und schauen nach, welche der dort angeführten Storys bearbeitet sind. In diesem Fall entwickeln Sie das Produkt nämlich ständig in die geforderte Richtung. Die Gefahr, in eine bereits überholte Richtung zu laufen, nachdem ein Lastenheft geschrieben worden ist, ergibt sich in diesem Fall nicht.

---

[2] Zitiert nach: http://de.wikipedia.org/wiki/Lastenheft

Entscheidend bei all diesen Überlegungen ist jedoch: Sie müssen zwingend Ihre Entwicklungsteams dazu anhalten, zum Ende eines Sprints funktionsfähige Produkte zu liefern. Nur dann haben Sie etwas, das Sie wirklich als Information über den Status der Produktentwicklung nutzen können.

8.2.5 Abhängigkeiten – das Umfeld

Jedes Projektteam, ob es ein kleines oder großes verteiltes Projektteam mit 180 Mitarbeitern ist, hat mit der Tatsache zu kämpfen, dass es andere Abteilungen in einem Unternehmen gibt:

- Einkauf
- Betrieb
- Service
- Elektronik
- Hardware
- u. v. m.

Alle diese Abteilungen wollen bei Projekten entweder bei der Anforderungserhebung mitreden, oder sie sind in irgendeiner Phase des Projekts Zulieferer der eigentlichen Scrum-Teams.

Natürlich könnte der Product Owner von Anfang an alle beteiligten Abteilungen immer dazuholen, und in einigen Fällen ist das mit hundertprozentiger Sicherheit die beste Option, auch wenn sich dadurch der Start des Projekts möglicherweise verzögert. Oft ist das Einbeziehen aber entweder aus Zeitgründen nicht machbar, oder der Product Owner oder das Management hat einfach nicht daran gedacht. So ist es eben – Projekte laufen nicht nach Lehrbuch ab.

Das wäre nicht weiter bedenklich, wenn nicht jede Abteilung ihre bestimmte Art zu arbeiten hätte. Jede Abteilung hat Prozesse und ihre eigenen Regeln, gegen die Scrum-Teams oftmals verstoßen. Denn hier zählt nur das Projektergebnis. Würden die Entwicklungsteams nur gegen die Regeln verstoßen und kämen sie damit durch, wäre das für den Erfolg des Projekts ebenfalls belanglos. Dann würde man sich entschuldigen und die Welt wäre wieder in Ordnung. Leider ist dem nicht so, weil diese Abteilungen – oder vielmehr die Mitarbeiter in diesen Abteilungen – ihren Job natürlich möglichst gut und ihren Zielen entsprechend machen wollen. Ein schönes Beispiel ist hier der Einkauf von Organisationen. Dessen Aufgabe ist es meistens, dafür zu sorgen, dass Dienstleistungen und Waren möglichst günstig eingekauft werden. Um etwas günstiger einkaufen zu können, benötigt man Vergleichspreise und einen guten Informationsstand über den Markt. Wenn dann die möglichen Vertragspartner gefunden sind, kommt es oft zu langwierigen Verhandlungen, um aus der Sicht des Einkaufs das günstigste Produkt oder die günstigste Dienstleistung bekommen zu können. Das macht Sinn, oder? Leider nicht immer. Es kommt darauf an, ob die Kostenersparnis den Verlust durch die verzögerte oder langsamere Lieferung aufwiegen kann.

Die Forschungs- und Entwicklungsabteilung eines Konzerns sollte ein Produkt entwickeln. Die Abteilung stellte ein Team aus den zur Verfügung stehenden Mitarbeitern auf. Leider hatten diese Mitarbeiter nicht die für das Projekt notwendigen Skills, aber an einer anderen Stelle im Konzern gab es einen solchen geeigneten Mitarbeiter. Obwohl die Abteilung, in der das Know-how fehlte, anfragte, ob der Mitarbeiter verfügbar wäre, bekam sie ihn nicht, weil er in einem anderen Projekt ebenfalls gebraucht wurde.

Das führte zu signifikanten Fehleinschätzungen beim Entwickeln dieses Produkts. Verzögerungen waren unvermeidlich. Jedes Mal, wenn ich deutlich machte, dass wir diesen Menschen unbedingt brauchten, bekam ich zur Antwort, dass man nichts machen könne. Wir bekamen diesen Mitarbeiter einfach nicht. Erst als ich zeigen konnte, wie viel Geld die Projektverzögerungen kosteten, wurde das Budget freigegeben, um dieses Know-how bei einer externen Firma einzukaufen.

Ich will dieses Problem der Abhängigkeit zu anderen Organisationseinheiten nicht auf die simple Formel reduzieren: „Wir müssen nicht die Ziele der Einzelabteilungen optimieren, sondern das Gesamtziel." Es gibt einen Weg, wie die berechtigten Einzelinteressen der Abteilungen die für ein Unternehmen wichtigen Projekte nicht aufhalten. Dieser Weg lautet einmal mehr: Transparenz. Dazu muss ein Mechanismus eingeführt werden, der allen Beteiligten klar macht, ob eine Entscheidung im Sinne des Gesamterfolgs des Unternehmens ist. Dieser Mechanismus heißt „Cost of Delay" und ist meiner Meinung nach maßgeblich für die Arbeit in großen Projekten.

8.2.6 Cost of Delay

Die Entscheidungen, die in Projekten getroffen werden, haben oft eine politische Dimension. Product Owner können dann gar nicht ihrer Verpflichtung, den Return on Investment zu maximieren, nachkommen, weil ihnen von übergeordneten Instanzen, Abteilungszuständigkeiten, etablierten Prozessen u. v. m. die Hände gebunden werden. Die Gründe, die in Ihrem Umfeld zu solchen Entscheidungen führen, kennen Sie wahrscheinlich genau – daher brauche ich dafür keine Beispiele anzuführen. Wichtig ist meines Erachtens aber, zu erkennen, dass wir es immer dann mit politischen Entscheidungen oder mit Entscheidungen aus dem Bauch zu tun haben, wenn es für diese Entscheidungen keine Öffentlichkeit gibt. Damit meine ich, dass es keine allgemeingültigen und transparenten Grundlagen, also Kriterien, für die Entscheidungen in Unternehmen gibt. Dabei wäre es einfach, solche Entscheidungskriterien einzuführen. Sie könnten es wie Ricardo Semler bei Semco machen und alle Entscheidungen durch eine Abstimmung der Anwesenden treffen lassen. Auf diese Weise hätten sie zwar noch keine Entscheidungskriterien etabliert, aber es wäre zumindest vollkommen klar, wie es zu Entscheidungen in ihrem Projekt oder Unternehmen kommt. So faszinierend das ist, so unrealistisch ist das für die meisten Firmen (bis jetzt). Dennoch sollten Sie das

Prinzip der klaren Entscheidungswege unbedingt befolgen und über die Zeit in Ihrem Projekt etablieren. Wie können Sie damit beginnen?

Kennen Sie diesen Moment in Projekten, wenn Ihnen auffällt, dass Sie noch etwas von einem externen Zulieferer benötigen? Sie gehen zur Einkaufsabteilung und besprechen das mit dem zuständigen Einkäufer. Er macht Ihnen klar, dass er erst eine Ausschreibung machen muss, dann die Angebote prüfen muss u. v. m. Genau das ist uns als Lieferant mit einer großen Firma passiert. Wir hatten mit einer Fachabteilung ein Konzept erarbeitet und dieses Konzept wurde dann die Grundlage für eine Beratungs-Ausschreibung (die wir verloren haben). Das wäre ja nicht schlimm gewesen, doch wurde auf diese Weise der Beginn der Zusammenarbeit mit dem Ausschreibungsgewinner um einen ganzen Monat verschoben. Sicher, vielleicht kann man das kompensieren, aber ob es sich wirklich gelohnt hat, einige wenige tausend Euro zu sparen, wenn man einige Dutzend Projektmitglieder schneller an den Start hätte bringen können? Ich bezweifle es.

Daher mein Vorschlag: Berücksichtigen Sie bei der Entscheidung, was Sie tun sollen, immer die Cost of Delay.

- Brauchen Sie einige Consultants, um schneller zu liefern, dann kaufen Sie diese ein. Entscheiden Sie, ob sich langwierige Verhandlungen lohnen, oder ob Geschwindigkeit wichtiger ist.
- Wenn Sie schnellere Rechner für Ihre Entwickler brauchen, damit diese nicht ständig warten müssen, dann rechnen Sie einfach mal aus, wie viel es kostet, dass die Entwickler in dieser einen Stunde nicht entwickeln können.
- Oder bei der Diskussion mit dem Fachbereich über die Anforderungen: Was ist teurer? Mit allen Beteiligten für eine Woche in ein 5-Sterne-Hotel zu fahren, dort alle Anforderungen zu erheben und dann sofort losstarten zu können? Oder ist es günstiger, das Erheben der Anforderungen auf die nächsten drei Monate zu verteilen? Sie sparen mehr als zwei Monate Durchlaufzeit Ihres Projekts. Was bringt es, so viel schneller zu sein?

Hinter den Costs of Delay stehen keine politischen, sondern wirtschaftliche Überlegungen. Grundlage der Entscheidungen ist die Frage, um wie viel teurer es ist, wenn das Projekt später als gefordert geliefert wird.

Aber Vorsicht! So wie alles im Leben, kann man auch diese Idee übertreiben und versuchen, diese Kosten auf die letzte Nachkommastelle genau auszurechnen. Das wäre nicht nur aufwändig, sondern würde die eigentliche Idee ad absurdum führen. Es geht nicht darum, genau zu wissen, wie teuer es sein wird, wenn man zum Beispiel einen Monat später am Markt ist. Vielmehr geht es darum, innerhalb eines Projekts eine von allen Beteiligten geteilte Meinung darüber zu entwickeln, wie teuer ein Projektverzug sein wird.

Schätzen der Cost of Delay

Zu schätzen, wie teuer ein Projektverzug sein wird, ist einfacher als vielleicht gedacht. Sie brauchen dafür ein etwa einstündiges Meeting. Dieses Meeting teilen Sie in drei Abschnitte:

1. In den ersten 15 Minuten stellen Sie allen Projektbeteiligten die Idee der Cost of Delay vor und versuchen, auf diese Weise ein Bewusstsein für die Bedeutung von Geschwindigkeit zu schaffen.
2. In den nächsten 30 Minuten geht es um das Schätzen der Cost of Delay. Sie fragen dazu jede teilnehmende Person, die Einfluss auf Entscheidungen im Projekt hat, nach ihrer Einschätzung: Wie viel kostet es das Unternehmen, wenn das Produkt einen Monat später auf den Markt kommt? Hören Sie zunächst einfach nur zu. Es geht nicht darum, diese Einschätzungen zu bewerten oder zu kritisieren. Im nächsten Schritt bitten Sie die Teilnehmer, ihre Einschätzungen zu begründen. Im Anschluss daran können Sie nun im Gespräch gemeinsam versuchen, einen Wert zu „definieren", der für alle Projektbeteiligten *sinnvoll* oder *annehmbar* erscheint. Achtung, wir sprechen nicht von einem „richtigen" Wert. Die Gruppe entscheidet sich für einen Wert, der allen realistisch erscheint. Ist das gelungen, hat man sich also projekt- und unternehmensübergreifend auf einen Wert für die „Cost of Delay" geeinigt.
3. Die nächsten 15 Minuten verwenden Sie, um anhand von Beispielen zu zeigen, welche Implikationen dieser Wert für Entscheidungen haben kann, die das Projekt betreffen. Dieses kurze Verdeutlichen durch einige wenige Beispiele weckt bei den Anwesenden ein „Gefühl" dafür, wie sie in der Realität entscheiden können, um im Sinne des Projekts zu handeln. In welcher Relation steht es zum Beispiel, wenn der Einkäufer noch zehn weitere Anbieter für eine Dienstleistung vorsprechen lässt, um 100.000 Euro zu sparen und sich der Projektbeginn dadurch um drei Monate verschiebt? Dazu muss er nur wissen, dass dem Unternehmen mit jedem Monat Verzug wahrscheinlich rund 1.000.000 Euro entgehen wird, wenn das Produkt später auf den Markt kommt. Nun kann er entweder versuchen, den Auswahlprozess zu beschleunigen, oder er kann den scheinbaren Verlust von 100.000 Euro bewusst eingehen und als Investition mit einem Return on Investment von möglicherweise 3000 Prozent betrachten.

Sie fragen sich vielleicht, welchen Einfluss die Erörterungen zu den Costs of Delay auf Ihre Planung im Projekt haben. Weshalb rate ich Ihnen, dieses System anzuwenden? Ganz einfach: Als Product Owner brauchen Sie nicht nur die entsprechenden Argumente, um die vielen Abteilungen, die Ihnen bei der Durchführung möglicherweise im Weg stehen, entsprechend auszurichten. Sie brauchen auch ein Mittel, um selbst zu erkennen, ob Sie mit einem Produkt an den Start gehen sollten oder nicht. Für den Product Owner sind die Vorteile des Denkens in „Cost of Delay" in der Tat gewaltig:

1. Sie können mit den Fachabteilungen verhandeln, wie wichtig Ihr Projekt im Vergleich beispielsweise zum Tagesgeschäft ist.
2. Sie können erkennen, wie wichtig das Fokussieren auf „Done", also auf integrierte Produkte, ist. Nur ein fertiges Produkt kann am Ende eines Sprints ausgeliefert werden. Anhand der Cost of Delay sehen Sie leicht, wie wichtig es ist, die entsprechende Infrastruktur, aber auch die entsprechende Arbeitsweise in den Entwicklungsteams zu haben, um ständig „fertig" liefern zu können.
3. Sie schützen sich selbst davor, als Product Owner dem schlimmsten Fehler anheim zu fallen, den ein Product Owner machen kann: das „perfekte" Produkt bauen zu wollen. Es ist doch immer so: Kaum beginnt man mit einem Produkt, fällt einem Product

Owner oder den Kollegen sofort ein, was noch sinnvoll sein könnte. Also lassen Sie diese User Story von Ihrem Team prüfen und verschieben auf diese Weise selbst, ganz unbewusst, den Liefertermin Ihres Produkts. Wenn die User Story so wichtig ist, werden Sie diese in Ihrem Produkt zum Liefertermin haben wollen. Die Konsequenz ist, dass Sie entweder eine andere User Story auslassen müssen (was Sie sicher nicht tun werden) oder aber das Entwicklungsteam die Entwicklung nicht mehr ordentlich durchführen kann (was es nicht tun sollte). Also hängen Sie einfach noch einen Sprint dran. Was macht das schon? Mit dem Instrument der Cost of Delay können Sie gezielter entscheiden, ob Sie den Liefertermin tatsächlich um einen oder zwei Sprints aufschieben sollten. Oder wäre es sinnvoller, den ursprünglichen Liefertermin zu halten und diese eine User Story in einem weiteren Releasestadium des Produkts zu liefern? Wenn die eine User Story den Revenue des Produkts so sehr anhebt, dass die Costs of Delay unbedeutend werden, sollten Sie die User Story einbauen lassen und einen Sprint dranhängen. Wenn nicht, dann würde ich Ihnen raten, es nicht zu tun.

Zusammenfassung

Wir haben nun alle Aspekte der Planung gesammelt. In Kapitel 7 haben Sie erfahren, wie Sie die Planung für ein einzelnes Team durchführen. Dort haben Sie die Konzepte

- der Story Map,
- der Impact Map
- der Velocity und
- der Berechnung des Trends basierend auf der maximalen Durchlaufzeit kennengelernt.

In diesem Kapitel habe ich diese Aspekte auf das Zusammenspiel mehrerer Teams erweitert. Die Roadmap dient Ihnen dazu, über mehr als ein Team hinweg zu planen und den Überblick zu behalten.

In einem skalierten Umfeld sollte sich schnell ein Product-Owner-Team etablieren. Auf diese Weise bekommt jedes Entwicklungsteam einen eindeutigen Ansprechpartner. Mit diesem gemeinsam werden die Teams dann die User Storys auf tagesaktueller Basis abarbeiten.

Infrastruktur im skalierten Umfeld

Ihnen ist beim Lesen sicher klar geworden, dass Sie nicht nur die Prozesse anpassen, sondern auch die technische Infrastruktur mitentwickeln müssen. Dazu brauchen Sie wahrscheinlich die Unterstützung von Fachabteilungen oder angrenzenden technischen Abteilungen und müssen möglicherweise die technischen Vorrausetzungen erst schaffen. Angefangen vom Aufsetzen entsprechender Testumgebungen über Netzinfrastrukturen bis hin zu einem System, um die Dokumentation aktuell zu halten.

Aber Sie werden bemerken, dass gerade in großen Projekten unzählige Interessenskonflikte entstehen. Konflikte, die immer wieder aus gut gemeinten

Gründen entstehen. Abteilungen, Schwesterprojekte, andere Entwicklungsteams, wollen ihre eigenen Interessen ebenfalls umsetzen und eigene Ziele erreichen. Die „anderen" werden also durch ihre eigenen Ziele davon abgehalten, sich für *Ihr* Projekt zu interessieren. Ich habe oft erlebt, dass dann gestritten wird und man versucht, die eigenen Ziele mit politischen Mitteln durchzusetzen. Dann sind Macht, Überredungskünste und Beziehungen ausschlaggebender für die Umsetzung eines Projekts als der Zweck des Projekts selbst.

Meistens ist das ökonomischer Unsinn. Politische Argumente werden aber nur dann ihre Durchschlagskraft verlieren, wenn „Daten" mehr Gewicht bei Projektentscheidungen bekommen als Meinungen. Ein Weg dazu führt über einen finanziellen Bewertungsmaßstab für Projektentscheidungen. Ich schlage die „Cost of Delay" vor. Dieser Maßstab bringt nicht nur abteilungsübergreifend Entscheidungen voran, sondern dient auch dem Product Owner bei der eigenen Entscheidung, ob er eine User Story in das Gesamt-Product-Backlog aufnimmt und von den Teams erzeugen lässt.

9 Das Ende der Taskschätzung

Der Releaseplan ist gemacht, Sie haben mit dem Entwicklungsteam in den Estimation Meetings die Storys besprochen und Storypoints vergeben. Dabei wurde deutlich, welche Storys zu groß waren, daher hat das Entwicklungsteam diese Storys „aufgebrochen". Als Product Owner haben Sie die Storys rechtzeitig für das Sprint Planning 1 priorisiert, das Entwicklungsteam war in der Lage, in diesem Meeting einige Storys auszuwählen[1].

Jetzt sitzt das Entwicklungsteam in einem Meeting-Raum, die Entwicklungsumgebung ist geöffnet, es gibt einige Flipcharts, und ein Whiteboard hängt an der Wand. Die Entwickler besprechen mögliche Umsetzungsalternativen für die im Sprint Planning 1 zugesagten User Storys. Ab und zu fällt dem ScrumMaster oder einem Entwickler auf, dass eine bestimmte Aufgabe notwendig wird. Diese Aufgabe (Task) wird auf einem Post-it® oder in einer Liste festgehalten. Die Aufgaben, die das Scrum-Team zu erledigen hat, entstehen also gewissermaßen wie von selbst. Es ist kein zusätzlicher Aufwand nötig, um diese Aufgaben zu identifizieren. Es wird beim Aufschreiben der Aufgaben nicht darüber nachgedacht, wie lange eine Aufgabe braucht, bis sie fertig ist. Es wird nur festgehalten, dass sie „zu tun ist". Wenn das Entwicklungsteam dann die Arbeit im Sprint beginnt, fällt oft auf, dass noch etwas zu tun ist – eine weitere Aufgabe wird identifiziert. Wieder nichts leichter als das: ein neuer gelber Zettel hängt am Taskboard. Wenn deutlich wird, dass eine Aufgabe umfangreich oder aufwändig genug ist, um von zwei Teammitgliedern erledigt werden zu müssen, wird sie aufgebrochen und auf diese Weise „verkleinert". Wenn auffällt, dass die Aufgabe viele weitere Unteraufgaben hat, werden einfach zur Laufzeit des Sprints neue Aufgaben (also neue Zettel) generiert.

Das oben beschriebene Verfahren hat jede Form der Schätzung von Aufgaben in einem Sprint ersetzt. Entwicklerzeit wird nicht mehr damit „verschwendet", überlegen zu müssen, ob eine Aufgabe zwei Tage oder eine Woche dauert. Warum auch – Scrum fokussiert auf das Ergebnis. Es spielt keine Rolle, wie lange es gebraucht hat, die Story zu entwickeln. Die *Story* war doch „committet" und musste innerhalb des Sprints vom Scrum-Team geliefert werden.

Um dieses Verfahren akzeptieren zu können, muss sich das Verständnis darüber wandeln, wofür ein Entwicklungsteam verantwortlich ist. Viele Scrum-Teams haben nicht verstanden, dass es nicht ausreicht, „beschäftigt" zu sein. Es ist egal, ob jeder ständig

---

[1] Wie ein Entwicklungsteam zum Commitment kommt, finden Sie ausführlich in (Gloger 2013) beschrieben.

eine Aufgabe hat und ausgelastet ist. Bewertet wird nicht, ob man beschäftigt ist, sondern einzig und alleine, ob geliefert wurde, was gefordert war. Dieses andere Denken verunsichert manche Team- oder Abteilungsleiter und natürlich die Projektmanager. Denn im Umkehrschluss ist es vollkommen egal, wie viele Aufgaben am Taskboard hängen. Wenn das Entwicklungsteam der Übersicht halber 1000 Aufgaben aufschreiben will, ist das genauso wenig bedrohlich, als wenn das Scrum-Team nur 20 Aufgaben auf das Taskboard stellt. Denn die Storys werden am Ende des Sprints doch geliefert – völlig egal, wie viele gelbe Zettel entstanden sind.

Mit dem Ende der Taskschätzung haben wir, ich als Autor und Sie als Leser, den Kreis geschlossen. Es ist uns gelungen, Projekt- und Kostenplanung und selbst die Entwicklung ganz ohne Aufwandschätzung durchzuführen.

Ich weiß, das ist eine schöne neue Welt, die für viele Projektmanager und Vorgesetzte kaum vorstellbar ist. Die Werkzeuge habe ich hier vorgestellt, sie anzuwenden kann ich Ihnen nur empfehlen. Probieren Sie es aus – es lohnt sich.

Ergänzende Literatur und andere Quellen

Die folgenden Bücher und Quellen machen es Ihnen sicher leichter, mit Ihrem Projekt erfolgreich zu sein.

Design Thinking

Design Thinking Toolkit for Educators, 2nd edition, 2013. Downloadmöglichkeit auf: *http://designthinkingforeducators.com/*
Ein wunderbares Arbeitsbuch für Lehrer von IDEO, den Erfindern des Design Thinkings.

Erbeldinger, Jürgen; Rampe, Thomas; Spiekermann, Erik: Durch die Decke denken: Design Thinking in der Praxis. Redline, 2013.

Neumeier, Marty: The Designful Company. How to build a Culture of Nonstop Innovation. Pearson Education, Kindle Edition, 2013.

Moderationsmethoden

Owen, Harrison: Open Space Technologie. Ein Leitfaden für die Praxis. Klett-Cotta, 2008.

Zubizarreta, Rosa: Manual for Jim Rough's Dynamic Facilitation Method.
http://www.co-intelligence.org/DFManual.html

Das Thema „Warum?": Wie kommt der Product Owner zu einer Vision?

Nonaka, Ikujiro; Toyama, Ryoko: Strategic management as distributed practical wisdom.
In: Industrial and Corporate Change, Volume 16, Number 3/2007, S. 371–394.

Sinek, Simon: Start with Why: How Great Leaders Inspire Everyone to Take Action. Portfolio Trade, Reprint edition, 2011.
Dieses Buch zeigt großartig auf, wie wichtig die Frage nach dem „Warum" in der Produktentwicklung ist. Simon Sinek macht deutlich, dass das „Wie" eine Formgebung für das „Was" ist.

Prototypen

Cagan, Marty: Inspired. How to Create Products that Customers love. SVPG Press, 2008.
Dieses Buch zeigt die Bedeutung des Product Owners. Und wie sehr es darauf ankommt, dass er weiß, was er will.

Kawasaki, Guy: The Art of the Start: Von der Kunst, ein Unternehmen erfolgreich zu gründen. Vahlen, 2013.
Das vielleicht beste Buch, um zu verstehen, wie wichtig das Anfangen bei der Produktentwicklung ist. Ausprobieren und kleine Schritte machen.

Ries, Eric: Lean Start Up. Schnell, risikolos und erfolgreich Unternehmen gründen. Redline, 2012.
Wer wissen will, wie man die Idee des Prototypings auf die Gründung von Unternehmen anwendet, ist mit diesem Buch gut bedient.

User Storys & Schätzen

Cohn, Mike: User Stories Applied: For Agile Software Development. Addison-Wesley Professional, 2004.
Das Grundlagenwerk für das Aufsplitten von User Storys.

Cohn, Mike: Agile Estimating and Planning. Prentice Hall PTR, 2005.
Das erste Buch, in dem gezeigt wurde, wie man mit Storypoints einen Release plant und wie User Storys wirklich zu verstehen sind.

McConnell, Steve: Software Estimation: Demystifying the Black Art. Microsoft Press, 2006.

Backlog Struktur

Adzic, Gojko: Impact Mapping: Making a big impact with software products and projects, Provoking Thoughts, 2012.
Sehr gut geschriebene Einführung vom Erfinder des Impact Mappings. Seine Beispiele sind einprägsam und helfen, dieses Tool in der Praxis zu nutzen. Für einen Schnelleinstieg in dieses Thema: http://www.impactmapping.org/

Cohn, Mike: Agile Estimating and Planning. Prentice Hall PTR, 2005.

Story-Mapping – *http://www.it-agile.de/story_maps_product_owner.html*

Metriken

Anderson, David J.: Kanban: Evolutionäres Change Management für IT-Orgnisationen. Dpunkt Verlag, 2011.
Die Idee der Durchlaufzeiten wurde von David Anderson für die Softwareentwicklung entdeckt und nutzbar gemacht. Das Buch zeigt sehr gut, wie man mit Durchlaufzeiten arbeiten kann. Darüber hinaus bietet es eine tolle Einführung in Kanban.

Reinertsen, Don: The Principles of Product Development Flow: Second Generation Lean Product Development. Celeritas Publishing, 2009.

Scrum, Kanban und Projektmanagement

Flyvbjerg, Bent; Budzier, Alexander: Why Your IT-Projects May be Riskier Than You Think. In: Harvard Business Review, September 2011, 89(9), S. 23-25.

Gloger, Boris: Scrum. Produkte zuverlässig und schnell entwickeln. 4., überarbeitete Auflage, Hanser, 2013.
In diesem Buch beschreibe ich alle Elemente von Scrum aus der Sicht des Anwenders.

Leopold, Klaus; Kaltenecker, Siegfried: Kanban in der IT: Eine Kultur der kontinuierlichen Verbesserung schaffen. 2. Auflage, Hanser, 2013.
Schönes Buch über Kanban und wie man damit ganze Abläufe verändern kann.

Meskendahl, Sascha; Jonas, Daniel; Kock, Alexander; Gemünden, Hans Georg: The Art Of Project Portfolio Management. TIM Working Paper 4#1, Technische Universität Berlin 2011.

Nonaka, Ikujiro; Takeuchi, Hirotaka: The New New Product Development Game. In: Harvard Business Review, January-February 1986.

Nonaka, Ikujiro; Konno, Noboru: The Concept of „Ba": Building a Foundation for Knowledge Creation. In: California Management Review, Vol. 40 (3) 1998, 40-54.

Project Management Institute: A Guide to the Project Management Body of Knowledge (PMBOK® Guide). 4th Edition. Newtown Square, Pennsylvania: Project Management Institute 2008.

Röpstorff, Sven; Wiechmann, Robert: Scrum in der Praxis: Erfahrungen, Problemfelder und Erfolgsfaktoren. dpunkt.verlag, 2012.

Standish Group: Chaos Manifesto 2013. Think Big, Act Small. O.O.: The Standish Group International.

Sutherland, Jeff; Schwaber, Ken: The Scrum Guide. The Definitive Guide to Scrum: The Rules of the Game. July 2013.

Videos

Agile Product Ownership in a Nutshell
http://www.youtube.com/watch?v=502ILHjX9EE
Ein wundervoller Zusammenschnitt aller notwendigen Aktivitäten aus der Sicht des Product Owners.

Eine Reihe von Videos zum Content dieses Buches findet sich auf unserer Website:
http://borisgloger.com/scrum/materialien/videos/

Design Thinking in der Praxis: IDEO Shopping Cart *www.youtube.com/watch?v=M66ZU2PCIcM*

Index

A
Abhängigkeiten 135
Aufwand 106, 118

B
Brainstorming 75
Budget 31
Business Value 35

C
Change for free 43
Committed Product Backlog 122
Constraints 84
Continuous Discovery 80
Cost of Delay 45, 136
Customer 14
Customer Journey 100
Cycle-Time 121

D
Daily Scrum 18
Deming Cycle 14
Design Thinking 6, 18
– Prozess 18
Discovery-Phase 59
Done 15
Durchlaufzeit 123
Dynamic Facilitation 57

E
Eisberg 99
Entwicklungsteam 1, 14
– Größe 126
Epic 96
Estimation Meeting 17f., 82, 111, 132
Evolution-Phase 79

F
Ford, Tom 23
Funktionalität 106, 117

I
Ideation-Phase 74
IDEO 6
Impact Map 128
Impact-Mapping 81, 89
Interpretation-Phase 72
Interview 70

J
Jobs, Steve 23
Johnson, Kelly 6

K
Knobeln 116
Komplexität 119
Kostensatz 38
Kunde 5

L
Lastenheft 39, 48
Leitfaden 70
Lockheed Martin 6

M
Magic Estimation 1, 82, 108
Manager 14
Minimum Viable Product 36, 39, 103, 122
Mini-Schätzspiele 116
Monitoring 134

N
Nonaka, Ikujiro 6

O
Open Space Technologie 56
Organisation
– agile 7
– traditionelle 8

P

Persona 68, 88
Pilotteam 60
Planning Poker 113
PMBOK 9, 24
Potential Shippable Code 17
Preisbestimmung 37
Product Backlog 16, 83, 98
– Struktur 99
Product Owner 1, 14, 21
Product Owner Daily Scrum 131
Product-Owner-Team 130
Product Roadmap 128
Produkt 47, 64
Produktmanager 25
Produktvision 16, 50
Prognose 133
Projektorganisation
– klassische 8
Projektphasen 49
Prototypen 91
– Daten- 93
– Design- 92
Pull-Prinzip 15

R

Rahmenbedingungen 76
Release-Burndownchart 134
Releaseplan 17, 81, 129
Retrospektive 79
Return on Investment 33 f.
Rollen 13

S

Schätzmethoden 108
Scope 33
– Erweiterung 44
– Verkleinerung 44
Scrum 11
Scrum Flow 15
ScrumMaster 13
Scrum of Scrums 132
Scrum-Team 13
Skalierung 128
Sprint 17, 83
Sprint Planning 1 17, 83
Sprint Planning 2 17, 83
Sprint Retrospektive 18
Sprint Review 18, 83
Story-Mapping 100
Story-Roadmap 81
Swimlanes 125
Synchronisation 130

T

Talking Board 116
Team Estimation Game 115
Teamschnitt 128
Theme 96
Things-That-Matter-Matrix 120

U

Usable Software 17
User 14
User Storys 1, 48, 94

V

Varianz 121
Velocity 17, 121, 133
Venture Capital Funding 41
Vergleich
– relativer 116
Vision 84

W

Wasserfall 85
World Café 57